AMOR & AJUDA

Histórias psicografadas e Práticas de transformação pessoal que agem no aqui e agora.

AMOR & AJUDA

Daniela Neves Santos

Edições
BesouroBox

1ª edição / Porto Alegre-RS / 2013

Capa e projeto gráfico: Marco Cena
Revisão: Viviane Borba Barbosa
Editoração eletrônica: Bruna Dali e Maitê Cena
Assessoramento de edição: André Luis Alt

Dados Internacionais de Catalogação na Publicação (CIP)

S237a   Santos, Daniela Neves
        Amor e ajuda: histórias psicografadas que nos fazem refletir: práticas de transformação pessoal que agem no aqui e agora. / Daniela Neves Santos. – Porto Alegre: BesouroBox, 2013.
        376 p.; 16 x 23 cm

        ISBN: 978-85-99275-80-1

        1. Espiritualidade. 2. Reflexão. 3. Histórias psicografadas. I. Título.

CDU 133.9

Bibliotecária responsável Kátia Rosi Possobon CRB10/1782

Copyright © Daniela Neves Santos, 2013.

Todos os direitos desta edição reservados a
Edições BesouroBox Ltda.
Rua Brito Peixoto, 224 - CEP: 91030-400
Passo D'Areia - Porto Alegre - RS
Fone: (51) 3337.5620
www.besourobox.com.br

Impresso no Brasil
Novembro de 2013

Agradecimento
A todas as almas inquietas que,
companheiras de viagem, presenciais ou não,
me impulsionaram a prosseguir! A meu
amado marido, Antonio Luiz, exemplo de
amor, força e compreensão sempre a meu lado!
Obrigada, obrigada, obrigada!

SUMÁRIO

A primeira e a última vez 9

Introdução 11

Primeira Parte: Histórias psicografadas orientadas 13

Não tive tempo para pedir perdão! 15

Chiquinho 25

Inocência 37

Verdadeiro encontro 51

Mágoa para quê? 59

Ana Bel 67

De bar em bar 73

Carla e as drogas 87

Onde estou? 93

Nardini – vivo, mas morto 103

Se eu pudesse voltar o tempo 107

O dom existencial 109

Não estava nos meus planos 125

O florista 141

Os milagres 147

Ambição 151

Morte e reencarnação 155

Vivência... 156

A história de Francisco 159

Eu tinha a vida toda! 165

Busca da felicidade 176

Eu ainda era muito jovem 177

Os justiceiros 185

Flashes da vida – Fanatismo 195

Assuntos Pendentes 201

Encontro de almas 209

Deoclécio e Deoclides 219

Carmelito 225

Homem de verdade 231

Voltas do destino 241

O chamado do coração 252

Nos quilombos de Anhara 263

Ciúmes e traição 269

Nos tristes tempos de guerra 279

Interação 283

Desfecho energético 289

Um conto medieval 293

Segunda Parte: Práticas de Transformação Pessoal 295

Prática 1 - Ajustando seu DNA espiritual energético 297

Prática 2 - Aprendendo a libertar-se 305

Prática 3 - Fala ambígua 309

Prática 4 - Fadiga 315

Prática 5 - Cuidando de você! 321

Prática 6 - Trabalhando nossas mágoas 325

Prática 7 - Deixando de ser máquinas! 335

Prática 8 - É preciso dizer adeus 343

Prática 9 - As cores e você 351

Prática 10 - Remapeando o seu coração 357

Prática 11 - Confiar 361

Prática 12 - Observar 367

Prática 13 - Conversa com o leitor 373

A PRIMEIRA E A ÚLTIMA VEZ...

Inspiro
O primeiro Suspiro
Inspiro a vida para dentro de mim
Choro
O primeiro choro
Meus sentidos se manifestando
Eu existo
E assim eu continuo
Em movimento de descoberta
Ouço
Vejo
Sinto
Falo
Caminho
Corro
Eu vivo... Eu sinto...
Caio
Levanto
Sinto
Choro e sorrio
Crescimento... Desenvolvimento...
Me torno eu mesma
Busco a continuidade do existir
Restrições...
Os sentidos já não me acompanham
Não sou mais o meu próprio maquinista

O auxílio de outrem
Ou quem sabe o desprezo de alguém
Choro e sorrio
As emoções se misturam
Choro quando tenho vontade de sorrir
Desconexão...
Vou me desconectando pouco a pouco de mim
Sinto o exalar demorado da minha respiração
Suspiro pela última vez
E o sopro de uma vida se desconecta para o imensurável
Morro!
E agora, para onde vou?
Me contenho no meu próprio fim
Mas o que sei é que ainda estou aqui
E para onde vou?
Fecho os olhos
Sinto-me por completo
Mesmo com a sutileza da morte
Oro e confio.
Sei que logo em algum lugar estarei
E que...
Um dia voltarei!

INTRODUÇÃO

A&A – Amor & Ajuda traz histórias de pessoas que, assim como eu e você, passaram por este plano terreno e que em uma atitude de amor nos incentivam a, quem sabe, consertar muitos dos momentos que ainda podem ser ajustados em nossas vidas. Acredito que este livro veio ao plano da Terra como lição. Muitos dos erros vivenciados por nossos personagens podem servir de exemplo para que não os repitamos em nossas existências. O simples espelhar-se em cada história pode mover mudanças indescritíveis em nosso interior.

Eu sofri, chorei, mas também sorri e aprendi junto com cada personagem aqui descrito. Suas vitórias, suas conquistas, seus pesadelos, seus medos, suas revoltas e, principalmente, suas energias únicas, divididas comigo, fizeram-me mudar a maneira de pensar e de ver o mundo, as pessoas e a vida propriamente dita.

Durante a escrita destas páginas, passei a ter outro olhar, muito mais amoroso e complacente, sobre o meu próximo. Entendi que o julgamento nos torna pessoas torpes e endurecidas, deixando-nos cegos e impotentes, enquanto deveríamos apenas agir. E foi aqui, com estes inusitados personagens, que deixei muitos dos nós existenciais que endureciam a minha alma, dando lugar a mais amor dentro de mim.

Espero que você, assim como eu, consiga sentir na sua alma nestas histórias e que elas sirvam para aprimorar o seu viver.

Leia com o coração. Reflita e se entregue.

Não temos todo o tempo do mundo, mas temos o tempo do agora, do aqui, deste instante. Leia, pense, repense, faça as práticas e evolua dentro de você mesmo. Depois me conte.

Boa leitura, bom estudo e bom aprendizado!

Com Carinho,

Daniela Neves Santos

O espelhamento de quem se foi
e do que se é.
O momento do ontem e do hoje.
O espaço do que eu poderia ter feito
e do que eu fiz!
Entregue-se e busque-se aí dentro!

PRIMEIRA PARTE:
HISTÓRIAS PSICOGRAFADAS

NÃO TIVE TEMPO PARA PEDIR PERDÃO!

Pelas energias de Damião e Micael

Chamo-me Micael. Tive dois filhos – Pedro e Maria. Minha esposa morreu muito cedo, acometida de câncer fulminante nas mamas, logo após o nascimento de Maria. Não quis retomar minha vida amorosa com outra mulher. Resolvi me dedicar a Deus, aos meus filhos e ao meu trabalho. Devido ao meu trabalho, morávamos longe de nossa família, tanto da minha quanto da família da minha esposa. Eu participava fervorosamente das missas de domingo e acreditava que minha querida esposa estava bem cuidada no reino dos Céus. Trabalhava como magistrado e conduzia minha vida com extrema ética e moral. Cada gesto meu era controlado por mim mesmo dentro de normas legais.

Meus filhos, da mesma forma que eu, foram criados rigidamente. Eu não aceitava um deslize sequer. Pedro seguira o mesmo caminho profissional que eu; já Maria sempre fora muito descuidada com a escola e mostrava intensa dificuldade nas leituras. Isso me entristecia. Eu ralhava com ela. Colocava-a em castigos, mas não adiantava, pois ela fugia de tudo o que era estudo. Maria, com 17 anos, ainda não tinha concluído o segundo grau. Ela era reprovada nas matérias por insuficiência de nota. Eu ficava extremamente indignado com isso e, mesmo colocando-a em aulas particulares, não notava diferença em seu rendimento. Maria estava sempre no mundo da lua. Adorava escrever, pintar. Ela cuidava extremamente bem do nosso jardim. Era uma flor em pessoa. No entanto, na dureza em que eu levava a minha vida, não conseguia dizer-lhe nada que lhe confortasse. Eu apenas brigava e brigava com todos à minha volta. Ninguém me suportava pela minha empáfia e pela minha forma de conduzir a vida e exigir dos outros. Não posso dizer que me tornei assim depois da morte de minha esposa, porque não foi isso; eu sempre fui assim.

Pedro se formou e logo que conseguiu sair de casa. Maria ficava remando, contava já com 21 anos e nada de terminar o segundo grau. Eu me envergonhava. Naquele último ano, fui chamado à escola. Foi quando descobri que Maria estava faltando às aulas seguidamente. Não pensei em outra coisa: quando cheguei em casa, retirei minha cinta e dei-lhe até que lhe surgissem vergões. Ela gritava e me dizia: "Me perdoa, pai. Me perdoa, pai, mas eu detesto a escola! Eu quero ser jardineira! Eu amo as flores! Me perdoa, pai...". Quanto mais ela falava, mais raiva eu sentia. Como minha filha seria apenas uma jardineira? Então, naquele dia, eu a feri por dentro e por fora. Perdi meu controle totalmente. Coloquei-a de castigo por vários dias, aproveitando que as férias escolares estavam começando.

A partir daquele dia passei a beber. Todas as noites, depois do trabalho, pegava minha garrafa de uísque e afogava minhas dores. Maria, às vezes, tentava conversar comigo, mas eu a afastava. Na casa, vivíamos apenas eu e Maria. Tínhamos mais duas moças que trabalhavam para nós e acabaram sendo as melhores amigas de minha filha.

Aquele ano foi passando e fui me afogando cada vez mais e mais no uísque. Eu não aceitava mais nada, nem a minha filha. Eu não queria mais nada. Pela manhã, já não era tão fácil ir para o trabalho. Uma intensa dor de cabeça me acompanhava por ter bebido muito na noite anterior. Eu me tornava cada vez mais agressivo, tanto sóbrio quanto bêbado.

Certa noite, quando eu ainda não tinha bebido, avistei uma pessoa pulando a janela do quarto de minha filha. Adentrando no quarto dela. No momento, não acreditei que era um homem. Quisera eu que não fosse. Mas eu sabia que era e do que se tratava. Então, conduzi-me ao quarto dela, pé por pé. Quando cheguei lá, a porta estava chaveada. Então, ferozmente, gritei: "Abra, sua vadia. Abra a porta!". Ela, já chorando, me disse: "Não é o que o Senhor pensa, pai! Perdão!". Eu continuei batendo na porta e gritando: "Abra! Eu vou te matar, sua vadia!". Maria não abriu a porta. Acabei desistindo. Desci para a sala e me afundei mais e mais no meu uísque. Na manhã seguinte, não tive condições de ir trabalhar. Sentia-me muito mal. Maria cuidou de mim amorosamente e, enquanto me dava um chá na boca, tentava me contar que estava apaixonada. Eu não queria ouvir, mas não conseguia nem gritar com ela. Sentia-me muito fraco. Apenas disse que, se a visse mais uma vez com um homem, eu a colocava para fora de casa, e ainda ameacei que mandaria prender o tal sujeito. Ela, chorando, me disse: "Mas, pai, eu o amo. Ele é direito e quer se casar comigo.". Eu fiquei ainda mais furioso , mas estava fraco e não conseguia gritar. Um ódio me envolvia. Eu queria esganá-la de tanto ódio.

O dia passou e eu me sentia cada vez pior. Uma queimação tomava conta de mim. Eu estava louco para poder melhorar e esganar minha filha. Minha cabeça doía muito. Maria se preocupou e chamou um médico, mas, quando ele chegou, eu já havia tido uma hemorragia cerebral. Fui levado imediatamente ao hospital. Eu já não conseguia mexer parte alguma de meu corpo. Entrei em coma profundo desde aquele momento. Eu me debatia dentro de algo. Eu sentia que estava ali, dentro do meu corpo. Eu via que ele estava endurecido e doente, mas minha cabeça e minha mente estavam boas. Eu gritava, mas ninguém me ouvia. O grito não chegava ao corpo físico. Eu vi quando eles me carregaram e me colocaram na ambulância. Eu vi quando me encheram de fios no hospital, presenciei a tristeza e a agonia de minha filha e também das empregadas. Levei um choque ao perceber o estado em que eu estava. Fiquei confuso com o que eu sentia e ao saber o que os outros sentiam por mim. Até mesmo as empregadas, com as quais fui sempre estúpido, oravam e choravam por mim. Entrei em choque com o que via. Jamais imaginei que eu era amado. Eu mesmo me sentia tão frio, e agora percebia como tinha sido cruel com os outros e comigo. Eu chorei também. Caí em pranto. Eu me sentia sozinho. Sentia que um cordão me ligava ao meu corpo. Havia dois de mim: um que pensava e via tudo e outro que estava em coma naquela cama, além de um cordão que unia um ao outro e que partia de nossos umbigos. Esse cordão era bem fino, quase transparente.

Fui percebendo que meu corpo deitado naquela cama foi emagrecendo e envelhecendo. Eu estava barbudo e, vez ou outra, Maria, carinhosamente, me barbeava. Eu chorava e tentava falar com ela, mas ela não me ouvia. Em uma das visitas, ela me contou que estava grávida e pediu que eu a perdoasse. Ela me disse que me amava, mas que também amava a seu namorado. Disse que, assim que eu me recuperasse, ele iria a pedir sua mão em casamento. Eu chorava com a doçura que via em minha filha e me arrependia do quão duro e cego eu tinha sido. Disse ainda que Pedro, seu irmão, se recusava a ir visitar-me. Maria era muito amorosa, mas eu só havia percebido isso naquele momento. Ela me visitava todos os dias, e não tinha um dia sequer que não trouxesse nas mãos uma flor. Meu quarto era ornamentado com as mais belas flores cuidadas por ela mesma. Em minha janela, inclusive, ela plantava flores que floresciam coloridamente. Ela acreditava que as flores ajudariam a cuidar de mim enquanto ela não estivesse por perto. Desde pequena, Maria sempre me dizia: "As flores são vida, papai.". Pena que eu nunca as tinha observado como naquele momento. As flores, juntamente com Maria, que era uma divina flor, alegravam o pouco de vida que eu tinha.

A barriga de Maria crescia e, a cada dia, eu ia conhecendo mais a minha filha. Parecia que o destino havia me prendido ali para poder apreciá-la. Certa tarde, meu estado de saúde piorou e os médicos avisaram Maria que eu poderia falecer a qualquer momento. Naquele dia, minha filha se desesperou. Ela agarrou nas mãos do jovem doutor e pediu: "Por favor, salve meu pai! Por favor!". Ela praticamente se ajoelhou e pediu. O médico, também emocionado, disse: "Não podemos fazer mais nada. Ele está recebendo o melhor tratamento possível.". O médico se foi, e Maria, em prantos, se abraçou em mim. Eu presenciei tudo aquilo, mas meu corpo se mantinha ali, inexpressivo naquela cama. Eu já era um moribundo. E foi ali que Maria contou o que ela sentia na escola e porque não gostava de estudar. Ela contou que seria decoradora se eu assim permitisse e que gostaria de se casar com o seu amor. Pediu-me sua benção para trazer seu namorado ali no quarto de hospital e pediu-me que eu não morresse, porque ela precisava de mim. Nestes instantes, eu sofri muito. Eu me arrependia, e somente agora conseguia tirar a venda dos meus olhos e ver o quanto eu tinha deixado de viver e de fazer por ela. Minha frieza tinha se virado contra mim naquele momento. Eu pedia para Deus para não morrer. Eu queria fazer tudo diferente. Eu queria cuidar dela. Eu estava desesperado, tentando fazer acordos e mais acordos com Deus. Mas, infelizmente, Ele não faz acordos conosco. Ele apenas nos sente e nos sente. A vida é nós quem guiamos. Nós é que nos alinhamos. Nós é que traçamos os caminhos tortuosos ou que não queremos passar. Nós podemos viver no colorido ou no escuro – a escolha é nossa. Apenas nossa.

Surpreendentemente, meu estado geral melhorou. Consegui responder um pouco mais ao tratamento. Os médicos ainda previam a minha morte, mas que talvez não fosse mais tão breve. O namorado de minha filha passou a ir me visitar e passei a gostar dele. Além de muito bem apessoado, ele era carinhoso com ela e comigo. Os dois conversavam comigo como se eu estivesse ali. Pedro jamais fora me visitar. Com isso, eu pedia perdão a Deus pelo que tinha feito de maldade com meu próprio filho.

O tempo foi passando. Maria levava uma bíblia nas suas visitas e orava para mim amorosamente. Seu namorado, quase marido, também a acompanhava e, aos poucos, fui percebendo que, em volta deles, havia uma luz rosa que envolvia todo o corpo que estava naquela cama, assim como o meu corpo pensante. Eu estava confuso com aquilo que via, mas só o que me preocupava é que não poderia morrer antes de pedir perdão a Maria e a Pedro por tudo o que tinha feito. Eu precisava que eles soubessem que eu tinha visto que tinha errado. Eu me agoniava tentando falar, mas não conseguia.

Passaram dois dias e estranhei que Maria não vinha me ver. Até que seu namorado apareceu com um lindo ramalhete de flores nas mãos. Ele me deu um beijo na testa, que soou em mim como um sopro angelical, e me disse com sorriso enorme: "Seu neto nasceu e se chamará Micael, em sua homenagem.". Eu chorei. Debulhei-me em choros. Todo aquele amor. Eu gritei: "Meu Deus, perdão, perdão!". O sorriso daquele rapaz era tão sincero que adentrava em meu corpo em forma de luz. No fundo, eu agradecia por Maria tê-lo encontrado. O moço ficou por pouco tempo e logo se foi. Avisou-me que teria de cuidar de seu filho e de Maria no hospital, e que logo traria os dois para visitar-me. Ele novamente me deu um beijo na testa e saiu sorridente.

Todo aquele carinho me fez refletir ainda mais sobre a vida que eu tinha levado e sobre a distinção que eu fazia entre aqueles que estudavam e aqueles que não tinham instruções culturais. Eu acreditava que aqueles que não estudavam eram uns ignorantes, mas, naquele momento, percebi que a ignorância está presente até nos mais renomados doutores. Eu acreditava que não tinha como ser feliz sem estudar, mas vi que minha filha, que eu havia considerado burra, era imensurável e maravilhosa em outras coisas, e que, além disso, era ela quem me mantinha vivo. Eu percebi que Deus nos dava dons, que dons são de alma e que estes independem de estudar ou não. O estudo pode ou não aprimorar nossos dons. Tudo depende de cada um. Ninguém é melhor do que ninguém sendo juiz, analfabeto ou um simples jardineiro. Todos merecemos a atenção de Deus da mesma forma e teremos de viver a fugacidade da vida da mesma forma. É indubitável que, nesse mundo concorrido de hoje, em que todos brigam por um espaço, o estudo é um diferencial, mas não é tudo.

Eu comecei a me sentir muito fraco. Eu alternava períodos de sono com períodos de madorna. Eu via movimentos, mas não discernia quem eram as pessoas. Tudo ficava nublado. Em um desses dias, percebi que uma mão tocava a minha. Olhei para meu lado e senti a mão de minha amada esposa. Eu compreendi. Eu morreria. Ela apenas sorriu para mim. Naquele momento, eu escutei o choro de uma criança. Meu coração disparou, quasesaltou. No plano físico, ele também vibrou, causando a minha morte. No entanto, ainda deu tempo de ouvir as palavras da minha doce Maria. Ela, em suaves lágrimas de dor e de amor, me disse: "Este é Micael, papai, seu neto. É a sua cara, e espero que ele seja tão bom quanto o Senhor foi.". Nesse momento, eu morri. Uma dor profunda tomou conta do meu corpo. Um arrependimento me invadia. Minha amada esposa segurou minha mão e, olhando-me firmemente, disse: "Vamos. Já está na hora.". Eu segui com ela. Já estava na hora de alguém me ajudar e de eu aceitar essa ajuda. Segui para um mundo onde pude reavaliar minhas muitas ações errôneas. Além disso, me comprometi em, mais tarde, voltar como filho do meu neto, mas isso serão cenas para um próximo momento.

Obrigado por ter me lido. Espero que estas palavras o faça repensar no momento presente. Espero que elas o ensinem a não julgar o próximo pela aparência ou pela diferença em seus graus de instrução. Espero que você ame e perdoe mais. Se conseguir isso, acredito que você já estará no caminho. É importante, também, cuidar para que a rudeza do espírito não deixe marcas em você nem nos outros. Tais marcas são, muitas vezes, irreversíveis.

Fique com Deus.

Muito antes de eu receber essa psicografia, recebi uma poesia da esposa de Micael (quando recebi, ela veio anonimamente):

Há flores sobre a janela...

E eu aqui deitada neste leito de morte.

Vejo as flores se abrirem e se fecharem.

O sol sobe e desce.

A lua cresce e decresce.

Meus amigos me beijam e me acarinham.

A vida por um fio dentro de mim.

...

E, quando todos se vão,

As flores continuam a me embalar com seu crescimento.

Flor fecha. Flor abre. Flor nasce. Flor morre.

Assim como as pessoas.

Umas nascem. Outras morrem.

E eu aqui, observando, na minha imobilidade...

A incessante energia do florescer.

...

Hoje, eu vejo. Amanhã, não sei.

A realidade do agora é fato.

A realidade do amanhã é talvez.

A morte é algo certo.

A vida uma questão de momento.

Momentos entre o nascer e o morrer de uma flor.

...

Um jardineiro se mostra agora.

Ele me entrega uma linda rosa.

Sem notar, eu seguro e cheiro a bonita rosa.

Percebo que as flores já não mais estão sobre a janela.

Sigo com o jardineiro.

Levo minhas sementes para novo plantio.

Em outro momento.

Devo, com certeza, sentir a lembrança das flores sobre a janela.

Foi aí que percebi, mais uma vez, dentre tantas e muitas vezes, como tudo gira em prol de um aprendizado. Senti que realmente havia flores sobre a janela. O que você acha?

REFLEXÃO SOBRE A MORTE

A morte é o caminho inevitável de todo o ser humano. Mesmo tendo essa certeza, porém, percebemos que não estamos preparados para enfrentá-la. Sentimos aquela mistura de medo, incerteza, temor, e, por mais espiritualizados que digamos ser, percebemos no momento da perda o quanto é difícil lidar com a morte. No entanto, é ela que nos leva à profunda reflexão de nossa vida e dos nossos valores, e é muitas vezes nesse momento que percebemos que poderíamos ter feito mais pelo que se foi.

Prendemo-nos à vida materialista, pela qual acabamos nos tornando egoístas ao deixar de dedicar aos que amamos um pouco mais do nosso precioso tempo. Tempo esse que segue tão rápido que quase não percebemos a rapidez das horas que passam e encerram o dia; ao amanhecer, tudo reinicia. É nessa correria que muitos se perdem, deixando para trás momentos simples e importantes da vida. São inúmeras as coisas que acabamos deixando de lado e que apenas são percebidas e valorizadas perante a perda dos que amamos.

É a morte quem nos sacode e nos faz refletir sobre a vida, nos faz perceber o quão importante é valorizar o que temos, sem ter de perder primeiro para só depois reconhecer a importância do que fora perdido.

Chiquinho

Pelas energias de Ciro, Katarina e Damião

Embora as pessoas tenham acreditado que eu tenha vivido no escuro, creio que, pelo contrário, vivi em um mundo colorido e especial criado por mim e por minha sensibilidade. Eu cresci me perguntando o que seria a cor. Também me perguntava se a cor que eu sentia era similar às cores que os outros me descreviam. Para mim, estas se mostravam com o calor que eu sentia que elas emanavam. Criei, com o passar dos anos, a minha própria tabela de cores. Embora minha amada mãe tenha me ensinado as cores por meio do toque, foi de dentro de mim que surgiram as minhas preciosas e inusitadas experiências com uma ou outra cor.

Muitos tinham pena por eu ser cego. Eu escutava frequentemente "coitadinho, ele é cego!", ou "ai, que horror ser cego!", ou ainda "como ele sabe andar ou fazer as coisas sozinho?" Isso, sinceramente, nunca me perturbou, pois eu tinha nascido assim. Eu não conhecia outro mundo que não fosse aquele, e algo dentro de mim crescia e me fortificava para viver. Talvez o amor e a aceitação de todos à minha volta, desde o meu nascimento, tenham me fortificado. Posso dizer que fui extremamente feliz em minha existência. Não me senti em nenhum momento prejudicado por ter vivido com a minha própria claridade.

O meu mundo era assim, e eu não me sentia anormal por ser assim. Minha mãe sempre me deu forças para vencer todas as minhas dificuldades. Ela sempre me dizia: "Você pode!". Eu acreditava nisso e conseguia. Para mim, minha mãe era a donzela das donzelas. Ela era linda no meu jeito de senti-la e de vê-la. Eu diria que eu não fui um cego, eu apenas via de outra forma as coisas e os seres que me rodeavam. Eu estava bem vivo, então, eu interagia.

Meu nome era Francisco, mas todos me chamavam de Chiquinho. Eu sentia que essa era uma forma carinhosa de me tratarem. Realmente eu me sentia amado, tanto pela minha família quanto pelos meus amigos.

Eu já nascera cego. Minha mãe já tinha quase 50 anos quando engravidou de mim. Por muitos anos, ela e meu pai tentaram ter filhos, mas minha mãe não engravidara. Meus pais se amavam imensamente. Eles viviam em harmonia e cultivavam a cada dia esse amor. Meu pai era ferroviário e trabalhava como maquinista, e minha mãe, além de cuidar da casa, adorava pintar telas e tecidos. Ela criava verdadeiras obras-primas e as doava para sorteio para ajudar as pessoas carentes. Meus pais tinham um bom padrão financeiro, mas viviam de forma simples. Ambos vinham de famílias com grandes terras, e olarias que se espalhavam por essas terras, mas meu pai não queria trabalhar com a família. Ele queria se sustentar do que realmente tinha vindo dele.

De forma geral, tudo na vida deles ia bem, mas faltava um filho, e isso os entristecia bastante. Foram anos e anos de tentativas, e nada. Nem sequer uma gestação. Na época, já era comum a prática de adoção. Muitas mulheres davam seus filhos para aquelas que não os podiam ter, mas minha mãe tinha medo de que um dia a verdadeira mãe da criança que ela adotasse viesse tomar-lhe o filho. Então, ela preferia não adotar, mesmo que para isso não conseguisse aumentar a sua família e realizar o sonho de ser mãe.

A cidade em que eles moravam era bem pequena. Ali, todos se conheciam. Muitas mulheres que já eram mães largavam charadinhas para minha mãe quando ela passava. Minha mãe cansava de ouvir cochichos entre elas, tipo: "coitadinha da Flora, não pode ter filhos.".

Isso a magoava bastante, então, ela pedia fervorosamente para Deus que a abençoasse com uma criança.

Em uma tarde de inverno, a madre superiora de um convento que ficava na região próxima à nossa cidade bateu à porta da casa de minha mãe. A Senhora apertou a mão de minha mãe e contou que estava ali porque na cidade vizinha haviam encontrado uma jovem negra quase morta, que estava prestes a dar à luz quando a encontraram. As madres levaram-na para o convento e fizeram o parto. Nasceu um casal de gêmeos. A mãe faleceu logo em seguida. A negra, antes de falecer, pediu que as freiras cuidassem de seu filho, contando que havia caminhado por muitos dias buscando um lugar para pari-los. Ela contou, mesmo muito fraca, que o pai das crianças havia morrido antes mesmo de saber que ela esperava um filho deles.

Minha mãe percebeu o quanto aquela freira já amava aquelas crianças e o quanto ela escolheu "a dedo" ter vindo em nossa casa. Ela sabia de nossa história e o porquê de minha mãe ainda não ter adotado. As duas começaram a chorar. A freira pediu que ela ficasse com as crianças. Minha mãe convidou a afoita madre a sentar-se, a tomar um chá e adiantou-lhe que teria de ter o consentimento de seu marido para adotar aquelas crianças. O menino e a menina, que ainda não tinham nome e muito menos uma família para reclamar por eles, se mostravam como um presente de Deus. As crianças estavam com dois dias até então.

As duas tomavam um belo chá quando uma funcionária da casa levou um bilhete ao serviço de meu pai. No papel, estava escrito que ele retornasse a casa o quanto antes, que era um caso urgente. Minha mãe ainda acrescentou: nossos filhos chegaram e têm a cor de uma noite de lua cheia. E ainda assinou: "Com amor, sua Flora".

Meu pai, assim que recebeu o bilhete, entendeu que realmente algo novo e urgente estava acontecendo. Para ele, o importante é que as crianças fossem saudáveis e que preenchessem o vazio que teimava em existir pela ausência de um filho.

O amor dos meus pais era pleno, sublime. Muitas alegrias estavam reservadas para a vida dos dois. A partir daqui, seguirei contando a história da formação da minha família em terceira pessoa.

Raul já estava radiante. Já se sentia pai. Seus filhos tinham chegado. A sintonia amorosa entre Raul e Flora era tão intensa que não precisavam nem conversar sobre o que estava acontecendo. Eles somente sentiam...

Quando Raul chegou em casa, abriu a porta e soltou um alegre e forte grito: "Flora, vamos buscar nossos filhos!". Flora correu a seu encontro e abraçou-o, chorando: "Meu amor!". Nesse momento, a madre entendeu que Deus a tinha guiado até ali.

O casal pediu para buscar seus filhos. Deixaram dinheiro com as serviçais para que providenciassem mantimentos, roupas e tudo o que fosse necessário para os bebês, enquanto iam buscá-los. João e Maria foram recebidos com todo o amor por seus pais Raul e Flora.

Flora se tornou excelente mãe, e Raul, indescritível pai. Eles amavam e cuidavam de seus filhos sem distinção alguma, adotados ou não. Eles simplesmente eram seus amados filhos.

Os anos passaram e as crianças cresceram em um ambiente saudável e acolhedor. Já eram adultos agora, e ambos, João e Maria, precisaram se afastar de casa para fazer faculdade. João optou pelo Direito, e Maria pela Medicina. Eles amavam e respeitavam seus pais e, sempre que podiam, retornavam a casa para viver todo aquele amor e dedicação. Raul e Flora orgulhavam-se de seus filhos, e lhes doía vê-los partir, porém, sabiam que tratava-se do futuro deles. Flora não contava para Raul, mas chorava quietinha de saudade de seus filhos. Nem a pintura, que era o que mais lhe fazia bem, tinha mais graça. Raul, conhecendo e percebendo a tristeza de sua esposa, convidou-a para fazerem uma segunda lua de mel. Viajariam por um extenso mês por toda a Europa.

No início, Flora relutou em aceitar. Eles nunca tinham feito uma viagem tão longa, e ainda mais de navio. No entanto, o amoroso Raul conseguiu convencê-la e ambos partiram. O lugar era lindo. O mar exuberante dançava em volta do navio. Flora havia levado seus materiais e, vez ou outra, pintava uma tela. Raul lia, e, também, observava a esposa. Ele a amava. Estava encantado com ela como estivera desde a primeira vez. Um clima de romance tomou conta deles. Eles se amaram como há muito não faziam. Raul e Flora fizeram brotar uma nova intimidade entre eles. Em uma das últimas noites de viagem, enquanto eles estavam no convés observando a noite, uma linda estrela cadente perpassou o céu. Raul, então, disse: "faça um pedido, faça um pedido!". Flora observou que nada lhe faltava, mas, das profundezas de si mesma, veio a lembrança de que não tivera sido mãe biologicamente. Jamais tivera engravidado. Então, pediu: "Que eu seja mais mãe do que já sou!". No entanto, Flora se envergonhou do que pensara em relação a não ter engravidado, e agradeceu a Deus por ter tido João e Maria, seus amados filhos. Assim, ela reformulara o pedido, queria apenas atender mais as necessidades de seus filhos.

A viagem acabou e Flora voltou para casa sentindo-se muito indisposta e enjoada. Ela estava com 49 anos e nem suspeitava de que estivesse grávida, mas estava. A princípio, ela acreditou que estava doente, mas, por mais que Raul dissesse para ela ir ao médico, ela dizia-lhe que aguardaria o retorno de Maria para examiná-la. Raul se preocupava, mas percebia que, de forma geral, ela estava bem, embora, às vezes, um tanto indisposta. Maria inchara bastante, mas acreditava ser algum problema renal. Jamais lhe passava pela cabeça uma gravidez. Não naquela idade. Flora também sentia muitas cólicas e tremedeiras na barriga, e atribuía isso à menopausa, já que sua menstruação havia sido interrompida desde o retorno da viagem.

Maria retornou somente após cinco meses da volta da viagem de seus pais, e foi logo examinando a mãe. Surpresa foi a sua, quando percebeu, de imediato, que sua mãe estava grávida. Ela, não se contendo, gritou: "Mamãe, você está grávida! E bem grávida! Deve estar com uns seis meses, mamãe!". Raul, que estava na sala ao lado, não pôde deixar de ouvir os gritos da filha e adentrou o quarto, eufórico: "Mais filhos! Mais filhos!". Os três, Flora, Maria e Raul, abraçaram-se e choraram de felicidade. Logo após a comemoração, Maria prescreveu todos os cuidados que a mãe teria de tomar, já que a gravidez seria de risco, devido à sua idade.

Raul estava extremamente feliz, mas temia pela saúde de sua esposa. Ele redobraria todos os cuidados com a sua amada. Flora também estava radiante, e lembrou de seu pedido quase oculto na viagem durante a passagem da estrela cadente. Agora, suas vidas, que já estavam completas, se tornariam mais do que completas. "Quanta felicidade!" – ela pensava.

Já era primavera. As folhas das árvores estavam bem verdinhas, e as flores, com um colorido estonteante. Raul e Flora caminhavam por entre esta bela paisagem. Flora sentia-se muito inchada e, por isso, fazia breves caminhadas várias vezes ao dia. Os dois estavam alegres e sorriam, lembrando-se de fatos de suas vidas. De repente, Flora sentiu uma pontada no peito, uma dor, quase uma saudade, e parou. Ela pegou as mãos de Raul e disse-lhe: "Meu amor, obrigada por ter me feito extremamente feliz. Eu faria tudo novamente, com a mesma alegria de agora. Eu te amo. Obrigada.". Ele, emocionado com todo o amor que sua esposa expunha, completou: "E eu, minha amada, encontrei a mais linda e meiga das mulheres. A minha Flora, que me invade a alma e aquece meu coração. Obrigada!". E os dois, nesse clima de amor, se abraçam por longo tempo. Flora sente que algo não está bem, e uma pequena lágrima desce de seus olhos. Raul pergunta: "O que foi, meu amor?": Ela lhe responde: "É excesso de felicidade, meu querido.".

A noite chega e os dois se deitam em sua cama macia e cheirosa. Raul está sorridente. Flora está preocupada, mas ela não deixa que o marido perceba. Ela pergunta-lhe sobre o nome que colocariam em seu filho ou filha. Ele lhe diz: "Minha querida, sempre pensei no nome Francisco. Não sei dizer-lhe o porquê, mas é um nome que me agrada. Se for menina, poderíamos colocar Francisca, que você acha?". Flora consente e diz apenas: "Seja bem-vindo, Francisco ou Francisca.". E sorri largamente. Os dois se abraçam sorridentes e se ajeitam para dormir.

A madrugada segue e Flora ouve uns gemidos vindos de Raul. Ela acende a luz e percebe que ele não está bem. Ele a olha e lhe diz: "Eu te amo.". Flora grita: "Raul!". Ela percebe que ele acabara de falecer. Uma partida sem motivo aparente. Mesmo tendo a consciência de que todos temos a nossa hora, ela chora intensamente. Flora olha para a sua barriga e sabe, naquele momento, que a criança que está vindo será sua companheira, e que veio no momento exato para acompanhá-la nesta existência.

Todos os trâmites do velório e do enterro são realizados. Maria e João choram a perda do pai e temem pela saúde da mãe. Mesmo que eles quisessem, não poderiam abandonar tudo e voltar para casa. Flora pressente o temor dos filhos e diz-lhes que ficará bem. Flora sabe que, um dia, ela e Raul voltarão a se encontrar, e que o amor deles nunca irá se perder. Eles sempre diziam um ao outro que tinham amor de alma. E ela acreditava piamente nisso. De certa forma, ela sabia que aquele filho era um presente de Deus.

Maria conseguiu ficar mais um tempo com a mãe, e este tempo foi exato para que ela mesma fizesse o parto de Flora. Francisco nasceu. Um grande e gordo menino nasceu, mas suas pálpebras eram claras demais e seus olhos não responderam bem aos reflexos de recém-nascido. Maria suspeitou de que seu irmão fosse cego, mas não tinha certeza. Flora chorou ao ver seu filho e batizou-o amorosamente com o nome que o pai escolheu: Francisco.

Aos poucos, todos perceberam a cegueira do menino. Para Flora, isso não modificava em nada o amor por ele. Maria pesquisou várias formas de a medicina ajudá-lo, mas sentiu-se impotente perante a falta de cura. Maria voltou para seus estudos, e, João, vez ou outra, mas muito raramente, vinha visitar sua mãe. Quando vinha, era muito rápido, pois ele já estava enamorando-se de uma menina na cidade onde morava.

Flora criou Francisco sem o temor por ele ser cego, e jamais lhe limitou qualquer movimento. Ela acreditava que ele poderia ser igual a qualquer outra pessoa, e que aquela limitação seria suprida por algo. Foi assim que Francisco foi criado – com muito amor e sem sofrimento algum por ele ser cego. Na época, ainda não havia escolas para cegos. Flora, do seu jeito especial, ensinou-lhe a escrever, a pintar e a sentir a vida por meio do toque. Eles eram unha e carne, estavam sempre juntos, e uma verdadeira amizade havia entre mãe e filho. Maria e João também amavam o irmão, e o tratavam com a mesma energia que sua mãe. Aos poucos, a família centrou-se cada vez mais em Flora e em Francisco, pois tanto Maria quanto João casaram-se e foram morar longe.

Flora sempre fora sincera com Francisco, e falava-lhe que ele tinha de estar preparado para se virar sozinho depois que ela morresse. Quando Francisco ouvia isso, ele dizia: "Mas eu já me viro sozinho, mamãe.". E ela sorria. Era uma grande verdade. Ele já era adulto e independente.

Francisco, ao contrário de seu pai, seguiu com os negócios da família de seus avós. Ele administrava uma grande olaria. Todos os funcionários o respeitavam e o queriam bem. Flora e Francisco se mudaram para o interior para ficar mais perto do serviço dele. Os dois eram inseparáveis. Em uma manhã bem fria, Flora chamou Francisco e disse-lhe que não se sentia muito bem, que sentia uma forte dor no peito. Francisco quis chorar, e ela, percebendo, lhe disse: "Não chore, meu filho. Eu fui a mais feliz das mulheres.". Após dizer isso, ela faleceu.

Uma dor profunda lhe invadiu a alma, mas ele acreditava que seu pai e sua mãe estariam juntos no Céu. Francisco não podia ler as palavras de Jesus, mas havia algumas delas que ele sabia, pois sua mãe havia lhe ensinado a orar com fervor.

Francisco sentia profunda saudade de sua mãe, e entristecia-se por não tê-la por perto. Ele já estava com 31 anos e ainda não tivera uma namorada sequer. Francisco vivia para o trabalho e para as suas pinturas. Ele perdia-se dentro de suas cores. Seus quadros eram admirados por todos e enfeitavam a sua casa e a casa de amigos. Ele tinha uma vida social e visitava os amigos com frequência. Todos o recebiam como um homem normal, e muitos até se esqueciam de que ele era cego.

Em uma dessas visitas, Francisco conheceu Julieta. Ela era filha de um conhecido de sua mãe. Julieta era uma jovem de 24 anos, linda, mas surda. Ela não podia ouvir e nem falar. Havia nascido assim. No entanto, o impressionante é que ela pintava e escrevia como ninguém. Julieta era muito reservada e, diferentemente de Francisco, fora criada como se fosse doente – longe de tudo e de todos.

Francisco percebeu seu perfume na primeira vez que a sentiu. Como jamais havia sentido. Ele percebeu como se uma música tivesse se aproximado dele, e, então, perguntou: "Quem é você?". Julieta não ouviu, mas sua prima respondeu. Esta é Julieta, minha prima. Ela é surda-muda. Francisco perguntou-lhe se ela sabia a linguagem dos surdos-mudos e sua prima disse que sim. Francisco, que já havia aprendido tal língua com sua mãe e por meio do toque, já que ele não podia enxergar, exercitou-a com Julieta. Pela primeira vez, Francisco interessava-se por alguém. Julieta também se interessou por ele como jamais tinha se interessado por outra pessoa. Surgia um amor entre os dois. Tanto Francisco quanto Julieta jamais tinham pensado em ter alguém. Eles haviam se reservado às suas paixões: no caso de Francisco, agora a olaria e suas tintas, no caso de Julieta, os escritos e as pinturas.

Os dois começaram a conversar do seu jeito cada vez mais. O amor foi crescendo e os pais de Julieta aprenderam que sua filha podia ser feliz, mesmo sendo surda-muda. Um dia, a mãe de Julieta abraçou Francisco e agradeceu-o, pois ele tinha lhe ensinado que, independente da deficiência de sua filha, ela tinha todo o direito de se expressar e de ser feliz. Então, ela contou-lhe em prantos o quanto havia rejeitado a filha e o quanto a atenção que Francisco dispensava a ela lhe tinha feito enxergar seus erros.

O jovem rapaz passou a mão no rosto de sua futura sogra e completou: "Minha mãe desenvolveu em mim o dom da aceitação. Ela me aceitou desde o primeiro momento, e eu aprendi a me aceitar e a vencer as minhas barreiras pessoais por mais difíceis que elas fossem.". A senhora chorou com a lição de Francisco e, não contendo-se, abraçou-o. Uma grande amizade recheada de ensinamentos se formava ali. Julieta e Francisco estavam apaixonados. Ambos revelavam seus sentimentos um ao outro por meio de sua linguagem particular e secreta. Julieta passou a acreditar mais nela, e mais linda ainda se tornava. O primeiro beijo dos dois pôde ser assistido pelos anjos. Eles explodiam de tanta alegria. Todos comentavam sobre o amor que um tinha pelo outro e sobre a dificuldade que devia ser os dois se entenderem. No entanto, ambos mostravam o contrário, pois eles falavam a linguagem do amor. Seus corpos, suas mentes e seus espíritos se integravam e se comunicavam. Francisco, em seu mundo iluminado por ele mesmo, e Julieta, com suas canções pessoais que somente ela ouvia. Era lindo de ver essa sintonia.

Um lindo casamento aconteceu. Francisco não pôde ver o rosto de sua Julieta, mas pôde sentir toda a alegria de seu coração e seus passos em direção ao altar. Julieta não pôde ouvir a marcha nupcial, mas pôde olhar o sorriso nos lábios de Francisco. Os dois se completavam, disso não havia dúvidas. Juntos, construíram uma vida repleta de alegrias.

E, assim, foi parte da minha existência terrena. O casamento que vivemos, mesmo com nossas diferenças que, para nós, eram igualdades, foi extremamente feliz. Morri aos 80 anos e deixei minha amada Julieta por pouco tempo. Antes mesmo de um ano depois de minha morte, ela me acompanhou. Quando a vi, pela primeira vez, tive a certeza de que não era cego, apenas enxergava de outra forma, porque ela era, sem dúvida alguma, igualzinha ao que eu enxergava quando estava vivo. O que para uns era cegueira, para mim era apenas uma diferenciação. Hoje trabalhamos juntos no auxílio ao mundo espiritual e usamos os nomes de Ciro e Katarina. Somos almas gêmeas de homem e mulher e permaneceremos juntos em nesse trabalho nas várias dimensões e moradas em que habitam os nossos muitos irmãos. Talvez o recado que queiramos deixar é que devemos confiar em nossas habilidades ocultas, mesmo que elas não pareçam existir. Nunca desista de ser feliz. Um beijo em seu coração.

Reflexão sobre as doenças

Orientação de Tereza com relação ao início dos manuscritos deste livro, A&A – Amor & Ajuda, em um período de doença em família.

Minha querida Daniela, às vezes os ensinamentos nos chegam de forma dolorosa, mas estes, com certeza, estão no caminho por que assim deve ser.

Quando conhecemos o que falamos na prática, pode-se ter mais condições de fazer por outros o que se faz pelos seus.

A mente humana guarda grandes mistérios e ensinamentos que podem, com o tempo, ser alcançados e desvendados. Tu ainda farás muito pelo próximo. É a grandeza de teu coração que fará atingires teus objetivos, mostrando humildade e amor no que escolheste fazer pelo próximo, não esquecendo que um ser se torna grande pelos seus atos e atitudes. Tudo mais são consequências que a vida nos devolve e cabe a cada um saber viver o que a si está destinado. Mesmo o belo caminho de rosas pode nos ferir com seus espinhos, mas pode-se chegar à beleza da flor sabendo retirá-los com carinho e amor.

Na vida, as doenças são como espinhos que se prendem ao corpo físico, mas é preciso saber retirá-los com paciência, fé e amor. É assim que conseguirás ajudar teu filho e os demais que vierem a ti. Sinta e deixe a energia Divina tocar tua mente, teu coração e tuas mãos com fé e a certeza de que ela pode transformar e mudar conceitos. Siga sempre o teu coração e um sopro Divino te virá à mente dando respostas e mostrando caminhos. Com o tempo, verás o quanto poderás fazer pelos que vierem a ti.

Inocência
Pelas energias de Ciro, Katarina, Damião e outros

Ainda posso ouvir os gritos sorridentes de minha mãe: "Amanda! Amanda!". O que ela mais fazia no seu dia a dia era me chamar a toda hora. Realmente, eu fora uma criança muito sapeca. Eu ia de um lado para outro e ninguém, muito menos minha mãe, conseguia me conter. Todos me chamavam de furacão. Hoje eu concordo com aqueles que me chamavam assim. Eu realmente tinha essa energia.

Eu já tinha três/quatro anos de idade. Passava o dia todo em casa e adorava assistir aos desenhos de pessoas que voavam. Eu sonhava em também voar. Vez ou outra, eu subia em lugares altos e me atirava com os braços abertos. Acabava me machucando porque minhas asas nunca se abriam ou funcionavam como eu pensava que iria acontecer. Meus pais ralhavam comigo e me explicavam que eu não tinha asas, daí eu chorava e xingava, dizendo: "Se eles voam na TV, por que eu não posso voar, mamãe?". Eu chorava mais e mais. Minha mãe me explicava, amorosa e tranquilamente, que aquelas asas dos filmes e dos desenhos não eram asas reais, eram apenas montagens e fantasias. Mas eu não entendia o que era isso. Se eu as via, como não eram reais? Eu não conseguia entender isso. Eu perguntava-me: "como eles não voam se eu vejo que eles voam?" Então, no meu íntimo, eu gritava: "Eu ainda vou voar!".

Alguns meses depois da última queda, na qual eu havia quebrado o meu braço ao me jogar de cima da mesa, retomei meus planos de voar. Asas ganhar e voar, voar e voar! Voar! Voar! Esse era meu plano de criança.

Minha mãe, coitada, não podia comigo. Eu corria de um lado para o outro, e sempre subia em algo com a pretensão de me atirar e voar. Por mais que eu caísse e me machucasse, eu tinha a ideia obsessiva de que eu voaria pelos ares.

Sofri muitas quedas. Algumas mais leves, outras, mais bruscas. Até que minha mãe engravidou e, por eu ser tão barulhenta e arteira, meus pais contrataram uma senhora para cuidar exclusivamente de mim. Clara era seu nome. Ela era gorda e muito carinhosa. Era ela quem me dava colo quando minha mãe já não podia mais, devido à sua grande barriga. Minha mãe sempre conversava comigo. Logo que soube que esperava um menininho, ela me contou. Escolhemos o nome de Luan juntas. Eu me senti muito feliz e, inocentemente, pensava que ganharia um companheirinho de voo. Vamos voar juntos, eu pensava. Eu me distraía esperando a chegada de meu irmãozinho que me ajudaria a voar.

Meu irmãozinho Luan chegou. Ele era bem gordinho, e eu ficava pensando: "Tão gordinho assim, vai ser mais difícil de voar...".

Um dia, olhei para Clara e disse: "Luan está muito pesado. Não consigo agarrá-lo no colo para voarmos juntos.". Percebi que Clara ficou nervosa com meu comentário e tentou me explicar, pela milionésima vez, que nós não poderíamos voar. Eu chorei. Não poderia aceitar aquilo. Chamei-a de chata. Xinguei-a muito e prometi para mim mesma que eu não falaria mais em voar para os outros, mas que eu voaria e mostraria para todos que havia conseguido.

Era dia de festa. Uma grande organização se formava. Meu irmão completara um aninho, e eu, cinco anos. Nossa festa seria uma só. Eu estava muito feliz. Percebia que meus pais, e Clara também, estavam muito nervosos e agitados. Muita gente tinha sido convidada. Era muita correria. Havia muitas ornamentações, balões para todos os lados, brinquedos dos mais diversos e um grande portal cheinho de balões que indicava a entrada da festa. Ali estava escrito: "Amanda e Luan esperam por você. Seja bem-vindo!". Tudo em rosa e azul.

Meu irmão e eu estávamos muito bem arrumados. Tudo representava a natureza na nossa festa. Minha roupa imitava uma rosa, e a de meu irmão, um cravo. Nossa festa era toda ao ar livre. Muito linda mesmo. Aquilo tudo me fascinava. Tudo era muito colorido e se movimentava. Tudo me fazia sentir muito bem, e a vontade de voar crescia quando via aquelas altas ornamentações. Quanto mais eu olhava aqueles balões, lá no alto, mais a minha vontade de voar crescia.

Muita gente alegre. Muita dança. Os balões, durante a festa, iam se soltando e voando mais alto. Eles eram enormes. O céu estava cheio deles. Eu me sentei em uma cadeirinha e fiquei imaginando se conseguiria voar neles, caso me segurasse em algum. Será que eu voaria com eles? Será que, se um se soltasse comigo, voaríamos? Eu acreditava que poderia pegar uma carona com um balão e realizar o meu sonho. Na minha cabecinha de cinco anos, eu realmente eu acreditava que, com o balão, eu voaria. Minha mãe e Clara perceberam que eu estava tranquila e quieta, então, me deixaram um pouco de lado para dar atenção aos muitos convidados. Vez ou outra, Clara me observava e verificava que eu permanecia no mesmo lugar e bem quietinha. Minha mãe pedira para Clara tomar conta do meu irmão, que estava ensaiando os primeiros passos e estava bem inquieto, para ela aproveitar um pouco a companhia de seus amigos. E eu ficava ali, fascinada com os balões. Percebi que havia ferros que se posicionavam como uma escada ao longo do grande portal de entrada da festa. Nele, balões enormes pendurados. Nossa, eles eram lindos! Exerciam um fascínio sobre mim. Sem pensar, sem julgar, e, na minha inocência de criança, me vi subindo, pouco a pouco, naquela alta escada, buscando chegar ao topo, segurar-me em um dos balões e voar. Ah, como eu queria voar! Então, subi, rumo a realizar meu sonho. Ninguém percebeu o que eu estava fazendo. Todos estavam entretidos com a atração da festa.

Segui subindo. Subi tranquilamente e sem pressa, mas muito feliz. O último balão ficava a uma altura de uns 10 metros do chão. Consegui chegar até a ponta da cordinha dele e agarrá-lo. Segurei bem forte aquele laço do balão e me soltei da grade de ferro. Gritei: "Amanda voando!". Ainda me lembro do grito que Clara soltou quando viu que eu iria pular. Ela só percebeu o que eu estava fazendo no meu último instante de subida. Ela gritou desesperada meu nome. Não tive medo. Eu estava voando. Mesmo que eu estivesse caindo, parecia que estava voando. Eu estava feliz e radiante.

Ao chegar ao solo, minha cabeça bateu forte no chão. Lembro apenas do "baque" e do barulho que senti dentro de mim. Eu estava muito feliz. Eu havia conseguido voar.

Momentos silenciosos e não lembrados por mim vieram a seguir. Eu havia morrido, e os amparadores espirituais me retiraram dali para que eu não sofresse dentro da minha própria "inocência". Adormeci profundamente, enquanto meu corpo desfalecido seguia no plano da Terra e todos os rituais dolorosos de minha morte eram feitos.

Minha mãe entrou em choque. Meu pai brigou com Clara, culpando-a, porque, afinal de contas, ela estava sendo paga para cuidar de mim. Minha mãe, chorando desesperada, defendia-a e dizia que Clara não tivera culpa de nada e que somente ela fora culpada, pois havia pedido para Clara ficar com Luan. Aos gritos, minha mãe falava: "A única culpada sou eu! Sou eu! Sou eu!". Ela gritava e chorava desenfreadamente. Ninguém sabia o que fazer. Clara estava comigo no colo e seu vestido molhava-se em meu sangue. Luan tentava me puxar, sem saber o que tinha acontecido. Ele me puxava pela mão e emitia os sons que representavam o modo como ele me chamava: "Áááá... Ááááá... Ãáá.".

Uma ambulância chegou. O médico me examinou e somente confirmou aquilo que todos já sabiam: eu estava morta! Foi aí que minha mãe desmaiou e levou, agarrada em seu inconsciente, uma parte de mim. Ela não aceitou o que havia acontecido e, sem perceber, uniu nós duas, em nome de seu amor de mãe, em alguma parte imensurável de nosso ser. Ela permaneceu assim, catatônica, sem reação alguma, tanto interna quanto externa. Ela não mais falava, não mais reagia a nada nem a ninguém.

Clara tirou Luan dali, enquanto meu pai seguia com minha mãe na ambulância. Meu pai ainda não acreditava no que havia ocorrido.

Muitos amigos ajudaram no processo do velório. Minha mãe continuou profundamente catatônica e não derramava uma lágrima sequer, tampouco interagia ou falava sobre o ocorrido. Nem mesmo Luan lhe chamava a atenção. A culpa que sentia pela minha morte, unida ao choque de eu ter morrido, fizeram-na ausentar-se de si mesma.

Os dias passavam e minha mãe não mostrava reação alguma. Ela precisou ficar internada em uma clínica de saúde mental. Clara passou a cuidar integralmente de Luan. Meu pai cuidava de minha mãe amorosamente e sofria muito por tudo isso. Ele também não queria mais viver. Para ele, tudo tinha perdido o sentido. Luan tentava se aproximar dele, mas meu pai, sem perceber, rejeitava-o e empurrava-o. Clara fazia de conta que não percebia a rejeição do patrão para com seu próprio filho, mas ela, religiosa do jeito que era, tinha fé de que tudo ficaria bem e que logo, tanto o pai quanto a mãe de Luan, melhorariam. Clara orava ardentemente pedindo que Deus operasse, com sua mão bondosa, naquela família. Ela orava, fazia jejum em nome de seus pedidos e cuidava de Luan como se fosse seu próprio filho.

Tudo isso eu não presenciei no meu pós-morte, mas no tempo preciso. Os mentores me mostraram, por meio dos registros akáshicos da natureza, o que havia acontecido com a minha família após eu não mais estar com eles. Tudo fica gravado como em um filme, nos imensuráveis e profundos escritos energéticos de nossas existências, que sobrevivem nas muitas e diversificadas dimensões existenciais da natureza.

Meu pai entristecia-se a cada dia. A vida, para ele, tinha perdido o sentido. Minha mãe não reagia, e meu irmão, mesmo com toda a sua beleza e alegria de criança, não era enxergado pelo meu pai. A tristeza era tanta que criava um grande muro entre meu pai e meu irmão.

Eu ainda era uma criança, mesmo no meu pós-morte. Acordei suavemente em um quarto cor violeta. Uma janela com uma grande vidraça transparente ficava aos pés da minha cama. Muitas bonecas e também algumas folhas em branco acompanhadas de gizes de cera ficavam sobre a mesa ao lado da janela.

Acordei e tentei levantar, mas minha cabeça doía muito. Não tinha ninguém comigo naquele "acordar". Chorei. Assustei-me. Chamei por minha mãe. Senti uma dor forte em minha cabeça e adormeci! Por infindáveis vezes, eu acordei, chamei, chorei, senti dores que aumentavam com minha agitação e adormeci novamente. Em momento algum percebi a corrente de amor que me envolvia em luz violeta e que me protegia e me curava no pós-morte. O amor divino me curava silenciosamente. Eu, inocentemente, não percebia o que estava acontecendo.

Um tempo, não sei o quanto, se passou. Um dia, acordei com a voz de minha mãe a me chamar: "Amanda, Amanda.". Mal eu sabia que, na Terra, minha mãe estava a sonhar comigo. Mesmo que ela estivesse ainda incomunicável externamente, em seus mundos internos ainda havia a relação com sua vida e seus amores. De repente, eu me vi naquele sonho de minha mãe. Nele, corríamos como de costume. Minha mãe, meu pai, Luan e eu corríamos pelo nosso imenso e florido jardim. Eu podia ouvir as gargalhadas de minha mãe e sua alegria. Eu também podia ver que nós imitávamos um grande avião, e que Luan ficava levantando os bracinhos e fazendo *brumm*, *brumm*, com a boca. Foi aí que, na minha inquietude de criança, perguntei-me: "Como estou lá, naquele quarto violeta, e estou aqui no nosso jardim?". Foi aí que meu corpo voou, como em um piscar de olhos, até aquele quarto. Meu coração disparou e minha cabeça latejava. Senti-me deitada na cama e percebi que aquelas luzes violetas me aqueciam e melhoravam minhas dores. Várias vezes eu acordei com a impressão de ouvir a voz de Clara muito perto de mim.

Clara, minha babá, tinha uma fé inabalável e acreditava que até mesmo a morte estava nos planos de Deus. Ela cuidava de meu pai e de meu irmão com todo o carinho que eles mereciam. Ela se doava intensamente. Ela ajoelhava-se em seu quarto, por muitos momentos, pedindo proteção e melhoras para aquela família. Ela pedia que Deus me recebesse no Reino dos Céus e que minha mãe recuperasse sua sanidade. A oração de Clara era tão verdadeira e profunda que eu a sentia naquele meu novo mundo. Apesar disso, eu ainda não sabia o que tinha acontecido.

Um dia, Clara insistiu para que meu pai levasse minha mãe para passear. Ele, meio emburrado, disse-lhe: "Não adianta. Ela não reage com nada. Não fala nada. Não expressa nada.". Clara, então, disse: "Comente com ela sobre Luan. Diga-lhe que ele está lindo e grande, e que sente saudades dela.". E Clara continua: "O Senhor viu como ele está gordinho?". Nesse momento, o pai de Amanda percebe que se afastou completamente do filho. Então, com um choro compulsivo e doloroso, ele vai em direção ao menino que, sorrindo, se aproxima. "Perdoa-me, meu filho" – diz ele, abraçando-o. – "Eu te amo, meu pequenininho.". O homem continua a chorar. Então, Clara leva o pequeno para outro ambiente da casa, no qual há seus brinquedos. Clara retorna, conversa com seu patrão e, ali, ela menciona sobre Deus. Diz-lhe que tem fé, que tudo ficará bem, e que, Amanda, onde quer que esteja, estará melhor ainda se todos naquela casa estiverem bem. Clara menciona que não sabe se há vida após a morte, mas que acredita que Deus recebe com sua mão bondosa a todos os seus filhos no Céu. Ainda comenta que comprou uma Bíblia para aquela casa e que, se ele permitisse, ela a deixaria aberta nos Salmos para que, quando ele tivesse vontade, orasse. Ela se levanta e convida o patrão para orarem juntos. Ali, naquele momento, os dois, chorando, oram o Salmo 23 da Bíblia. O patrão, em lágrimas, olha para Clara, agradece, sente um pequeno relaxamento em seu corpo e relembra de sua mãe, católica fervorosa, que lia ardentemente, todos os dias, além de outros, o Salmo 23.

Uma luz violeta se forma, tanto no ambiente terreno quanto no ambiente imensurável em que Amanda está. O violeta aquece aqueles corações que clamam por ajuda. O poder da oração chega a lugares jamais vistos ou sentidos, ele é imensurável e continua a vibrar em nós por momentos imperceptíveis. A oração acalma, renova e enaltece os seres. É pela oração que conseguimos nos unir mais profundamente aos nossos mentores, ou seja, conseguimos senti-los mais de perto e nos conectar a eles. Não importa a oração que você escolher, nem a religião a que você pertencer, o que importa é o seu coração direcionado a Deus Todo-Poderoso, Onipotente e Onisciente!

Mãe e filha sentem uma enorme Paz emanada daquela oração, abrindo caminhos por lugares inimagináveis. Mesmo que ambas estejam em dimensões diferentes, elas estão ligadas pelo Amor de Mãe e

Filha. Quando a mãe de Amanda entrou em choque, sem perceber, formou e prendeu sua filha em uma grande teia de medo e revolta. Nossos medos e revoltas interiores não prendem somente a nós, mas também a todos aqueles que amamos em menor ou maior grau. A mãe de Amanda formou em sua tela emocional uma grande energia de não aceitação da morte de sua filha e, com isso, prendeu-a entre o Céu e a Terra. Algo dentro da mãe de Amanda também havia se prendido em algum lugar, recusando o que havia acontecido. No momento que houvesse a compreensão do ocorrido, Amanda também seria libertada e conseguiria se desenvolver no seu novo mundo, no pós-morte. Por isso, ela ainda não enxergava aos mentores e ainda sentia muitas dores de cabeça quando chamava por sua mãe. A oração de Clara ameniza-va a situação e, aos poucos, desprendia mãe e filha dessa grande teia energética.

Os dias passavam iguais, a não ser pela força da oração de Clara, que cada vez mais reforçava seus pedidos em nome daquela família. O pai de Amanda passou a brincar mais com Luan e levou-o várias vezes para visitar a mãe. Ela permanecia da mesma forma. Já ele ia me-lhorando e recuperando a sua esperança. Mesmo com a imobilidade da esposa, ele acreditava que ela acordaria daquele sono, que parecia muito profundo.

Clara passou a convidar o seu patrão para orarem juntos. Ambos uniam suas forças e a luz violeta cada vez mais se intensificava e pene-trava nos corpos de mãe e filha. Aos poucos, Amanda conseguia ficar mais acordada no mundo do seu pós-morte. Ela conseguia sentar em sua cama e sentir o aroma da flor de violeta que agora havia junto à grande vidraça. Agora ela percebia que havia, além dos papéis e dos gi-zes de cera, uma jarra com água e uns pedaços de pães para que ela co-messe, mas ela ainda não tinha forças para levantar e ir até eles. A mãe de Amanda também recuperava a memória lentamente. Ela começava a compartilhar um pouco mais de sua vida, mas ainda não tocava no que havia ocorrido. Ela já se alimentava sozinha e sorria quando re-cebia a visita do pequeno Luan. Amanda também foi percebendo a presença dos amparadores espirituais e, com isso, eles podiam ajudá-la a se alimentar, mesmo que ainda dentro dos limites daquele quarto. Ela não entendia o que estava acontecendo, mas aprendera a confiar neles e a tê-los como amigos.

Em uma manhã de primavera, quando pássaros cantavam alegremente, a mãe de Amanda foi despertada por um sonho, a partir do qual um grito seu eclodiu no plano da Terra. Ela gritava: "Amanda, Amanda!". Ao acordar, ainda visualizava a queda da filha, naquele dia em que ela teimava em esquecer. Suas lágrimas rolaram intensamente. Sua menininha, tão medonha, tinha morrido. Foi nesse momento que os mesmos amparadores espirituais que cuidavam de Amanda energizaram sua mãe para que ela entendesse que precisava reviver, e que não poderia mais ficar parada e inerte no tempo. Uma saudade profunda de sua vida tomou conta dela e, com isso, chamou por Luan e por José, seu marido.

Ela assustou-se ao não reconhecer o local em que estava. Então, uma enfermeira pediu que ela se acalmasse, avisando-lhe que logo seu marido estaria ali. José, que já tinha sido avisado do despertar de sua esposa, Antônia, dirigia velozmente, pois não via a hora de poder abraçá-la e tê-la de volta. José precisava de Antônia ao seu lado para seguir em sua vida. Luan também precisava dela. Antônia ressurgia, e isso enchia de esperança a confiável Clara, que se agarrava em suas orações como forma de ajuda para aquela família que ela tanto amava.

José chega na clínica correndo. Sobe a grande escadaria e chega ao corredor do quarto de Antônia, aos gritos: "Antônia, meu amor! Antônia, minha flor! Estou aqui para te levar para casa, minha vida!". Ele chora ao ver a esposa em pé, com os braços abertos, esperando por ele. Ela cita o nome de Amanda, e ele, instruído inconscientemente pelos amparadores que ali estão, coloca as mãos nos lábios de Antônia e diz: "Um dia, todos nos encontraremos. Ela está bem cuidada no colo do Senhor Jesus. Ninguém foi culpado, minha querida, nem eu, tampouco você, e muito menos nossa querida Clara. Precisamos retomar nossas vidas, minha amada. Luan cresce e eu anseio por teu colo para também me recompor.". Antônia e José choram e se abraçam. Os mentores energizam-nos com a mesma luz violeta que vibra no quarto de Amanda. Ela desperta no mundo do pós-morte e entende, somente agora, que seu corpo físico não existe mais. Amanda recebe todo o amor do abraço de seus pais na Terra e sente que eles a amam. A menina também chora e percebe que errou ao jogar-se daquela altura. Ciro e Katarina, mentores espirituais que ali se encontram, também a abraçam, chamam-na de Inocência e pedem que ela não chore, pois tudo será explicado no momento certo. A menina respeita o pedido de seus novos amigos e, nesse momento, é levada ao mesmo ambiente em que seus pais estão abraçados. Ela se agarra na saia da mãe e entende que a mãe não consegue vê-la. José, sem perceber, mas vibrando na energia divina da oração, segura as mãos de Antônia e a convida para orar o Salmo 23. Uma luz ainda mais forte de cor violeta invade a tudo e a todos. Amanda fica deslumbrada com tudo aquilo e sorri. Ela sente que não terá mais seus pais como antes, mas que poderá visitá-los na luz violeta pelo caminho do arco-íris. Os mentores retiram-na dali e viajam com ela para o mundo infantil dos seres desencarnados precocemente.

O lugar é divino. Há cores de todos os tipos, e muitos arcos-íris que servem de locomoção àquelas crianças, muito inquietas e sábias. Todas ali desencarnaram por sua "inocência infantil": algumas por choques elétricos, outras por quedas, outras tantas por contato com objetos cortantes. Elas eram crianças muito inquietas na Terra e buscavam uma superação de seu próprio corpo físico. Em vidas passadas, aquelas almas habitaram corpos de seres que transcenderam o corpo físico e encontraram na energia outra forma de vida. Por hora, podemos chamá-las de "crianças violeta", crianças com uma aura de cor violeta, que sobe em escalas coloridas muito sutis, que guardam inquietudes avançadas para a época em que vivemos. Amanda era uma criança violeta e continuou sendo e vibrando nessa cor até em seu pós-morte.

Tudo se revigorava novamente. Antônia recuperava suas forças e Amanda descobria seu novo mundo. Clara continuava com sua fé e Luan recebia todo o amor que lhe era merecido.

Ciro e Katarina passaram a visitar constantemente a casa de Antônia e José. Participavam das cadeias oracionais que todos faziam juntos. Clara pegava sua Bíblia, abria-a aleatoriamente e começavam as suas orações. Sempre no início ou no fim da reunião, o Salmo 23 era lido e sentido. Aos poucos, Antônia foi aceitando a morte de Amanda e sentindo que, de uma forma ou de outra, ela estava bem onde estava. Amanda participou muitas vezes dessas reuniões, nas quais presenciava sua mãe e seu pai em melhor estado a cada encontro. Luan, que às vezes também participava, conseguia enxergar Amanda e não parava quieto. Ele tentava avisar à mãe que Amanda estava ali. Em vários momentos, enquanto todos estavam concentrados, ele gritava: "Amanda, Amanda!". Ele estava com 05 anos e era um menino serelepe e faceiro. A vida, enfim, voltava à sua rotina, mas, por mais que Antônia melhorasse, ainda sentia muita falta de sua amada filha.

Certa noite, Antônia conversou com seu marido sobre terem outro bebê. José ficou muito contente e, então, combinaram que chegaria naquela casa uma nova criança. Antes de tudo, conversaram com Luan sobre o que ele achava de receber outro maninho ou maninha. O menino perguntou, no mesmo momento: "Amanda?". A mãe e o pai choraram, e afirmaram com a cabeça para o filho que talvez sim. Luan saiu correndo, gritando o nome pela casa: "Amanda! Amanda!". Antônia e José encheram seus olhos de lágrimas e uma esperança surgiu naqueles corações. Eles, que não acreditavam em vidas passadas, mas que sentiam a presença de Deus, pensaram: "Quem sabe?".

Amanda mantinha plasmado seu corpo como na última encarnação. Ela era companheira fiel de Ciro e de Katarina. Haviam sido muito amigos, compartilhando vários momentos juntos em existências passadas, tanto em dimensões terrenas quanto em outras. A menina tinha um brilho especial e um dom para levitação quase deslumbrante. É importante salientar que todos temos dons energéticos, mas que, em algumas pessoas, eles se desenvolvem em maior grau, criando maior habilidade dependendo do histórico e do propósito daquele Ser. Amanda era energia em pessoa e podia se plasmar no lugar que quisesse. Sua aura resplandecia em cor violeta e seu cheiro também apresentava aromas de flor.

Ali, naquele plano, ela estava sendo instruída sobre como proceder na sua próxima encarnação. Amanda logo retornaria, mas, para isso, precisaria apagar um pouco o desejo de voar. Geralmente, a Inocência das crianças está ligada a desejos desta ou de outras vidas, ou afazeres que deixaram pendentes. Por isso é importante a atenção dos Pais a seus filhos, assim como um acompanhamento espiritual com estes. Para isso, a oração já se faz de grande valia. Todos temos nossos amparadores espirituais que nos acompanham por uma existência ou mais. Nós guardamos memórias energéticas em nosso interior, e estas vibram intensamente e nos conduzem a caminhos que, às vezes, não estamos prontos ainda para trilhar naquela existência. Nós, como pais, não podemos esquecer que aceitamos receber a criança como filho e que, com ele, temos vínculos energéticos e obrigações. Por isso, devemos ficar sempre atentos a tudo o que ocorre com os pequenos e conduzi-los da melhor forma em sua existência atual. Devemos olhar nossos filhos como oportunidades de nos reconciliar e de evoluir. Eles não são nossos, não nos pertencem, mas precisam de nós, assim como precisamos deles para nos libertar de nós existenciais que criamos outrora.

Antônia engravidou e sua barriga cresceu rapidamente. Seu desejo interno era que uma menina viesse, mas, se fosse menino, também o amaria. Se menina, se chamaria Maria, se menino, José, como seu marido. Luan cansava de repetir que era uma menina e chamava o bebê de Amanda, mesmo que a mãe pedisse para que ele não a chamasse assim. O menino enxergava o espírito de Amanda sempre por perto. Quando uma mulher está grávida, o espírito que reencarnará fica acoplado ao embrião que está em desenvolvimento. Assim, eles vão se ligando mais e mais, criando vínculos com a nova célula que carregará parte do que aquele espírito foi. Sim, partes, pois algumas energias nossas não são acopladas nem no embrião, nem no feto, nem no bebê, nem antes, no momento ou depois do nascimento, e sim aos poucos, quando ele vai abrindo seus nós existenciais. Muitos nós já foram resolvidos em vidas passadas e não retornam para habitar aquele novo corpo.

Era um dia de Sol. Clara acabara de acordar e de sonhar com sua amada Amanda. No sonho, Amanda contava que havia despertado na outra vida e que esta existia. Clara ficou intrigada, mas sentiu em seu coração o que a menina acabara de lhe contar. Além disso, ela contou-lhe que renasceria de sua própria mãe e que, dessa vez, seria mais cuidadosa. Amanda entregou-lhe um vaso grande com lindas violetas de cor violeta. Despediu-se com um sorriso nos lábios e disse-lhe: "Até breve.".

Clara acordou animada e chorando emocionada. A pureza daquela menina contagiava-lhe. Decidiu silenciar e não contar seu sonho para Antônia, para não influenciar no nome da criança que viria, mas teve a certeza de que era Amanda.

As primeiras dores surgiram. As contrações iam e voltavam. Antônia estava quase ganhando seu bebê. Amanda foi adormecida, mas, antes, se despediu amorosamente de Ciro e de Katarina. Eles explicaram que suas memórias ficariam inertes em outra dimensão, que somente aos poucos ela as resgataria. Explicaram também que, ao voltar a habitar outro corpo físico, ela se esqueceria deles e do que acontecera, e que só o amor poderia resgatar as memórias certas a serem trabalhadas. Amanda abraçou-os e aceitou sua nova vida. Fechou seus olhos no mundo energético e abriu-os no mesmo momento no plano da Terra. Ela acabara de nascer. Um grito de "estou de volta" irrompeu e, naquele instante, Antônia soube que Amanda estava de volta. Muitos sorrisos, misturados com lágrimas, acalentaram o coração daquela mãe e daquele pai, e uma intensa luz violeta era emanada dos corações de Ciro e de Katarina para aquele local. Uma nova oportunidade de acertar, mesmo que carregada de Inocência!

Reflexão sobre a Renovação

A energia da renovação é algo construtivo. Quando passamos por mudanças reais dentro de nós mesmos, surgem novos caminhos para trilharmos. Nesses caminhos, acrescentamos pontes entre rios e terras, galhos e apoios em areias movediças. Roupas secas, quando estamos molhados. Nossa fome e sede são saciadas.

Na nova trilha do despertar da consciência de cada um compreendemos que nossos sentimentos internos é que são nossos condutores e são eles que nos ensinam os passos que devemos dar. A direção é apontada como se fosse uma bússola que teima insistentemente em nos indicar onde são os polos norte e sul.

O amor é nosso orientador e só ele consegue nos manter nesses trilhos, que são os nossos trilhos.

Pense nisso!

VERDADEIRO ENCONTRO
Pelas energias de Natan

Vivíamos com nossos pais na China em uma pequena aldeia chamada Sol. O país passava por uma crise e uma tumultuada disputa pelo poder. Muitas lutas e tirania, que acabaram levando muitos inocentes à morte, entre eles, os nossos pais e o povo da pequena aldeia.

Era uma tarde de primavera, nos afastamos da aldeia para brincar. De repente, escutamos barulho de cavalos e gritos de terror. Escondemo-nos atrás de arbustos e observamos os homens atacando o nosso povo com lanças e espadas. Mataram todos, também nossos pais. Os corpos foram amontoados dentro das casas e queimados com elas. Meu irmão, desesperado, chorava muito e tentava ir até o local, mas eu o contive, segurando-o firme, junto a mim, pois eu sabia que nada poderíamos fazer por eles. Pedi ao meu irmão que ficasse quieto, pois, se nos vissem também seríamos mortos.

Quando os homens partiram, satisfeitos com a destruição que causaram, nos aproximamos e andamos entre o fogo, sentindo o seu calor e o forte cheiro dos corpos que nele queimavam. Peguei a mão de meu irmão e, chorando, saímos dali, temendo que os homens retornassem e nos vissem.

Lembrei-me das montanhas que nosso pai tanto falava, que nela havia monges que eram boas pessoas e que, um dia, ele nos levaria até lá. Senti que aquele era o momento, pois eu temia por nossas vidas e sabia que precisaríamos de ajuda. Colhi um pouco de água para a viagem e seguimos. Andamos muito, sentimos medo e fome. No caminho, achamos ninhos de pássaros e, cuidadosamente, colhemos os ovos para nos alimentar, e achamos também algumas raízes que conhecíamos, mas sentíamos muita sede. A água havia acabado e estávamos exaustos. Após longa caminhada, porém, escutamos um barulho de água. Aproximamo-nos. A água escorria das pedras e caía cristalina. Saciamos nossa sede. Vi que um homem nos observava. Ele vestia uma túnica clara e, por cima, um manto marrom. Perguntou-nos: "O que querem aqui?". Ele percebeu que estávamos assustados, mas nos tranquilizou. Chamava-se Chang e perguntou nosso nome. Respondi: "Me chamo Chan e meu irmão Chean. Procuramos ajuda e um lugar para ficar até aprendermos a sobreviver.".

Contamos tudo a ele sobre o massacre na aldeia. O homem sorriu e disse que nos ajudaria, que poderíamos ficar ali, que estaríamos seguros. Convidou-nos para acompanhá-lo, e com ele seguimos. Quando chegamos ao mosteiro, havia homens meditando. Sem entendermos, meu irmão perguntou a Chang porque os homens dormiam sentados. Ele sorriu e disse: "Isso se chama meditação. Não querem aprender a sobreviver? Isso faz parte, precisamos conhecer a nós mesmos, e é meditando que conseguimos isso. Aprender a meditar e isto dará a vocês o controle sobre as emoções, para que essas não sejam armadilhas futuras. Lembrem-se de que colhemos com abundância o que plantamos com amor.". Ficamos encantados com as palavras daquele homem e sentimos que ali teríamos um novo lar.

Fomos apresentados a todos os monges e descobrimos que Chang era o grande Mestre daquele lugar. Aprendemos ali a ter disciplina e também a meditar e a cultivar a terra, pois dela tirávamos o nosso alimento. Aprendemos os sinais da natureza, aprendemos a lutar, aprendizado que Chang dizia que era apenas para se defender, nunca para destruir.

Aprendemos a usar os sentidos. Ele nos mostrava que era possível se defender mesmo com os olhos fechados, pois os sentidos mostravam o sinal do inimigo.

O Mestre dizia que eu era ágil e sutil, e me chamou de Colibri, e a meu irmão, que era afoito e inquieto, deu o nome de Gafanhoto. Com ele, fomos crescendo e aprendendo a nos tornar fortes. A cada dia, tínhamos uma nova e sábia lição.

Em uma tarde, todos os monges se reuniram para a grande cerimônia de controle mental. O Mestre Chang mostrava a todos como podemos ter o controle da mente ao percorrer um caminho de pó de arroz sem deixar as marcas dos pés. Após alguns minutos de concentração, o caminho fora percorrido sem deixar marcas no chão. Outro caminho fora feito com brasas, e o Mestre também o percorreu sem queimar os pés.

No final, o Mestre fala a todos: "Temos um grande poder em nossa mente, que pode nos surpreender. Quando adquirimos o conhecimento interior, passamos a ter o controle mental e podemos percorrer esses dois caminhos. Já fui como vocês. Com tempo, disciplina e meditação fui adquirindo conhecimento e me tornei um Mestre.". Todos ali o escutavam em silêncio.

Disse ao meu irmão: "Um dia serei como o Mestre.". Chean sentia vontade de partir, de conhecer novos lugares, e assim o fez quando já adulto. Ele disse para o Mestre e para mim que iria partir. Preocupado, eu lhe disse: "Como vai ser lá fora? Não estarei por perto para te proteger.". Ele me respondeu: "Já não somos mais crianças. Aprendi a cuidar de mim, quero ter uma família, mulher, filhos. Um dia os trarei aqui para que vocês os conheçam.".

Com a permissão do Mestre Chang, ele partiu após se despedir. Fiquei muito triste com a sua decisão. O Mestre me disse: "Não podemos obrigar alguém a seguir o caminho que gostaríamos. Todos temos um destino e ele é o que define nossa felicidade ou não. O Gafanhoto vai tentar ser feliz em outro lugar, vamos acreditar que ele encontrará o que procura. O mosteiro não é para todos, e sim para os que acreditam que no recolhimento também podemos ser feliz. Se descobrimos essa felicidade em nosso interior, felicidade que não se prende a nada material, ela será simplesmente verdadeira e nos dará paz.".

Chang me pergunta: "Você não sente vontade de partir, como o seu irmão fez, e ter uma família?". Respondo ao Mestre: "Sinto que o senhor e todos os monges são minha família. Sinto aqui uma profunda paz e sei que não encontrarei isso em outro lugar. Sou feliz aqui. O senhor é como um pai para mim e ainda tenho muito a aprender com meu Mestre.". Chang se emociona com o meu carinho e por eu ter permanecido a seu lado.

Passado um tempo, demonstrei grande sensibilidade, e isso deixava o Mestre encantado. Ele me observava acariciando animais selvagens. Minha relação com os animais era especial. Eu os tratava como se fossem meus e conseguia acalmá-los apenas com o olhar. Nas lutas, eu flutuava no ar como um colibri rápido e leve. Nas meditações, Chang via a luz que me envolvia. Isso dava ao Mestre a certeza de que aquele seria o seu sucessor e daria continuidade àquele lugar após sua morte. Ele iria, então, preparar-me para esse dia.

O grande dia da cerimônia mental se aproxima. O Mestre diz a todos os monges: "Todos que sentirem que estão preparados podem participar e percorrer os caminhos.". Digo para Chang: "Agora me sinto preparado, Mestre.".

O dia da cerimônia chega e, entre todos os participantes, sou o único que consegue percorrer os caminhos. Todos se admiram pelo ocorrido. O Mestre Chang se aproxima e me diz: "Um dia me falaste que gostaria de ser como eu, acho que estás conseguindo." Eu disse-lhe, com humildade: "Tenho tanto a aprender com o Mestre...". Tudo o que eu aprendesse não me tornaria como ele, pois aprendi que cada ser é único.

O mosteiro é considerado um lugar sagrado para o povo de Changai, que sempre buscou nas ervas e nas técnicas do Mestre Chang ajuda para a cura de seus males. Todos os monges são respeitados e admirados.

O Mestre Chang me convidou para meditar no alto da montanha. Senti-me extremamente honrando, pois desde criança sempre vi o Mestre meditar no alto da montanha e queria entender por que. Ao chegar, Chang me diz: "Ao meditar no alto da montanha, sinto-me como um pássaro livre que voa ao encontro do conhecimento interior e superior, e retorno mais forte. Quando sentires o que te falo, entenderás o que digo.". Após a meditação, digo ao Mestre: "Mestre, me senti por instantes como um pássaro livre sobre as montanhas, com uma sensação de liberdade e paz. Muito obrigado, Mestre.".

No caminho, retornando ao mosteiro, o Mestre Chang me diz: "Tenho de preparar alguém para ficar em meu lugar quando eu já não estiver mais aqui. Você é o escolhido, pois tem calma, equilíbrio e humildade, o espírito de quem sabe comandar.". Digo ao Mestre: "Sinto-me honrado, mas sei que o teremos por muito tempo nos comandando e nos ensinando com suas sábias palavras.". Chang me responde: "Quem te disse que após minha morte não estarei olhando por esse lugar? Não se esqueça de que somos energia, não devemos temer a morte, sabemos que ela é inevitável, mas não é o fim.".

Quando chegamos ao mosteiro pensei no meu irmão, que partiu já fazia bastante tempo. Senti muita saudade e vontade de revê-lo. Naquela mesma semana, tive uma surpresa. Chean chega ao mosteiro com a mulher e o filho. Abraçamo-nos, emocionados. Ele me diz: "Eu disse que um dia traria minha família para que conhecessem. Aqui estão.". Nesse momento, o Mestre se aproxima de Chean e de sua família e lhe diz: "Estou feliz que tenha vindo e que estás tão bem, pensávamos muito em você.".

Enquanto a mulher e o menino caminham pelo lugar, Chean conversa com o Mestre e comigo. Ele nos fala das recomendações do médico para que o menino fosse levado para as montanhas, onde o ar era puro, assim seus pulmões reagiriam melhor ao tratamento contra um grave problema respiratório. O Mestre pede que Chean deixe o menino ali para que ele possa tratá-lo. O menino fica encantado pelo lugar e concorda em ficar ali comigo. Após uns dias, Chean e a mulher partem, deixando o menino para tratamento com o Mestre. Quando retornam para visitá-lo, ficam admirados pela disposição do menino e aparência saudável que demonstra ter após os dias em que ali ficou. Depois de algum tempo, quando o levam para a cidade, o médico fica admirado com os exames que constam que o menino está curado. O médico fica surpreso, sem entender o que aconteceu. O que Chean não esperava, porém, era que seu filho Zhen ficasse tão encantado pelo mosteiro. Zhen sempre pedia ao pai para ficar uns dias comigo e com o Mestre Chang. Assim, sempre que possível, o levavam para ficar no mosteiro conosco. Eu ficava muito feliz com a companhia do meu sobrinho no mosteiro.

Com o tempo, o Mestre se diz cansado para comandar e me pede que o ajude, pois não quer deixar de fazer o que gosta, de ajudar os que o procuram. Assim, fui encarregado de colher todas as ervas usadas pelo Mestre. Na verdade, eu estava sendo preparado, pois Chang já se sentia fraco, já tinha bastante idade e, no fundo, ele sabia que seu corpo já lhe dava sinal de que era o momento de descansar e de colocar alguém em seu lugar. O Mestre sentia que eu era o mais preparado pela humildade, amor e preparo espiritual que ele via em mim. Sendo assim, reuniu todos os monges e anunciou que eu o substituiria, e que não esperaria estar morto para que isso acontecesse. Disse: "Quero, ainda, viver e ter a certeza de que fiz a escolha certa. Meu coração me diz que sim.". Todos o escutavam em silêncio. Após o término do discurso, todos os monges demonstraram estar felizes com as palavras de Chang. Eu lhes disse: "Chang sempre será o nosso grande e insubstituível Mestre. Que ele possa, ainda, estar por longo tempo conosco com suas sábias palavras e ensinamentos. Quero oferecer meus braços fortes e minhas pernas para seguir o caminho do Mestre. Minha mente sempre estará aberta aos seus ensinamentos.".

Comandei o mosteiro enquanto o Mestre me observa e percebia que estava certo na escolha. Ele me disse: "Agora posso partir em paz, pois observo você e a cada dia percebo que, após minha partida, darás continuidade a esse lugar com o mesmo amor que eu sempre o conduzi.". Emocionei-me muito com as palavras do Mestre e lhe disse: "Mas esse lugar não será o mesmo sem o Mestre...". Então, o Mestre me disse: "Eu jamais te abandonarei. Ensinei-te a meditar, e é por meio da meditação que nos comunicaremos após a minha morte. Não será o fim, mas o recomeço de uma nova jornada em outro plano. Quando eu me for, não quero que chorem minha morte, e sim que orem por mim, pois eu estarei bem.".

Assim, em um dia lindo de primavera, o Mestre foi meditar como sempre fazia. Como ele estava demorando muito, fui ao seu encontro e lá estava ele, morto, com uma expressão de alegria. Levei-o para o mosteiro, onde os monges o veneraram antes de ser enterrado no próprio cemitério do mosteiro. Todos ficaram tristes, mas lembrei-me das palavras do Mestre e disse a todos: "Não fiquemos tristes, o Mestre não gostaria de nos ver assim, ele me pediu que orássemos por ele quando partisse, sem lágrimas.". E assim fora feito.

Dei continuidade ao trabalho de Chang, mantendo os atendimentos ao povo. Sempre que havia dúvida, eu meditava e o Mestre me passava as orientações necessárias para que tudo desse certo. Como eu conhecia as ervas e o método, usava com a certeza de que o Mestre me guiaria, pois eu sentia a presença dele nos atendimentos.

O lugar onde o Mestre Chang fora enterrado se tornou um lugar de peregrinação. Muitos que visitavam seu túmulo foram por ele curados de seus males. Uma vez por semana, uma parte do mosteiro era aberta à visitação, e ali muitos oravam com a certeza de que o Mestre os ajudaria.

Sobre a sepultura, muitos viam uma luz violeta e todos os que viam sabiam que algo mudaria em suas vidas. Certo dia, ao meditar, fui ao encontro dessa luz, e nela encontrei o Mestre, que me falou palavras do coração: "Somos filhos do amor e, como todos os que sabem o que é o verdadeiro amor, essa é energia que, como partículas, circulam no espaço e no tempo, podendo percorrer em um curto percurso longas distâncias, chegando puro e sublime nas mãos caridosas que ajudam ao próximo com amor e energia.".

REFLEXÃO SOBRE A MORTE E A ESPIRITUALIDADE
Pelas energias de Luz

Mesmo sendo espiritualizada, é muito difícil perceber que o mundo em que me encontro não é o mesmo que o das pessoas com quem convivi e que tanto amo. Não posso tocá-las com gestos de carinho, nem dizer-lhes o quanto são importantes para mim.

Vejo a vida seguir o seu curso. Sinto o carinho com que sou lembrada nos momentos de oração. Hoje sei que muita coisa poderia ter sido diferente e melhor, mas apenas percebemos isso quando já não mais estamos na Terra, onde tudo parece acompanhar o ritmo desenfreado pela sobrevivência. Muitos colocam à frente o material, seguindo a demanda de uma sociedade que exige isso na busca de uma vida melhor e mais confortável.

Mesmo sendo espiritualista, não deixei de fazer parte desse mundo materialista, e sei que os meus que ficaram também seguem o mesmo caminho. Meus queridos, não deixem que o materialismo torne vocês insensíveis. A simplicidade nos rodeia com suas belezas ocultas, ela tem um brilho especial que o materialismo não tem.

Estou feliz. Hoje, posso entender o que antes me confundia. Viver é um grande presente. Saibam viver com muita paz e amor, pois é isso que nos leva a um caminho de luz, quando na partida seguimos em rumo à nova morada.

MÁGOA PARA QUÊ?
Pelas energias de Damião e Haydee

Começarei a minha história justamente pela parte do meu desencarnar. Deixei o plano terreno com quase 82 anos. Faleci no dia primeiro de setembro. Era um dia como outro qualquer, mas acordei com a presença de meu marido, já falecido, ao meu lado. Ele olhou para mim, sorriu e estendeu-me a sua mão. Achei que eu estava vendo coisas, já que sentia o meu corpo muito cansado e doente. Eu já havia feito algumas cirurgias devido a alguns AVCs e também algumas sequências de tromboses. Várias vezes os médicos disseram que eu não tinha muito tempo de vida, mas resisti. No fundo, eu não queria morrer. Eu estava apegada à vida que eu sempre reclamei que era tão ruim. . Eu me sentia pesada e me senti assim quase toda a minha existência como Haydee. Para mim, todos estavam sempre armando algo para me prejudicar. Eu não confiava em ninguém, exceto no meu marido e nas minhas duas filhas, mas costumava dizer que confiava neles com os olhos bem abertos. Mas, voltando àquele dia, eu acordei e vi meu marido, ao lado de minha cabeceira. Ele estava com roupas brancas. Mais atrás estava outro homem. Acreditei, naquele momento, que era o meu pai terreno, que havia morrido quando eu ainda era criança. Ele também sorriu para mim. Lembro que chamei minha filha e disse-lhe que meu corpo doía muito. Contei-lhe que seu pai estava ali e que eu morreria até a meia-noite daquele dia. Ela mandou que eu me aquietasse, mas percebi que ela acreditou em mim. Apesar da rudeza de minha personalidade, minhas filhas confiavam em mim. Eu podia ter aquele jeito tosco e desconfiado, meio agressiva no meu modo de ser, mas eu tinha palavra e era decidida. Eu ajudava quem precisasse de mim, mas não cansava de repetir e repetir que eu tinha ajudado. Talvez aquela fosse a forma que eu conhecia de acordar aquela pessoa para que ela fizesse algo por si mesma. Eu queria que elas fizessem por elas o que eu não tinha feito por mim.

Tudo aconteceu como foi me avisado. Nas últimas horas da manhã, eu fiquei muito mal. Meu neto me pegou no colo carinhosamente e colocou-me no carro de minha neta. Mesmo que eu estivesse meio desacordada, lembro que ele me disse: "Vai com Deus, Vó. Te acalma.". Eu agradeci por ele ser meu neto naquele momento. Pedi perdão a Deus porque muitas vezes o julguei, pois ele fazia coisas que às vezes eu não concordava. Ele era alegre e comilão e, por esse tipo de coisa eu brigava com ele. E ali, totalmente sem forças e com o corpo quase morto, foi ele, o meu neto, quem me carregou e me deu carinho. Só tenho a agradecê-lo porque ele cuidou muito de mim. Hoje vejo que somente nas horas difíceis vemos aqueles que realmente estão do nosso lado. Percebi que minha família era valiosa e como eu tinha deixado de dar carinho a ela, por ser tão rancorosa com coisas que nem tinham a ver com eles. Vi isso só depois de desencarnar, e que bom que posso transmitir esta minha experiência. A mágoa só nos impede de viver e nos prende como gosma, nos impossibilitando de realizar atos e gestos bons para nós e para os outros.

Então, meu neto colocou-me no carro de sua irmã. Lembro que tentei sorrir para ela. Minha neta era espírita e cuidou de mim por bastante tempo. Eu percebi que ela corria com o carro, tentando chegar ao hospital o quanto antes. Ela dirigia apenas com uma mão, e com a outra segurava a minha mão. Quando entrei no carro, percebi que uma intensa luz azul nos cercava, que minha neta conversava comigo e orava. Ela me dizia: "Vai, vó querida. Vai com Deus. Não precisa ter medo, vó. Os anjos vão te receber. Te amo, vó. Perdão por alguma coisa que eu tenha te feito. Te amo, vó querida.". Ela, então, chorava, orava e conversava comigo. Eu já não podia responder. Meu corpo não respondia, mas meu coração e meu espírito ouviam o que ela me dizia. Eu me sentia mais amparada e sem medo.

Quando chegamos ao hospital, eu percebi a correria à minha volta. Assim como percebi minha filha, que ia e vinha naquele quarto terminal. Ela também dizia para eu ir em paz. Outras pessoas amadas adentraram o quarto e oraram por mim. Aquela oração e aquele carinho me aliviavam. Até que eu fui. Morri. Minha partida foi muito diferente do que eu imaginava ser. Primeiramente, apareceu meu marido na minha frente e disse-me: "Vamos, Haydee. Não ficarei contigo agora, mas logo estaremos juntos.". Eu sorri. Chamei-o de "meu veio". Ele também sorriu. Ele me deu a mão e fui. Quando levantei, percebi que outro senhor me recebia. Era um senhor com roupas e aspecto chinês. Ele me disse: "Seja bem-vinda. Aqui nós cuidaremos de você. Não se preocupe, você está em um bom lugar. Você, em vida, foi uma pessoa boa e, apesar de ter sido rancorosa, nunca prejudicou ninguém, pelo contrário, ajudou a quem precisava e não desejava mal algum ao seu semelhante. Pessoas como você passam por este estágio de aprendizado.". Eu percebi que aquele senhor cheirava a rosas. Eu amava rosas. Ele me mostrou vários lagos que tinham no caminho que estava à nossa frente. Ele ainda completou: "Por algum tempo, você ficará aqui, sendo cuidada e energizada até que possa trilhar este outro caminho.". Então, ele me deitou em uma larga cama, com lençóis rosas, e pediu que eu ficasse tranquila. De certa forma, eu estava tranquila. De verdade, eu estava. Eu já estava cansada de tanto sofrimento. Agora que eu já tinha morrido, só pedia para que Jesus cuidasse de mim. Lembro que adormeci. Eu percebia pessoas que iam e vinham em meu quarto, mas eu estava muito cansada para abrir os olhos. Eu não sentia nada além de cansaço, e muita paz que me invadia. Vez ou outra, eu percebia a energia de minha neta à minha volta, mas eu não chegava a abrir meus olhos. Só a sentia e por dentro eu sorria. Vez ou outra, eu agradecia por meus amigos orarem por mim. A oração vinha até meu corpo e me tranquilizava. Era interessante, eu sentia muita paz e amor. Eu nem sabia que era tão amada. Quando pensava em reavaliar a minha vida, alguém colocava a mão em minha cabeça e eu sentia que não era a hora de pensar em nada, e sim de descansar.

Pelo que entendi, eu fiquei me recuperando naquele quarto por quase um ano terreno. Eu precisava me fortalecer para poder me reavaliar e ter forças para compreender o que a mágoa tinha feito com minha vida.

Vivi como uma pessoa que não gostava de nada. Eu não conseguia elogiar nada, nem ninguém. Tudo, para mim, era conquistado com muito trabalho, e, quando conseguia algo, sentia que ainda não era o melhor. Realmente eu tinha um bom coração e não prejudicava ninguém, mas eu via a vida de forma fria e pegajosa. Às vezes, eu queria me livrar de mim mesma. Eu havia crescido com a sensação de que todos me usavam e que eu não servia para nada. Parecia que a vida me devia alguma coisa. Eu não sei o porquê, mas eu era assim. Minha autoestima era baixíssima, por isso eu atacava verbalmente os outros e dizia-lhes verdades que eram, talvez, a minha verdade. Eu passei a vida me escondendo atrás das minhas fraquezas e mostrava para todos que eu era muito forte, mas não era. Eu confiava muito em Jesus e sabia que ele me protegia. Eu não ia a Igrejas ou a encontros religiosos. Eu orava sozinha por mim e por todos. No entanto, às vezes, acreditava que Jesus era injusto comigo por ter tirado muitas coisas de mim.

Passei a vida toda me sentindo como uma injustiçada, começando por meu pai que morreu quando eu ainda era uma criança, deixando a mim e a meus irmãos numa vida ainda mais difícil. Trabalhei como babá e empregada doméstica desde muito menina, e isso me entristecia. Fui usada e exigida por meus patrões desde muito cedo, e pedia a Deus que ele me desse meu pai de volta e uma família de novo, mas nada mudava. Eu não entendia que pelo menos aqueles onde eu trabalhava me cuidavam e tinham me dado um lar. Eu via apenas o lado negativo de tudo. Depois, conheci meu marido. Um maravilhoso marido. Ele me amou e cuidou bastante de mim, mas éramos pobres. Ele, assim como eu, era muito trabalhador, mas não enxergava que os outros o traíam. Compramos um restaurante em sociedade, mas em meio a muitos contratempos, perdemos o pouco dinheiro que tínhamos juntado e ficamos em maus lençóis. Então, tudo era difícil. Às vezes, eu brigava com Deus e dizia-lhe: "Por que a vida dos outros é tão fácil e a minha tão difícil?". Nada vinha de mãos beijadas para mim e eu reclamava disso. Depois, minhas filhas, que já eram adultas, arranjaram homens que, a meu ver, não eram o ideal para elas. Eu queria o bem delas, tentava alertar e ajudar, mas eu era grosseira no meu modo de falar e só afastava tudo e todos de perto de mim. Meus netos também vieram. Eu os amava e tinha orgulho deles, mas também os afastava porque vivia reclamando da bagunça ou da sujeira que eles faziam. Resumindo: eu reclamava, reclamava e reclamava. Dificilmente eu elogiava alguma coisa. Dificilmente eu conversava com alguém, pois eu estava presa naquilo que eu não tinha alcançado, estava presa em um passado que hoje percebo que nem tinha sido tão difícil assim.

Assim eu vivi a minha vida. Muito exigente comigo e com todos à minha volta. Não percebia o amor que emanava de minha família. Posso dizer que tornei, por minha inconsciência, a minha vida muito fria, e que eu mesma fiz isso comigo por ter me prendido naquele primeiro acontecimento pesado de minha vida: a morte de meu pai. Eu, depois disso, não consegui me desprender de nada. Para mim, tudo era ligado à triste história de vida da Haydee. É uma pena que só me dei conta disso depois de minha morte, mas hoje consigo ver grande parte dos meus erros, e trabalho em um grupo de oração em prol do amor. Ajudo aquelas almas, similares a mim, que chegam petrificadas em suas mágoas. Todas são almas boas que não prejudicaram ninguém além de si mesmas.

Depois que saí daquele primeiro quarto de tratamento, passei por muitos outros. Em cada um, num tempo indescritível e incomparável ao tempo terreno, fui tratando, por meio da compreensão, meu excesso de rancor, de mágoa, de ira e de revoltas. Eu me assustava como eu tinha agregado coisas pesadas a mim, e pior, eu as tinha chamado. É importante ressaltar que não são as coisas ruins que vem até nós, e sim nós que as atraímos. Se acontece algo que parece estar errado conosco, em vez de nos identificarmos com o ocorrido e alimentarmos o erro, devemos compreender a ocasião e procurarmos transcender isso e limpar nosso coração, deixando, assim, que os rumos mudem o sentido. Tudo na vida e também na morte pode ser mutável. Tudo depende do olhar que damos para o ocorrido. Até mesmo a morte tem o seu propósito, ou melhor, a vida e a morte têm os seus porquês. Se vibrarmos na dor, teremos apenas dor. Eu vibrei na dor durante toda a minha existência e posso dizer que perdi muitas gargalhadas que poderia ter dado.

Eu ainda estou em tratamento. Vez ou outra visito os meus familiares acompanhada de meus amados mentores espirituais. Agora resido em um lar onde entramos em cinestesia com a vida, ou seja, aqui, há pessoas que viveram o que vivi e que também precisam se abrir e limpar seu coração. Eu sei que voltarei e habitarei um corpo físico na minha própria família de origem, e também sei que meu propósito existencial será libertar esta mágoa, e que, quando eu voltar a ter um corpo físico, virá parte dela comigo. Estou em treinamento para amenizá-la e transcendê-la. Quando eu descer à Terra, uma parte de meus rancores voltarão comigo, eles se unirão a um foco carnal terreno que está presente em meus familiares, ou seja, tudo é uma ligação. Um espírito, por mais que seja puro, quando retorna à Terra, está sujeito a leis mecânicas que por si só são pesadas e, além delas, há a ligação genética energética que contém nossas histórias passadas e presentes e que nos prendem e apagam nossas memórias que estavam em tratamento. Um ser que habita a Terra precisa ter muita vontade de resgatar sua consciência e de se aprimorar dentro de si mesmo, pois a energia da vida nos identifica e nos faz esquecer o motivo real de nossa existência.

Repasso minha existência para que vocês repensem as suas. Verifiquem se vocês não montaram armadilhas para não serem felizes ou, quem sabe, vocês já são felizes e não percebem. Em vez de reclamar, reconstruam o seu dia a dia. No meu caso, eu era feliz, muito amada e não percebia. Hoje, eu posso repassar amor para os meus familiares, mas não posso mais sentir o abraço deles. Há uma grande diferença entre estar vivo e estar morto. Nunca mais serei a Haydee em minha plenitude. Minhas filhas não mais serão minhas filhas. Meus irmãos, netos e outros parentes estarão em outro lugar em minha cadeia familiar. Talvez eu reencontre, ou não, o meu marido, e ele pode não vir mais como meu marido. Por isso, é muito importante trabalharmos sobre nós mesmos em vida e avaliarmos as nossas atitudes, os nossos pensamentos e sentimentos quando ainda habitamos um corpo físico. Se você é Maria ou João, não importa. Trabalhe sobre si agora mesmo, no seu aqui e agora. Transcenda a dor ou a mágoa que lhe invade e entorpece seu coração. Transforme-se em alguém melhor. Sorria. Abrace. Elogie. Não espere que parta dos outros tais atitudes. Inicie por você. Também não espere que os outros façam o que você está fazendo. Não! Não espere nada de ninguém. Olhe com seus olhos. Sinta com seu coração e viva sua existência da melhor forma porque você, como João ou Maria, nunca mais voltará! Algumas partes internas de você voltaram, outras se perderam ou se acharam na imensidão energética da vida e da morte.

Agradeço por ter me lido. Faça a sua parte e viva.

Carinhosamente.

REFLEXÃO SOBRE A ORAÇÃO

Ao pedir pelo irmão que sofre, demonstramos o amor que sentimos em nosso coração. É ele que faz vir a boa energia que explode em luz envolvendo o ser pelo qual pedimos, e envolve também os que por ele sofrem. Essa luz faz cada um refletir sobre a vida e o que realmente vale a pena. Aprende-se a deixar o egoísmo de lado ao sentir a dor de quem sofre, por que com ela também sofremos. Essa dor desperta o melhor de cada ser. É no momento em que todos sofrem que se unir e orar fará a grande diferença. A união e a oração é o que fortalece a pessoa nos momentos difíceis de sua vida, nos quais é preciso encontrar a força oculta em si, que desperta no momento em que ela precisa conosco estar.

Deus jamais dá a um filho Seu um fardo que ele não suporte carregar. No entanto, todo o peso de nossa bagagem está ali porque nós o colocamos. É o que colhemos, que por nós fora plantado, nas vidas que escolhemos e aceitamos viver. Todo o peso se guarda conosco e, ao retornar, é o momento de retirá-lo com amor. Como fazê-lo senão com amor pelo próximo? Deus gostaria que fizéssemos em atos, atitudes humanitárias, palavras, energia. Cada um pode fazer sua parte para que, aos poucos, se esvazie sua bagagem, e esta, com certeza, se tornará leve, pois nos libertará do peso de nossas próprias atitudes, dos maus sentimentos. Quando a bagagem estiver leve por completo, teremos a certeza de que carregamos conosco o puro e verdadeiro amor.

Ana Bel
Pelas energias de Pedro e Ana Bel

Lembro-me da minha família e das brincadeiras com meus irmãos. Época feliz, havia inocência e amor.

O tempo foi passando e me mostrando que eu era uma essência feminina dentro do corpo de um homem. Era assim que eu me sentia. Não quis fazer meus pais sofrerem, nem terem vergonha de mim, mas minha essência gritava mais forte aqui dentro, e muitas vezes eu não conseguia sufocar a Ana que tentava despertar e vir à tona. Meu nome interno era Ana, e não Pedro.

Da época de inocência, guardo as melhores lembranças. Havia várias crianças e corríamos pelos campos a brincar. Éramos muito felizes, e eu adorava estar com as meninas. Isso fora irritando meu pai, homem rude que jamais admitiu que um de seus filhos lhe causasse vergonha. Muitas vezes, fui levado à força para a lida pesada com o gado. Sentia-me colocado à prova por meu pai. Meus irmãos tentavam facilitar para mim, ajudando-me, sem que nosso pai percebesse, pois ele exigia sempre mais do que eu podia lhe mostrar ser capaz.

Minha mãe me tratava com muito carinho, mas eu sentia nela um grande medo por mim. Éramos muito unidos. Ela sempre me protegia, parecia pressentir o quanto eu sofreria no mundo preconceituoso em que vivíamos.

Meus irmãos riam ao falar das mulheres, e eu, calado, apenas escutava. Foi quando meu pai, não satisfeito, me disse: "Hoje vamos sair. Vou te levar a um lugar e vai ser hoje que tirarei a prova se realmente és macho.". À noite, saímos. Minha mãe ficou apreensiva, sem entender aonde iríamos. Era uma casa de prostituição. Quando chegamos, meu pai me disse que eu só sairia dali quando lhe provasse que era homem. Chamou uma das mulheres que logo me arrastou para um quarto. Não senti desejo algum por ela, mas eu sabia que, se nada acontecesse, meu pai não me perdoaria. Quando terminamos, a mulher me disse: "Você nem parece filho de Deodoro. É gentil e delicado.". Eu pedi a ela que falasse o contrário para o meu pai, dizendo o que ele gostaria de ouvir.

Vivi sufocado, representando o tempo todo quem eu não era. Muitas vezes, tive vontade de deixar o meu verdadeiro eu desabrochar, mas eu sabia que não seria fácil, nem para mim, nem para minha família.

Minha mãe morreu, e resolvi ir embora com um grupo de teatro que se apresentava na cidade e que me deixara encantado. Meu pai foi bem claro comigo. Se eu partisse, não precisaria retornar, pois aquilo não era serviço para homem. Fiz minha escolha, segui meu caminho.

O grupo era unido, os espetáculos eram engraçados e os atores se caracterizavam de seus personagens. Foi quando eu tive a ideia de criar a Ana Bel. Quem me via no palco, não imaginava que não fosse uma dama. Ali, eu dei vida a mim mesmo, até então adormecido em meu interior. O pessoal do teatro brincava comigo, me perguntava como deveriam me chamar: de Ana ou de Pedro. Ali, com aquele grupo, eu me sentia feliz, não me sentia reprimido. Seguimos viagem por vários lugares. A vida na estrada não era fácil, mas éramos felizes.

Em uma apresentação, conheci um grupo de empresários que nos convidou para nos apresentarmos em outros países. Gostaram tanto de nosso espetáculo que assumiram nossas despesas, certos do sucesso que faríamos. Realmente, fizemos sucesso. Ficamos um longo tempo na França, onde nos aperfeiçoamos e nos tornamos famosos, além de conhecidos por toda a Europa. Em uma de nossas viagens, conheci

Fred, com quem vivi a mais louca paixão. Ele também era um artista e, juntos, fazíamos a plateia rir como nunca. Ganhei muito dinheiro e me tornei rico. Quando retornei ao meu país, fui procurar minhas origens. Ao encontrar meu pai na rua da pequena cidade de Trindade, ele fingiu que não me conhecia. Quando me aproximei, ele me disse que tinha apenas dois filhos, e que o terceiro havia morrido há alguns anos. As palavras de meu pai me doeram na alma, mas respeitei o seu modo de pensar. Um de meus irmãos tinha o mesmo gênio de nosso pai, mas o outro, Antônio, ao me ver, foi logo me dar um abraço, dizendo: "Quanta saudade, meu irmão.". Senti no abraço dele o mesmo carinho, sinceridade e amor de nossa mãe. Percebi que Antônio não vivia tão próximo de nosso pai e irmão. Ele me disse que brigavam muito e que, após ter se casado, resolveu seguir sua vida. A casa onde morava era simples. Ele me apresentou sua esposa Rita e sua filha Julia. Fiquei encantado pela menina, que gostava de música assim como eu e sonhava aprender a tocar piano.

O tempo em que fiquei na cidade procurei ajudar meu irmão financeiramente. Pedi a ele que fosse comigo visitar o túmulo de nossa mãe. Antes de partir, me comprometi em, sempre que possível, enviar algum dinheiro para ajudar nos estudos de Julia e de seu outro filho que estava a caminho.

Ele não me fez perguntas sobre minha vida pessoal. Acho que, no fundo, ele sempre soube como eu realmente era e como me sentia. Quando lhe visitei antes de partir, levei para Julia um piano, e lhe disse que, quando eu retornasse, eu gostaria de vê-la tocar.

Retornei à França, onde segui minha vida artística. Fiz por meu irmão e por sua família tudo que me foi possível. Quando retornei a nossa cidade, minha sobrinha já era moça linda e encantadora. Lembrava nossa mãe, e meu sobrinho Moisés tinha o jeito calmo do meu irmão.

Todas as vezes que visitei Antônio, tentei me aproximar de nosso pai e de meu outro irmão, mas nunca me permitiram, nem chegavam perto de mim.

Quando retornei à França, levei minha sobrinha comigo, lhe dei estudo e a coloquei a par de minha vida, de como eu realmente era, e me surpreendi com sua reação. Julia parecia à frente de seu tempo ao me dizer: "Estamos aqui, nesse mundo, para sermos felizes, e não cabe a ninguém julgar nossa vida e nossas escolhas. Amo você, meu tio, e isso é o que me importa.". Após essa conversa, eu lhe apresentei Fred e finalmente eu tinha uma família que me compreendia.

Eu dei a Julia todos os meios para ser uma mulher independente e aproveitei todos os momentos com ela. Eu parecia sentir que minha vida não seria tão longa.

Após um tempo, surgiu uma viagem para uma apresentação no Sul da França. Julia não nos acompanhou como sempre fazia, estava indisposta e resolveu ficar. Eu lhe dei um beijo e foi a última vez que nos vimos.

Houve um acidente com o trem em que meu companheiro e eu estávamos. Ali se encerrou nossa vida, mas estávamos juntos e felizes.

Julia providenciou o enterro e colocou-me na mesma sepultura de Fred. Na lápide, mandou gravar o seguinte dizer: "O que se une por amor, permanece unido para sempre!".

REFLEXÃO SOBRE NOSSAS LEMBRANÇAS E ERROS

O que são lembranças, senão momentos marcantes de nossa vida que guardamos em nossa memória, que veem à tona no rápido percurso de nosso pensamento? O que seria de nós, seres humanos, se não as tivéssemos? São elas que nos dão a base do que fomos, do que seremos e daquilo que desejamos nos transformar. São as lembranças que nos impulsionam a querer mudar, quando nos mostram que tudo poderia ser diferente, nos dando a oportunidade de não repetir os mesmos erros, pois tudo que fazemos tem consequências boas ou más. Para toda a ação, há uma reação, isso é física, e física é vida.

Às vezes, sem mais nem menos, as lembranças chegam nos dando leveza e paz no coração ou nos aprisionando ao passado por serem amargas e doloridas. Não podemos parar o tempo e fazê-lo retornar, mas podemos ajustar o hoje, de maneira que possamos vivê-lo com intensidade e amor dentro do que nos propomos ser e viver.

Nossas memórias nos fazem sentir vivos e também são elas que nos eternizam dentro de nossa existência, quando esta é vivida com plenitude, amor e paz.

Sabemos que os erros fazem parte da vida, e que podem nos ensinar de forma dolorosa, causando sofrimento ao que erra e também aos que estão próximos a ele. Por isso, é importante nos conhecermos e aprender a controlar e a lidar com os sentimentos, controlando os maus para que não nos façam cometer erros que acabem nos punindo e atrasando nossa evolução.

DE BAR EM BAR
Pelas energias de Damião e Vanderlan

De bar em bar. De copo em copo. Uma atração que me fez desperdiçar mais uma existência. Um grande vazio tomava conta de mim. Uma tristeza profunda e uma doída saudade me invadiam. Muitas vezes, eu dizia para mim mesmo que eu não iria sair de casa, que minha família, meus filhos e minha esposa precisavam de mim, mas aquele doído vazio me tirava novamente de casa, me tirava de mim mesmo e me conduzia à rua.

Eu planejava e tentava fazer tudo diferente daquilo que eu fazia, mas não conseguia. Uma força muito maior do que a minha vontade de ficar em casa, com minha família, me levava cegamente de bar em bar, de noite ou de dia, era ali que me encontrava, no bar, no jogo, com mulheres, vibrando na traição.

Hoje, depois de muito trabalho de cura, consegui ver que muitas pessoas viviam dentro de mim, se alimentavam de minha bebida, de minhas saídas e de minhas traições. Muitas vontades escondidas me levavam, ou melhor, conduziam a minha vida.

Eu era um fraco. A bebida e as vontades energéticas do próximo me deixavam mais fraco ainda.

Quando eu era jovem, eu pensava que eu pararia de beber quando quisesse. Eu tinha a ilusão de que beber era "gostoso", era "moda", e não percebia a triste realidade de que aquilo me faria um perdedor de mim mesmo. Eu me perdi de mim mesmo. Eram farras e farras. Noites e dias repletos de farras. Eu me achava "o cara", "o bom", "o esperto". Casei, tive filhos e continuei na farra. O pior de tudo é que ainda me achava "o cara". Não tive a mínima sutileza de perceber, sequer por um instante, que a minha família sofria com minhas farras e com minha ausência gradual, e cada vez mais frequente. Minha casa era o bar. Meu lar era apenas para banhar-me e dormir, quando dormia. Eu era "o cara" e, para mim, tudo daria certo. Eu tinha amigos e devia fidelidade a eles.

Poucas vezes usufrui com minha família de momentos de lazer. Para falar a verdade, não consigo me lembrar de nenhum. Tenho apenas vagas cenas de alguns almoços ou churrascos com minha família. Depois de morto é que pude observar o quanto eu deveria estar ali, compartilhando com meus filhos e com minha esposa esses momentos que foram quase inexistentes para mim, e que, quando havia, era onde eu apenas adormecia mais e mais no meu copo de cerveja ou cacha-ça. Não consigo me lembrar do gosto da comida ou até mesmo das conversas com minha família. Bem distante, bem ao longe, consigo perceber o olhar do meu filho querendo a minha atenção. Hoje eu tenho a impressão de que eu vivia como um sonâmbulo e não sabia ao certo em que lugar me encontrava. Percebo que algo muito forte me dominava, que eu não tinha forças e, no fundo, nem vontade para me livrar daquilo. Tenho vergonha de dizer que eu não fui dono da minha própria vida e, pior, que alguém viveu dentro de mim e controlou o meu próprio corpo. Transformei a minha oportunidade de progredir em fracasso. Construí fracassados com meu mau exemplo. Meu filho seguiu o mesmo caminho que eu, e hoje me culpo imensamente pelo seu também fracasso. Minha mãe, muitas vezes, por amor a mim e por medo das minhas brigas e revoltas, escondia de todos o quanto eu be-bia. Hoje, também sei, tristemente, que acelerei também a sua morte. Eu, que me achava tão importante, colaborei para a derrota de muitos e, com isso, para a destruição de muitos interiores de seres humanos. Meu filho, a cada contato tanto com a bebida quanto com as drogas, ingeria partículas de ódio que tinham sido alimentados por mim durante toda a vida, mas que, agora, eram repassados para ele como uma praga que destruía como fogo queimando tanto o seu interior quanto a sua família. Muitos dizem que álcool não é droga, mas, para mim, ele é muito mais do que isso, é um devorador de seres, um transmissor de dor e de sofrimento, além de destruidor de tudo o que é bom dentro do ser humano. Aos poucos, depois de morto, fui sentindo que parte dos meus sentimentos era repassada para o meu filho, e eu, impotente perante isso, ajudava-o a se destruir mais um pouco a cada dia. Eu, Vanderlan, enchia a boca dizendo meu nome, pena que não enchi minha boca pedindo ajuda e apoio da minha família. Que bom que recebi esta oportunidade de repassar um pouco do que presenciei na minha própria carne, e também na minha morte, escrevendo estas palavras.

Eu, em vez de cuidar e de transgredir minhas próprias dificuldades, me acovardei diante de tudo e me afundei ainda mais. Por isso, transcrevo minha experiência para repassar para os que ainda vivem a necessidade de trabalhar os seus defeitos, os seus medos, os seus vícios no aqui e agora, nesta vida que ainda pulsa dentro de cada um de vocês. Nossos companheiros íntimos negativos nos usam e devoram a nossa vida se não soubermos nos livrar deles. E a única forma de nos livrarmos deles é reconhecermos que estamos errados, reconhecermos que estamos doentes e pedirmos ajuda sem ter vergonha de nada. Olhar para frente, para o dia de hoje e para o dia de amanhã se faz necessário. Aos familiares, eu peço que não condenem o alcoólatra ou o drogado que vive em sua família, pelo contrário, ajudem-no. Ele ou ela estão muito carentes e envergonhados. Eles sabem o quanto estão enfraquecidos, mas buscam no vício a reafirmação da força que não têm mais dentro deles. Na verdade, eles se escondem dentro de uma enorme capa que finge dar poder e força. Amor e ajuda, amor e apoio, amor e psicoeducação, amor e tratamento. Coragem para recomeçar, sem ficar lembrando toda hora a limitação do próximo. Não o lembre de que ele é, ou que foi, um alcoólatra. Não reviva dentro dele a droga. Não acorde os demônios interiores que comem por inteiro seu familiar e o levam para o fundo do poço. Seja consciente, querido familiar ou cuidador. Plante amor e colherás amor. Ajude-o sem cobrança e com discernimento. Se ele está na sua vida, tenha certeza de que também é para ensinar algo a você. Veja por este lado, como um ensinamento.

Confie nele. E confiar não é dar dinheiro, ou roupas novas, ou inseri-lo em tudo, como se nada tivesse acontecido. Confiar é conversar, é respeitar o tempo dele, é buscar a origem de tudo isso, é ouvir a sua opinião, é perguntar para ele o que ele gostaria de fazer da sua vida e como fazer esta reconexão consigo mesmo, com seu grupo familiar e social e com o mundo em geral. Não se esqueça de que ele ou ela estiveram fora disso tudo, em um lugar inimaginável, enquanto outros viviam com você o dia a dia. Confiar é orar juntos, é participar de grupo de apoios conjuntamente. Em uma família, quando um está doente, todos estão. Por isso, todos precisam de ajuda. Há bons profissionais, há esplendorosos grupos de oração e apoio. Quando realmente queremos, há forças que ajudam por todos os lados. Estudar, ler, se informar sobre o problema ou conversar com alguém que tenha saído desse mesmo nó existencial também auxilia bastante.

Sua cobrança excessiva e a sua sede exorbitante de que seu familiar melhore o mais rápido possível vai piorar ainda mais a situação. Ajude, mas não cobre o tempo dessa ajuda. Pense nisso. Ajudar alguém, muitas vezes, também depende do nosso silêncio e da nossa capacidade de colocar-se no lugar do outro. Qualquer um pode cair nas armadilhas de suas próprias fraquezas e se entregar para um mundo de álcool e drogas. O gérmen energético, para não dizer fisiológico, é repassado por meio de nossas sensações corpóreas e extracorpóreas, e cabe a nós, somente a nós, no aqui e agora, trabalhar conscientemente esses nossos vínculos para não os repassarmos para a nossa geração futura. Falar de nada adianta, agir, sim, transforma, e melhor ainda quando se age conscientemente, com amor e sem cobranças. Aquiete-se. Silencie-se. Ore. Formule planos de ação e metas. Ajude aquele que está precisando.

Eu fugia de tudo o que fosse família, pois família representava amor e o amor me curaria. Eu não queria a cura. Eu não estava doente! Parte de mim e meus companheiros espirituais de bebedeira não queriam que eu me curasse. Com quem eles iriam beber? Quem lhes proporcionaria farra com tanta facilidade? Quem os alimentaria de seus vícios? Era assim que minha casa e minha família representavam muitos espinhos doloridos para mim. Isso me impedia de ficar em casa.

Muitas vezes, com o copo na mão, já entorpecido pela bebida e já tendo alimentado e aliviado a sede dos que conviviam comigo e me conduziam, daqueles que dirigiam a minha vida, eu caía em mim e me arrependia de estar ali. Eu me arrependia e sofria por estar ali, naquela mesa, naquele bar. Eu chorava. Entregava-me à tristeza e à vergonha, mas não adiantava mais, eu já estava bêbado. Já havia sido vencido pela bebida. Não tinha mais forças para sair dali. Eu tentava rezar quando estava assim, fraco e bêbado. Eu me sentia incapaz de comandar meu próprio corpo. Sentia-me uma marionete do álcool. De coração, eu pedia, em minhas orações, para não beber mais. Eu podia ouvir pessoas rindo de mim. Eles tiravam sarro da minha cara, zombavam da minha fraqueza. Era como se muitas e muitas cabeças estivessem dentro da minha. Sentia-me um animalzinho indefeso e acuado. Não tinha mais o que fazer, senão dormir. Eu estava fraco e sem forças. Caía em prantos naquela mesa de bar. Eu pensava nos erros que tinha cometido. Ali, eu sentia a dor que eu estava causando em minha família. Eu percebia que estava deixando-os sozinhos. Eu apagava várias vezes naquela mesa de bar. Por muitas vezes, eu fui para casa, mas não consigo lembrar como chegava lá.

Lembro que acordava com muita sede e muito irritado. Eu tinha vontade de culpar a todos por estar assim. Todos tinham culpa, menos eu. Em minha mente, uma espécie de gritaria. Todos queriam que eu fizesse algo, saísse de casa, caminhasse. As muitas cabeças pensantes estavam com sede de rua novamente. Eu me desesperava com aquelas vozes inacabáveis. Era uma gritaria. Uma tortura. Por isso, eu grita- va e ficava brabo com as pessoas da minha família. Eles estavam me atrasando para sair. Eles representavam a barreira para eu sair de casa. Lembro que eu abria a geladeira logo que acordava e tomava um longo e delicioso "martelinho". Eu substituía o copo de água pela deliciosa pinga. Parece que, assim, as vozes cessavam um pouco dentro de mim.

Novamente, eu entrava em meus devaneios. Beber e beber. Mais um dia, e eu bebia e bebia. Filhos, trabalho, casa, esposa, tudo me irritava. Eu precisava conter aquele ódio dentro de mim. Só o primeiro copo de cachaça me ajudava. Aquilo descia como água que mata a sede. Ainda consigo sentir o prazer daquilo. É incomparável a "fissura" que aquilo me trazia. Tudo se acalmava. Tudo ficava bom de novo, pelo menos por alguns momentos. Eu tomava um banho, tomava um café preto com um pouco de pão, beijava meus filhos e saía para a rua de novo. Eu voltava a fazer tudo novamente. Eu era "o cara". Eu reincidia na vontade de meus acompanhantes. Eu nem me lembrava mais dos pedidos e das promessas que eu tinha feito na noite anterior. Eu queria apenas curtir e beber.

Assim eu me fui. Deixei muito cedo este corpo masculino que estava tomado pelo vício do álcool. Perdi meu corpo, minha família e todos aqueles que, além de me amar, necessitavam de mim de uma forma ou de outra. Não percebi que levava comigo não somente as minhas falhas, mas que deixava dentro de cada um dos meus muitas mágoas, e, também, mesmo inconscientemente, muita culpa. Muitos tentaram me ajudar. Muitos brigaram comigo para que eu me desse conta de minha triste dependência alcoólica. No entanto, eu reagia a todos os tipos de ajuda. Hoje, eu sei que, na verdade, eu tinha vergonha de mim mesmo. Tinha vergonha dos meus vícios e da miséria humana em que eu me encontrava. Quando ainda estava vivo, muitas vezes, eu tentava reagir, mas me sentia fraco, então, era melhor me entregar de vez. Bebia dia após dia, até que um dia o copo caiu de minhas mãos, e encontrei a minha própria morte. Fui vencido pelo meu vício. Fui internado e fui morrendo aos poucos. A morte foi se apoderando de mim.

Senti um grande torpor. Meu corpo ficou gigante de repente. Eu parecia inflar, e perdia o controle total dos sentidos. Tudo girava ferozmente. Senti ânsias de vômito e tonturas, mas meu corpo não respondia a estas vontades. A parte que inflava deixava para trás um corpo duro e totalmente morto. Eu me via ficando para trás. Eu via minha própria imagem ainda com os olhos abertos ficando para trás. Eu sabia, de alguma forma, que havia morrido. Eu sentia agora, de verdade, que a morte era uma passagem. Foi aí que me dei conta de meus próprios e infindáveis erros. Foi aí que chamei por Deus. Gritei: "Deus, me perdoe! Deus, me ajude! Deus, me ajude!". Eu gritei o mais forte que pude, mas meu corpo continuava a inflar. Parecia que eu ia explodir. Um grande medo tomou conta de mim. Medo do que estaria por vir. Tive medo dos meus próprios erros. Tive medo de ser castigado. Eu vi, pela última vez, o meu corpo. Olhei bem para ele e chorei. Chorei compulsivamente. O que eu havia feito comigo? Por quê?! Gritei de novo, mas, desta vez, já quase sem forças. Eu sentia que, enquanto inflava, eu perdia o controle de tudo. Tentei gritar por Deus, mas senti um grande estalo. Eu, mesmo inflado, estava extremamente pesado e preso. Sentia-me preso dentro do que eu não conseguia enxergar. Minhas lágrimas rolavam. Fechei os olhos e, então, orei. Fazia muito tempo que não orava. Na verdade, havia me esquecido da última vez que tinha orado. Percebi uma imagem dentro de mim mesmo. Veio-me uma lembrança, o sorriso puro do meu filho. Ele, ainda criança, sorria, correndo para os meus braços. Meu Deus, quanta vontade senti de abraçá-lo. Quanta vontade de pedir perdão! Mas eu não podia mais. Eu já havia morrido. A imagem se foi. Chorei de arrependimento. Quanta saudade já sentia do meu filho querido. E agora, o que seria dele? O que seriam dos meus? Um grande pavor tomou conta de mim. Eu não era mais a pessoa que era. Eu havia morrido. Quem eu era? Muita angústia, muito medo, muito pavor, extremo arrependimento. Uma nuvem escura e muito pesada, carregada de sons turbulentos, envolvia o local onde eu estava. Eu não enxergava nada, apenas ouvia murmúrios e gemidos de dor, além de alguns risos espaçados de mulheres perdidas e outros zombeteiros que me chamavam de irresponsável. Eu estava em um lugar com muitas pessoas de todos os níveis de ser. Havia bêbados e prostitutas. Havia cobranças e apontamentos por parte deles para mim. Todos muito sujos e sedentos. Tive muito medo. Perguntei-me se aquilo era morte. Algo me respondeu que sim. Perguntei-me se seria ali que eu ficaria. Outro algo me respondeu que dependeria somente de mim. Eu não queria estar ali. Queria a minha família e os meus amores. Se existisse Deus, onde Ele estaria? Por que não me socorria? Neste instante, me veio a imagem de minhas bebedeiras e uma resposta instantânea: eu havia me agarrado, naquela existência, no que eu menos amava, ou seja, a bebida. Naquele momento, a bebida ficou tão insignificante que me envergonhei de tê-la colocado em primeiro plano, sempre. Então, eu briguei comigo mesmo. Gritei para mim mesmo: "Covarde! Cretino! Imbecil!". Percebi que troquei valores reais por uma arma química: o álcool. Senti que me suicidara lentamente com meus porres. Havia muito barulho naquele local. Percebia que, como vampiros, aquelas pessoas mortas me agarravam como se eu fosse carne nova. Eu sentia nojo. Eu não queria ser como elas. Então, eu orei. Pedi que Deus me abençoasse e me mostrasse o caminho. Ajoelhei-me e percebi que muitos faziam como eu, também se ajoelhavam. Não sei o porquê, gritei em voz alta a oração do Pai Nosso. Pedi que Jesus me libertasse. Eu não prometi nada, porque eu sabia que não poderia cumprir. Apenas me entreguei e orei. Quanto mais alto eu orava, mais as pessoas me acompanhavam na oração. Ouvi muito choro. Uns gritavam: "Ó, libertação!". Outros apenas choravam e diziam: "Salve-nos!". O sorriso do meu filho continuava na minha lembrança, até que pedi por ele. Pedi que Deus me libertasse, e que, de uma forma ou de outra, eu pudesse ajudá-lo ou ajudar a todos que tivessem o vício do álcool. Mas eu insistia e deixava claro que eu era fraco e que teria de receber ajuda para não me esquecer da minha promessa. Eu aprendera que eu não era uma pessoa confiável. Eu não tinha conseguido ser confiável durante minha existência física, não seria depois da morte que me tornaria confiável. Tudo ocorria com intensa emoção. Todos, em um gesto de amor, nos demos as mãos. Jovens, velhos, homens, mulheres e adolescentes. Todos os mortos pelo vício do álcool deram as mãos, em uma corrente de força. Então, um grande portal luminoso se abriu e muitos seres de luz vieram até nós. Eu ouvia a cantoria de hinos e orações. Eu sorria, chorava e pedia: "Deus, me perdoe! Deus, me ajude!". Eu ouvia o choro e sorriso daqueles que estavam ali comigo. Houve um grande resgate de almas alcoólicas. Eu percebi que todos estávamos sendo ajudados. Eu continuava a orar e não ousava interferir em tudo aquilo. Eu só agradecia e me lembrava do sorriso do meu filho. Uma leveza tomou conta de mim. Senti que mãos zelosas me carregavam. Não sei como, mas fui deitado em algo macio e confortável. Os hinos e as harpas continuavam. Não ouvia mais os choros dos outros. Tudo silenciou. Havia apenas o sorriso de meu filho e a imagem de seus cabelos encaracolados. "Deus te abençoe, meu filho. Deus nos ajude! Deus me perdoe!" Uma mão tocou os meus lábios em um sinal de silêncio. Foi aí que me entreguei e adormeci.

Não sei precisar quanto tempo permaneci ali, em purificação e tratamento. Sei que, um belo dia, eu acordei. Olhei ao redor. Muitas pessoas continuavam dormindo. Em cima de cada pessoa havia raios luminosos multicoloridos e cada um tratava um ponto que estava sendo reequilibrado. Essas luzes se locomoviam em direções circulares em cima daqueles corpos. Todos estavam de branco, inclusive eu. Eu usava calça e camisa branca. Ainda estava descalço e passei a caminhar e a observar tudo aquilo. Não tive medo, pelo contrário, senti uma profunda paz. Não havia ninguém acordado ali, além de mim. Eu sentia um cheiro intenso de alecrim com capim cidreira, além de um sutil aroma de rosas. O ambiente era muito acolhedor e tranquilo. Lágrimas vieram em meus olhos. Agradecia ao Senhor por aquela acolhida. Eu sabia que tinha sido acolhido. Então, eu chorei. Ah, como eu chorei! Ajoelhei-me. Ali mesmo, eu me ajoelhei e agradeci em nome de mim e de todos aqueles que estavam ali comigo naquele setor de tratamento daquela dimensão. Eu sabia, não me pergunte como, que todos nós éramos ou havíamos sido dependentes químicos ou alcoólicos quando tínhamos um corpo físico. Era impressionante, havia pessoas de todas as idades, até crianças bem pequenas. Então, eu chorei por mim e por eles, e lembrei-me de todos aqueles que ainda estão vivos e se matando aos poucos. O álcool e a droga são parceiros do ódio, da mentira e do desamor, e levam apenas à morte, além de adoecer e devastar multidões inteiras.

Enquanto eu orava, eu fechei meus olhos. Senti que muitas pessoas se aproximaram de mim. Pessoas que vieram de outra sala. Elas colocavam a mão sobre minha cabeça, como se estivessem também orando por mim. Senti-me imensamente amado e acolhido. Então, resolvi abrir os olhos. Encontrei, ali, amigos de verdade. Estes estavam ali apenas para compartilhar comigo amor e ajuda. Eu abracei um a um. Não dissemos uma palavra, apenas sorrimos e choramos. Éramos desconhecidos uns dos outros, mas, ao mesmo tempo, muito familiares. Hoje, são esses primeiros acolhedores que me acompanham nestes escritos e nas várias jornadas de buscas e de auxílio que fazemos neste e em outros planos. Aqui, ninguém é perfeito, mas buscamos fluidificar-nos a cada dia com o amor e, então, repassamos esse mesmo amor que recebemos ao próximo, e assim por diante.

Partimos silenciosos daquele lugar. Fui levado para um lindo jardim, onde havia muitas borboletas das mais variadas cores. Muitas pessoas vieram me cumprimentar. Rostos caridosos que eu percebia que um dia foram sofridos, e que estavam em um processo amoroso de superação de si mesmos e de união daquele grupo. Eu estava entrando na "Casa de Recuperação Amor e Ajuda". Aqui, todos os trabalhadores haviam tido memórias ligadas ao álcool em diferentes tempos existenciais. Neste Lar, em específico, estavam alcoólatras de níveis inimagináveis. Francisco foi quem me acolheu. Ele usava uma roupagem branca, mas em seu peito havia o desenho de uma grande cruz em tons multicoloridos. As cores davam movimento e vida àquela cruz. Ele me mostrou meus novos aposentos. Ali tinha uma cama, uma cadeira e uma mesinha, com um caderno e um lápis. Uma grande jarra com água também ficava sobre a mesa, além de um copo. Eu percebia claramente que luzes multicoloridas vindas do alto energizavam aquela água. Eu sabia que aquele seria apenas um de meus remédios, pois muitos outros viriam. Eu precisava curar a minha alma. Eu me sentia muito envergonhado. Pensamentos de minha última vida terrena vinham à tona, inesperadamente. Aquilo me entristecia. Então, eu baixava a cabeça enquanto Francisco me mostrava meus aposentos. Foi aí que ele levantou o meu queixo e me olhou carinhosamente. Com um largo sorriso, ele me disse: "Não temas, irmão. Apenas confie e ore. Aqui, somos todos iguais.". Aquelas palavras tão caridosas e sinceras me abasteceram por longo tempo. Ele me disse para tomar um copo de água cada vez que eu me sentisse perturbado, e para, se sentisse vontade, escrever sobre aquela perturbação com a intenção de não mais senti-la. Francisco também mencionou que, todos os dias, ao entardecer, ele recolheria os escritos que ali estivessem. Eu concordei com a cabeça e correspondi ao seu longo e transparente sorriso. Com essas poucas, mas grandiosas palavras ele se retirou. Fiquei ali, em meu quarto, pensativo. Um grande medo se apoderou de mim novamente. Eu não queria errar de novo. Eu não podia errar de novo. Foi aí que vi aquela água vibrar em cima da mesa, como se me chamasse. Era hora do remédio. Eu havia entendido. Tomei a água e me ajoelhei em oração. Logo em seguida, tive uma vontade quase incontrolável de escrever sobre quem eu era. Mais impressionante é que, enquanto eu escrevia, eu não conseguia colocar as coisas ruins e deploráveis que havia feito, e sim as ajudas que eu tinha dado em vida, tanto às pessoas, quanto aos animais. Quanto mais eu escrevia, mais eu sorria. Parece que, por mais horrível e ridículo que eu tivesse sido na Terra, eu tinha conseguido ajudar, de certa forma, meus semelhantes. Muito tempo se passou. Eu percebia que deveria ficar ali, sozinho, relaxando, escrevendo, orando, descansando e dormindo. Era impressionante, quando eu me agitava, as partículas de água tremiam na jarra, daí eu tomava a água, me acalmava e começava a escrever. Escrevia muito. Quanto mais eu escrevia, mais coisas boas eu redescobria em mim. Era como seu estivesse descobrindo alguém dentro de mim que eu havia esquecido que existia. Quando eu tentava escrever coisas ruins, a água tremia de novo, então, bebia-a novamente e voltava a ver o lado bom das coisas. Eu chorava, sorria, me entregava para aqueles ensinamentos. Parece que a água me ensinava e me abria por dentro. Eu nunca mais vi Francisco, pelo menos no meu quarto. Quando acordava de meu descanso, meus escritos não mais estavam ali, e a água, a cada copo, se recompunha, a jarra nunca ficava vazia.

Aquele quarto era o meu quarto de tratamento. Aos poucos, fui entendendo que a água era um remédio e, ao mesmo tempo, um desintoxicante do meu organismo biopsicossocial. A água funcionava como um energizante, e como um calmante para as minhas ansiedades e angústias. Ela me dava forças para não ter vergonha de mim mesmo. Eu sentia que, quanto mais eu escrevia, mais eu ia entendendo os meus erros e as causas e consequências dos meus fracassos pessoais. Então, sistematicamente, quando eu ficava nervoso, a água tremia e mais uns goles eu tomava. Ela entrava em mim como luz, abrindo canais interrompidos por minhas pesadas lembranças. Realmente, eu tinha errado muito. A água, no entanto, me ensinava que eu não podia ficar concentrado em meus erros, e sim nas minhas virtudes e em uma forma de ajudar aos meus semelhantes. Havia momentos em que eu percebia nitidamente a presença de pessoas em oração perto de mim. Além da água, a luz que vinha dessas pessoas me aquecia e me reanimava. Eu sabia que não estava sozinho. Sabia que estava isolado de uma forma geral para poder me reconhecer como pessoa e para tomar algumas decisões amorosas a meu respeito. O meu vício precisava ser alimentado com amor, e, então, deixaria de ser vício e se tornaria exemplo e ajuda a quem necessitasse. Se alimentamos um vício com amor e ajuda, nos viciamos em ajudar a nós mesmos e a nossos semelhantes. Todos os vícios são carências pessoais, são fragilidades humanas ligadas a energias somáticas e/ou anímicas que carregamos em nosso DNA existencial.

Eu ia me curando com exemplos de mim mesmo. Eu ia descobrindo que eu ainda podia sorrir. Uma confiança, a de que eu poderia tentar de novo, foi tomando conta de mim. O incrível era que eu não me sentia só. Em minha existência passada, eu estava sempre acompanhado de vários amigos de bebedeira. Eu ia de um lado para o outro, com uma ou com outra pessoa. Sempre tive muitos parceiros. Com os escritos, descobri que, na verdade, eu era um grande solitário e dependente de pessoas. Aprendi que eu bebia porque tinha medo da solidão, medo de me sentir só, e que, quando estava sóbrio, eu não reconhecia a mim mesmo e, então, voltava a beber. Eu chorei muito quando descobri essa verdade dentro de mim. Descobri minha carência existencial. Eu era muito carente. Descobri que, nos meus primeiros porres, na adolescência ainda ou na pré-adolescência, eu me deparei com medo da sociedade. Tinha medo da minha cognição que não ia adiante. Eu já me sentia um fracasso com onze anos de idade, e, então, comecei a beber. Naquela época, o acesso à bebida era fácil e meus pais nem percebiam que eu bebia. A bebida me alegrava e fazia eu me esquecer do meu próprio medo. Eu tinha medo de mim mesmo. Meu vício começou muito cedo. Hoje, eu sei que ainda era uma criança, mas uma criança cheia de medos. Acredito, com meu exemplo, que muitos dos que bebem têm essa carência existencial. O medo de se enxergar, o medo de errar e o medo de não dar certo geram uma inconstância no próprio "existir" de cada um, e a pessoa procura se fortificar naquilo que está mais próximo, quem sabe, na bebida. Outra coisa que eu aprendi sobre mim é que eu não sabia conversar. Quando alguém se aproximava de mim, eu conversava sobre tudo, menos sobre o que estava me incomodando. Eu enrolava os outros, usando uma máscara de um falso Wanderlan, pois do verdadeiro, eu tinha medo.

Coincidência ou não, fui descobrindo o motivo de eu estar em um quarto isolado, mas muito agradável, com um papel para que eu pudesse escrever. Eu precisava aprender a me conhecer e a viver comigo mesmo. Além disso, eu precisava aprender a conversar sobre meus problemas, e nada melhor do que escrever sobre eles. Eu ri, eu ri muito, quando senti a esperteza da espiritualidade divina agindo sobre mim, o quanto este tratamento intensivo estava me ajudando a conviver comigo e a falar de mim para mim. Mais uma vez, eu me ajoelhei, chorei, orei e agradeci. Até a rezar eu tinha reaprendido. Foi neste dia, de um tempo imensurável e inimaginável, que abri as cortinas do meu próprio ser. Foi neste dia que rompi com minhas próprias barreiras pessoais com relação à aceitação. Eu me aceitava. Aprendi a me aceitar e a reavaliar tudo em mim com amor e com ajuda. Então, as paredes do meu quarto se abriram e percebi que ali estavam muitas pessoas sorrindo para mim. Percebi um grande jardim com muitas margaridas. Uma música suave chegava aos meus ouvidos. Eu não estava mais com aquela roupa de hospital, com aquele pijama todo branco. Eu estava com um terno branco, coisa que amava quando estava vivo. Um senhor com aparência transparente e serena apertou minha mão. Disse-me: "Seja bem-vindo, Wanderlan. Parabéns.". Seu nome era Damião. Logo em seguida muitos outros me disseram as mesmas palavras, como em um coro. Depois dele, vieram também Tereza, Natan e meu primeiro amigo Francisco. Este me deu um forte abraço. Foi aí que vi que ele era meu pai terreno, e que foi ele quem me resgatou de onde eu estava. Era ele quem, a cada momento, pegava meus escritos, os lia e se limpava interiormente também, assim como eu. Ah, e como eu chorei neste momento. Ali, eu disse para meu pai tudo o que eu não disse em vida. Ele chorou também comigo. Também me pediu perdão por seus erros e negligências, mas, assim como eu, ele era e fora uma pessoa extremamente boa e amada na Terra. Ele havia sido um grande guerreiro em vida e ajudara aos outros sem distinção. Meu pai e eu nos encontramos e nos reconhecemos um no outro. Agora, eu podia enxergá-lo, porque, antes disso, eu não enxergava a mim. Os céus estavam em festa. Para podermos ajudar a alguém, precisamos, primeiro, enxergar a nós mesmos, senão tudo fica confuso e irreal. A verdade de cada um também está dentro de nós, mas como saberemos a verdade se não nos conhecermos? Meu amigo, minha amiga, comece a se descobrir dentro de você. Qual é a sua verdade? Se tiver vontade, escreva sobre você. Faça como Francisco e o mundo espiritual fizeram comigo – me ajudaram a escrever sobre meus bons feitos e sobre o que eu tinha de bom dentro de mim, e foi assim que eu me reconheci e me reconstruí dentro de mim mesmo. Passei a me aceitar e a me amar. Faça isso. Tente.

Carla e as drogas
Pelas energias de Natan e Carla

Filha de família influente e bem de vida, morei em uma cidade movimentada do Rio de Janeiro. Meu pai era empresário bem sucedido, minha mãe, também, sempre fora dedicada ao seu trabalho na gerência de um banco.

Tínhamos tudo o que desejávamos. Meu irmão era mais jovem do que eu. Era tudo perfeito. Tínhamos uma vida normal, até o momento em que, na escola, eu conheci Mario e sua turma. Ele tinha algo que me encantava, era envolvente e sedutor. Passei a ser convidada para frequentar as festas que ele promovia. Foi em uma dessas festas que resolvi experimentar o que me fora por ele oferecido. Minha amiga Magda ficou receosa, mas eu, sempre em busca de algo diferente, resolvi experimentar. A sensação foi incrível, eu parecia outra pessoa. Minha amiga ficou assustada. Eu me sentia nas nuvens.

A partir daquele dia, surgiram outras festas, novos convites, e eu sentia vontade de participar. A vontade era cada vez mais forte. Assim, fui experimentando as drogas e me tornei dependente.

Em casa notaram que eu estava diferente. Meu pai dizia que era rebeldia da idade e minha mãe concordava com ele. Achavam que tínhamos tudo, mas o que acabaram descobrindo era que o mundo que criaram para nós não me satisfazia. Acho que era porque tínhamos de forma fácil tudo o que desejávamos.

Chegou a um ponto que minha amiga Magda resolveu contar tudo aos meus pais, sobre as aulas não frequentadas e todas as festas em que rolavam as drogas. Eu a odiei profundamente pelo que havia feito. No entanto, hoje eu sei que foi uma atitude de amor. Após várias tentativas para me afastar das drogas, foi a maneira que ela encontrou para tentar me ajudar, alertando meus pais. Fiquei tão furiosa com ela que a expulsei de minha vida, ela sempre havia sido minha melhor amiga.

Meus pais tentaram me internar para me libertar das drogas. Foram várias internações, e, após, sempre havia uma recaída. Na última internação, eu fugi e cheguei ao ponto de andar pelas ruas como mendiga, sem dinheiro, com fome, suja e completamente dominada pelo vício. Eu fazia qualquer coisa para obter a droga.

Andei pelas ruas escuras com a sensação de estar sendo perseguida. Sentia dentro de mim aquela vontade incontrolável de usar droga. Cheirei, injetei, até me prostitui. Muitas vezes, procurei uma dose no meio do lixo.

Vivi como um bicho faminto, mas não por comida, e sim pela droga que, como um monstro, se apossou de meu corpo, e acho que até de minha alma. Meus pais me procuravam por toda a parte e eu fugia deles como um bicho acuado, com medo de ser preso.

Quem me conheceu, não mais me reconheceria. Daquela jovem de corpo cheio e bonito, restou apenas a pele sobre os ossos. Eu me sentia uma morta viva, vagando na rua escura.

Em um momento em que o efeito da droga não estava tão forte, resolvi roubar de outro dependente as drogas que ele carregava e as injetei, era uma dose forte. No fundo, eu sabia o que iria acontecer. Senti-me enlouquecida por aquela vontade que me dominava e injetei tudo o que ali havia. Senti um calor subir por meu corpo e uma sensação estranha, como se ele estivesse em chamas. Meu coração acelerou. Era como se ele batesse fora do meu peito, e as lágrimas caíram ao chão. Senti, naquele momento, que minha vida, ou o que restara dela, se acabara naquele instante. Veio-me à mente todas as cenas de minha vida. Foi quando percebi que eu era feliz e que tudo poderia ter sido diferente. Fui encontrada na rua e levada para o hospital, mas já era tarde demais para mim.

Meus pais se desesperaram e tentaram de tudo para me salvar, mas o médico se aproximou e lhes disse: "Sinto muito, não podemos fazer mais nada por sua filha. Foi uma overdose.".

Minha amiga consolava-os. Ela nunca desistira de mim. Eu é que não tivera forças para lutar contra o vício.

Deixo este depoimento porque sei que muitos jovens como eu se iludem na busca de algo novo, acreditam que os que oferecem essa aventura são amigos. Profundo engano. Amigos são os que tentam mostrar o caminho certo sem desistir de você. Eu tive essa amiga. Todos nós temos alguém verdadeiro ao nosso lado, mesmo que, às vezes, não queiramos enxergar.

A felicidade existe e depende de nós, do que escolhemos para nós e para os que nos cercam. Os erros repercutem também na vida dos que nos amam e trazem profundo sofrimento para todos.

Nenhum pai deseja passar pelo que os meus passaram. Há a culpa ao se perguntarem onde erraram. Há as lembranças misturadas com a saudade. Que todos encontrem na dor o aprendizado e a certeza de que nós moldamos nossa vida nas escolhas que fazemos, e pagamos o preço do que fora escolhido.

Eu deixo, nas lições de minha vida, um alerta aos jovens. A vida é preciosa demais para se deixar perder em um mundo ilusório, no qual não existe felicidade.

REFLEXÃO SOBRE A COMUNICAÇÃO NO PÓS-MORTE

Eu gostaria de contar algo que aconteceu comigo. Talvez isso se torne pontos para você refletir se há ou não interação entre os vivos e os mortos. Eu poderia contar-lhes inúmeros casos como estes, mas escolhi estes dois. Talvez os mentores tenham algum propósito especial para colocá-los neste livro.

Isso já faz algum tempo. Meu avô materno havia falecido há uns dois anos. Eu havia comprado uma moto. Nela, eu conseguia ir e vir mais rapidamente e com menos custo de São Jerônimo para Porto Alegre e vice-versa, já que eu atendia também em Porto Alegre e morava em São Jerônimo. O inverno havia chegado e eu sentia bastante frio nas minhas andanças.

Certa noite, sonhei que meu avô Nércio havia me dado um casaco. Lembro bem da cor – marrom. Meu avô chegou a minha frente, colocou o casaco em mim e me disse: "É para ti. Eu nunca usei. Agora não vai mais passar frio.". Ele me abraçou. Eu acordei daquele sonho com a nítida presença de meu avô comigo. Eu ainda podia sentir o abraço dele.

Lembro que era domingo bem cedo. Peguei meu chimarrão e fui para a casa de minha mãe. Chegando lá, comecei a tomar o meu mate e a conversar. Minha amada tia Sandra, filha de meu avô, chegou, e então contei para ela o meu sonho. Coincidência ou não, ela me disse, com os olhos cheios de lágrimas: "Dá uma olhada lá na cadeira da sala. Olha o que separei nesta noite para ti".

Olhei na hora. Era o casaco que meu avô tinha me dado em sonho e que, em vida, nunca tinha usado. Detalhe: eu não sabia da existência do tal casaco. Ali eu tive mais certeza ainda: meu avô tinha estado comigo.

O outro caso interessante foi também com meu avô Nércio, o mesmo do casaco. Este também foi em sonho. Ele me disse que gostaria de transferir seus ossos para outro local. Disse-me que gostaria de ficar no mesmo túmulo em que minha avó, sua esposa, estava sepultada, e que mesmo após a morte ele ainda tinha energias que precisavam ser tratadas e que gostaria de sair de onde ele estava.

No sonho, eu perguntei para ele: "Vô, tu ainda está preso ao corpo?". Ele me respondeu: "De certa forma, sim, minha filha. Às vezes, há alguma coisa que me puxa e me prende ao meu corpo. Talvez seja capricho meu. Ainda não entendo as leis espirituais, mas gostaria que vocês me colocassem junto com a tua avó.", ele repetiu. E ainda acrescentou: "O ideal é que colocassem todos juntos, que buscassem meu pai também e o colocassem conosco.". Senti meu avô meio triste naquele sonho, mas não perguntei o porquê.

Os dias passaram e eu esqueci completamente de comentar com minha tia Sandra sobre o sonho, pois é ela quem me ouve nesses casos e também é ela quem chora junto comigo. No entanto, no dia que comentei, ela soltou uma gargalhada e me disse: "Adivinha o que fizemos ontem?". Eu fiquei olhando para ela. Ela disse: "Transferimos teu avô para junto da avó.". Eu só ouvi e sorri junto com ela.

Serão coincidências? Você já recebeu alguns recados que não se confirmaram porque você não lhes deu atenção?

Pense nisso.

ONDE ESTOU?
Pelas energias de Damião e Ruth

Eu fui uma pessoa como outra qualquer. Casei, tive filhos e segui minha vida. Sempre amei a natureza: plantar roseiras, colher frutas das pequenas, mas graciosas árvores que havia no meu quintal. Eu gostava de fazer gostosos pães para apreciar com meus filhos e netos e os muitos amigos que eu tinha. Fui católica fervorosa. Ia à missa todos os dias que podia e fazia reuniões em minha casa, em nome da oração. Meus filhos, todos se encaminharam na vida, com exceção de um, que se entregou ao vício do álcool e que me deixava profundamente triste. Eu o amava mesmo assim, afinal de contas, ele era meu filho. Meu marido morreu cedo por uma doença vascular. Segui minha vida sozinha, mas sempre cercada de muito amor. Hoje sei que eu envolvia amor em tudo o que tocava e, assim, a vida me correspondia com esse amor. Eu era criteriosa, as coisas tinham de ser do meu jeito. Muitos me chamavam de exigente. Eu era assim e morri assim.

Escrevi muito pouco durante minha vida. Eu, costumeiramente, trocava as letras e, muitas vezes, meus netos e filhos tentavam me ensinar, mas eu me confundia e desistia. Minha cabeça doía, ficava meio zonza e deixava assim. Desenvolvi muitos dotes para pintura, bordado, tricô e crochê, além de cozinhar incrivelmente bem. Na verdade, eu amava tudo o que estava relacionado com a arte e com a cozinha. Fui filha de italiana e aprendi a fazer coisas deliciosas.

Minha vida foi passando, um dia após o outro. Afazeres e mais afazeres, nunca fui de esquentar a cabeça. Se dava para fazer, eu fazia, senão, não fazia. Se alguém chegasse a minha casa para conversar, eu parava tudo e conversava. Adorava ouvir o outro. Meus filhos, muitas vezes, me julgavam. Eles diziam que eu ajudava demais as pessoas, mas era o meu jeito, não adiantava.

Às vezes eu sentia um desespero por dentro. Algo me corroía e me entristecia. O meu remédio era mexer nas minhas plantas. Eu colocava tudo abaixo e reorganizava o meu extenso jardim. Ali, eu tinha desde a roseira à pequena flor, e todas me encantavam. Eu ficava muito feliz quando os outros elogiavam as minhas flores. Elas agradeciam junto comigo.

Aos poucos, fui percebendo alguma coisa errada comigo. Minha cabeça enfraquecia por alguns momentos, eu ia de um lado para o outro e me esquecia do que iria fazer. Acredito que esses esquecimentos foram acontecendo perto dos meus cinquenta anos, e foram se agravando cada vez mais. Tomei algumas vitaminas, mas não adiantou muito. Tentei fazer palavras cruzadas, que me diziam que era bom, mas eu tinha dificuldade para a leitura e para a escrita.

Resolvi repassar a minha história porque fui acometida de Alzheimer e percebia tanto o meu sofrimento quanto o sofrimento de meus familiares. Gostaria de transmitir para vocês que os doentes com Alzheimer merecem carinho e atenção, e que eles sofrem muito, pois se sentem sozinhos e, pior, sem eles mesmos, por isso o medo e a tentativa constante de fugir de onde se está. Eu sentia um desespero quando me deparava comigo mesma e não sabia como havia parado ali. Eu queria fugir para buscar a mim mesma. Isso era apavorante. Muitas vezes, eu nem sabia por onde andava. Não sabia realmente quem eu era. No entanto, quando minha falha consciência voltava, eu sofria e me desesperava. Quero repassar a minha história, e peço humildemente que você cuide de seu doente com amor. Eles não são qualquer um. Eles e nós tivemos, e ainda temos, nossas histórias e merecemos respeito, cuidado, carinho e atenção. O amor pode ajudar muito ao paciente de Alzheimer, pois o faz se sentir protegido e acolhido. Eu sei que no mundo corrido em que vivemos é difícil conter as fugas e as recaídas de quem tem Alzheimer, mas não esqueça, um dia, essa pessoa esteve ao seu lado e nunca o abandonou. Pense nisso. Não a abandone. Se você precisa colocá-la em uma clínica, coloque-a, mas explique para ela. Explique e reexplique quantas vezes for necessário, porque, talvez, em uma dessas explicações, ela poderá estar presente, de verdade, e entenderá o que está acontecendo. Outro detalhe é importante é deixar bilhetes e fotos com os doentes. Deixar algum objeto pessoal seu sempre por perto, pois, quando ele despertar da viagem, que não sabemos quanto tempo durará, ele saberá que não foi abandonado, e saberá um pouco mais de quem ele é.

Meu corpo foi envelhecendo aos poucos. Eu esquecia uma coisa aqui, outra ali. Aprendia a escrever uma palavra com um neto em um dia e no dia seguinte já não sabia mais. Eu fui me ausentando das coisas aos poucos. Certo dia, me assustei porque quase já não sabia ler. As letras tinham sumido da minha cabeça. Fiquei nervosa, mas guardei para mim. Fiquei com vergonha de dizer para os outros que não conseguia ler mais nada. Então, fui me fechando, me fechando e guardando as minhas dificuldades só para mim. Outras pequenas e grandes coisas também foram fazendo parte de meu esquecimento que aumentava a cada dia. Guardava, por exemplo, minha escova de dente e não mais a encontrava. Ia fazer arroz e esquecia a panela no fogo, só lembrava quando a panela já estava completamente queimada, ou quando o cheiro já estava insuportável. Às vezes, eu ia ao supermercado que era perto de minha casa e esquecia o que eu ia comprar, ou pior, eu havia levado uma lista, mas esquecia que a havia levado e voltava para casa para fazer outra lista. Quando ia de novo ao supermercado, encontrava as várias listas que estavam na minha bolsa e que eu não tinha usado. Muitas vezes, esquecia que tinha de tomar banho. Eu sempre gostei de andar perfumada, mas simplesmente esquecia. Outras vezes, eu me encontrava sentada no sofá da minha sala e não sabia quanto tempo havia ficado ali. Eu ia me assustando cada vez mais com o meu esquecimento, mas, como eu disse, guardava-o para mim. Meus filhos e amigos já tinham tantos afazeres que eu não queria incomodá-los. Certo dia fui pegar minha agulha de crochê. Eu amava fazer crochê. Lembro que olhei para a agulha, olhei para a linha e não lembrei como dava a primeira laçada. Aos poucos, o crochê foi se perdendo dentro de mim e, acredito, esqueci completamente que um dia havia aprendido. Os nomes das pessoas eu fui esquecendo gradativamente. Às vezes, nem o nome dos meus filhos eu sabia. Eu olhava para eles, sabia quem eram, mas não sabia mais os seus nomes. Isso me deixava extremamente nervosa. Achava que estava enlouquecendo, mas, no fundo, eu sabia que não estava. Eu estava perdendo a minha memória. Eu olhava para as pessoas e não sabia mais quem elas eram. Elas me abraçavam, me beijavam, conversavam e contavam coisas para mim, mas eu não sabia quem elas eram e nem do que falavam comigo. Eu não tinha a menor noção do que falavam. Um grande medo de tudo e de todos foi tomando conta de mim. Eu percebia que aqueles que eram mais chegados e que me viam mais seguidamente eram pessoas boas e queriam o meu bem, mas eu demorava muito para reconhecê-los novamente, e isso me gerava um imensurável medo. Fui criando medo de tudo e de todos, mas algo tentava esconder esse medo que eu sentia, até que eu não consegui mais. Minha cabeça doía de tanto que eu tentava lembrar e pensar. Eu queria saber quem era quem. Eu queria saber o meu nome. Eu esqueci o meu nome. Eu queria saber de onde tinha vindo, pois eu não sabia mais. Às vezes, vinham pessoas que pareciam amigas e me acariciavam, falavam comigo e eu sentia que eram boas, mas eu também tinha medo delas. Eu tinha medo de fazer alguma coisa errada e de prejudicar alguém. Tinha medo de que os outros achassem que eu era louca. Havia uma confusão muito grande no meu, então, aqui e agora. O meu ontem se misturava com o meu hoje. Eu não sabia mais em que tempo eu vivia.

Certo dia, já com o avanço do Alzheimer, percebi que voltei para mim mesma. Vi-me na minha cozinha, e ali me lembrei de muitas coisas que aconteceram – coisas boas do meu passado. Comecei a chorar e pedi a Deus que me levasse. De que adiantava viver assim? Meus filhos, meus netos e bisnetos estavam sofrendo junto comigo. Eu estava sofrendo. Pedi que Deus me ajudasse a recuperar a minha memória ou me levasse. Eu disse que eu não queria incomodar ninguém, e que sabia que assim incomodava as pessoas. Não sei precisar o tempo, mas esqueci de mim novamente. Tive lampejos dolorosos de minha consciência e voltei a esquecer de mim.

Medo, angústia e uma intensa vontade de fugir ia se apossando de mim. Eu já me esquecia, inclusive de comer. Eu não sabia o que era sentir sede, nem fome. Não reconhecia essas necessidades básicas que qualquer ser humano reconhece. Meus códigos de leituras das coisas e dos seres estavam apagados. Meu corpo funcionava, mas minha mente não. Eu não me lembrava de mais nada. Só sentia uma agonia dentro de mim. De uma coisa eu tinha certeza. Quando eu podia lembrar, eu sabia que tinha sido uma pessoa muito boa, pois muitas pessoas vinham me acariciar e falavam comigo com um tom agradável. Incrivelmente, eu não sabia o que era bom ou mal, mas eu podia sentir o que era bom ou não. O tom de voz das pessoas, de alguma forma, me dava segurança. As mãos e a firmeza ao falarem comigo me faziam buscar dentro de mim um pouco de mim mesma. Isso me aquecia por dentro. Fiquei anos assim, muito longe do que eu era. Meus familiares tentaram de tudo para me confortar, mas nada nem ninguém podia me ajudar. Só o amor que eu recebia me aquecia, e isso eu recebi bastante. É importante que eles saibam o quanto eu senti esse amor e o quanto esse amor me fez partir mais tranquilamente, pois até de partir eu tinha medo. Medo, medo e medo era o sentimento que me dominava. Só o que eu queria era me encolher e ficar bem quietinha, como se fosse um bebê, mas eu nem sabia o que era ser um bebê. Eu também tinha me esquecido disso.

Todo o meu corpo foi se enfraquecendo muito, até que parti. Eu lembro que acordei, acredito que no instante que desencarnei. Abri os olhos e vi meu filho sorrindo para mim. Ele chorava, sorria e me dizia: "Me perdoa, mãe.". Daí eu lembrei que ele era meu filho e que tinha morrido por ter abusado do álcool em vida. Ao seu lado estava meu marido. Que saudade eu sentia dele! Há quanto tempo eu não o via!

Mais atrás estava minha mãe. Eu ainda não lembrava o nome deles, mas sabia quem eles eram. Eu fiquei tonta, eles seguraram meu corpo e me ajudaram a ser mais forte. Todos me abraçaram e senti muito amor naquele momento. Meus familiares, na Terra, por mais que quisessem que eu não partisse, sabiam que eu estava sofrendo junto com eles, então, todos permitiram que eu seguisse em paz. Nenhum de meus familiares me segurou no plano Terra. Uma das coisas que consegui repassar em vida para eles foi a Fé. Eles sabiam que Jesus estava me acolhendo, e ele realmente estava. Jesus e meus amigos me acolhiam. Então, eu percebi que aquilo era a morte. Percebi que me deitaram em uma cama com lençóis brancos. Umas senhoras com roupas brancas emanavam luzes azuis de suas mãos e oravam a Ave Maria. Eu lembrava que eu também sabia aquela oração. Eu não senti medo com minha morte, pelo contrário, senti muito alívio.

Os dias se passaram. Eu era alimentada e acompanhada por um ou outro familiar. Aquelas senhoras com roupas azuis estavam sempre emanando luzes azuis de suas mãos. Elas pareciam Nossa Senhora. Sua beleza e pureza eram admiráveis e me acalmavam. Aos poucos, fui me sentindo mais forte. Senti que minhas células espirituais, aquelas que pertenciam àquele corpo iam se recompondo. Fui entendendo o que tinha acontecido comigo e percebendo que estava sendo tratada e cuidada com muito amor naquele plano. Entendi também que todos aqueles que me visitavam também estavam sendo tratados naquele plano. Uns em um lar específico de tratamento, e outros, em outro. Cada ser, no seu pós-morte, é tratado onde for necessário. Eu precisava recuperar minhas forças físicas, aprender das minhas necessidades básicas, lembrar quem eu era e me aceitar, ou seja, aceitar que eu podia melhorar. O medo ia me abandonando naquela dimensão. Eu me sentia cada vez mais forte e segura.

Meus amigos espirituais foram me dando afazeres no mundo espiritual. Primeiramente, me entregavam orações que eu precisava orar incessantemente. De tanto que eu orava, eu decorava. Isso ia fortificando e restabelecendo minhas células de memória. Depois, eles iam pedindo que eu aprendesse a contar novamente de um a dez e de dez a um. Outro exercício era plantar flores em uma mesma sequência, além de especificar a mesma quantia para cada canteiro. Assim, eu ia trabalhando e aprendendo no mundo do meu pós-morte.

Certo dia, em que eu já me encontrava bem melhor, recebi uma visita de Damião. Ele me disse que era amigo de vidas passadas de nossa família e que estava ali para me ajudar. Eu acreditei, pois senti que ele estava falando a verdade. Aprendi, neste plano, a sentir verdades por meio do coração. Então, ele me disse que precisaríamos visitar uma pessoa que havia desencarnado fazia tempo, mas que ainda estava presa nas dimensões quase terrenas, pois tinha medo de desencarnar. Ele me enfatizou que, na região na qual iríamos, eu deveria usar o meu coração, assim como eu estava usando até agora, e que a única forma de não nos perdermos de nós mesmos é pelo coração. Ele envolveu-me com um manto de cor rosa quase perolado, segurou minha mão e seguimos. Entramos em um lugar íngreme e escuro. Ali, havia choros e muito cheiro de umidade. Mulheres e homens gritavam e tentavam se segurar em mim. Parecia que me enxergavam, mas Damião dizia-me que eles não conseguiam me ver, que eles apenas brigavam com seus próprios fantasmas. Ele me disse: "A única coisa que podemos fazer por estas pessoas é orar por elas, para que, no momento certo e individual de cada uma, elas acordem dentro de seus próprios sonhos.". Então, fomos seguindo, até que chegamos em um lugar muito frio. Ali, sentada e encolhida, estava minha irmã terrena. Ela não me enxergava, apenas brigava e xingava. Ela dizia: "Saiam daqui! Eu não quero ir! Vocês todos mentiram para mim!". Percebi que ela estava em sofrimento. Então, me aproximei e busquei em meu coração um momento em que nós duas fomos sinceras uma com a outra, um momento dentro de mim em que havíamos nos ajudado. Por algum motivo, eu sabia que poderia encontrá-la dentro de mim e, com isso, poderia ajudá-la a despertar dentro daquela morte. Foi aí que me lembrei de um momento em que ela e eu conversávamos sobre meu filho, e ela mostrou o quanto de amor ela sentia por ele e o quanto se prontificou para ajudar-me. Chorei neste momento, e ela, de alguma forma que não sei explicar, sentiu a minha presença. Ela se levantou e falou o meu nome. Foi aí que um grande clarão se fez e nós duas olhamos uma para a outra. Abraçamo-nos e choramos. Damião envolveu-nos com seu manto rosa e tirou-nos dali. Ela foi levada para aquele quarto em que eu estava e permaneceu ali para tratamento. Eu me sentia útil e feliz. Estava ajudando a minha irmã a se recompor naquele plano. Muitos ensinamentos foram repassados para mim e aprendi a não ter medo de mais nada. Naqueles momentos, eu aprendia a usar a força de meu coração e a ler os seres por meio dele. Com o tempo, visitei muitos de meus familiares, tentando repassar mais e mais amor. Alguns me sentiam, outros ainda não estavam prontos para sentir-me. O amor com que eles pensavam sobre mim me ajudou muito na minha recuperação nesta dimensão. Se não fosse o amor deles e suas orações, talvez eu ainda estivesse envolvida naquele grande medo que me acompanhou durante a vida e depois da morte. Por isso, é importante orarmos pelos nossos falecidos. Se tivermos de pedir perdão a eles ou perdoá-los de alguma coisa, é importante que o façamos. Não importa que não seja pessoalmente, o que vale é a intenção. Pedir perdão é indescritível. A energia do perdão vibra pelos inimagináveis mundos dos reinos dos Céus.

REFLEXÃO SOBRE O LUTO
Pelas energias de Natan

A morte é momento de transição em que a vida se vai, ficando o vazio deixado pela pessoa que parte, mas também é momento de reflexão para os que ficam. Tudo é analisado pela dor e sofrimento pela perda do ser que amamos.

A tristeza é inevitável porque sabemos que, por imensurável tempo, talvez por um tempo eterno, ficaremos sem o ser que partiu. Este pode ou não se apresentar em sonhos, e nem todos poderão vê-lo. A distância permanecerá por toda a vida terrena, e nos fará pensar no que foi e no que não foi feito para que essa vida fosse mais desfrutada em toda a sua plenitude. As lembranças ficam guardadas na mente para o momento em que desejemos buscá-las.

A morte é o momento em que as pessoas devem refletir e perceber que a vida é uma passagem. A morte é um momento de transição, em que um vazio se mostrará como inevitável luto pelo ente querido.

O luto não deve permanecer nos que ficam como um buraco negro, prendendo-os à dor e ao sofrimento, não deixando, também, os que partem terem o seu descanso.

É preciso olhar a vida e os que ficam e buscar no amor a força para continuar. No sofrimento, o aprendizado. Na oração, o descanso para os que partem e o consolo para os que ficam cumprindo sua jornada. A vida e a morte fazem parte do ciclo natural de cada ser. Na Terra somos sempre eternos aprendizes.

Nardini – vivo, mas morto
Pelas energias de Natan e Nardini

Na sacada de minha casa, em uma cadeira confortável, observo o vasto jardim com o verde a perder de vista. Lembro-me de que muito fui convidado para ali correr e brincar, mas nunca reservei tempo para aceitar os convites feitos por meus filhos. Fui escravo do dinheiro, obcecado pelo poder que me cegou.

Hoje, aqui, tenho as lembranças, companheiras inseparáveis, amáveis e, também, cruéis. Vejo que não deixei aos meus filhos o que a mim fora deixado por meu pai. Seu toque, seu carinho a mim dedicado, as partidas de futebol, neguei tudo isso aos meus filhos, por estar sempre ocupado, correndo atrás da fortuna que hoje tenho. Dei a eles tudo o que eu julgava importante. Quanto engano! Poderia ter dado muito mais! Poderia dar o que não era material, e o que deles ninguém tiraria: a boa lembrança do pai presente. Isso eu não permiti que eles tivessem, sempre deixei meus criados fazerem o papel de pai.

Quanto à minha esposa, nem sei se me amava, ou se era o dinheiro que ela desejava, tanto ou mais do que eu. Frequentávamos as grandes festas sociais, bebida cara circulava pelo salão, entre o brilho das joias que as damas da alta sociedade faziam questão de mostrar como forma de poder, aguçando a inveja e a cobiça da ambição humana. Esses sentimentos cresceram em mim e em minha companheira, que seguiu meus passos encantada pelo dinheiro e pelo poder que ele oferecia. O tempo era ocupado com essas futilidades, deixando coisas simples e importantes de lado.

Hoje vejo que meus filhos seguiram o que lhes foi ensinado. Eles se agarraram ao poder e ao dinheiro como se fossem o mais importante. Não mostrei a eles a base de uma família, foram poucos os aniversários que com eles passei. O tempo passou e vejo à minha frente dois homens quase estranhos. Não parecemos pai e filhos, e sim homens de negócios frios e objetivos, relação em que o poder é o que importa. Máquinas humanas que visam apenas possuir cada vez mais, muitas vezes atropelando os que ousam a frente estar, assim fui por toda minha vida.

O dinheiro me deu muito, mas também levou um pouco de minha alma. Levou minha simplicidade ao me considerar superior a muitos que por mim cruzaram. Agi como dono de muitas pessoas, entre elas, uma criada a qual desfrutei de seu corpo jovem e bonito, deixando nela um filho que não fui digno para registrar, mas que hoje sei que foi o melhor de mim que deixei, é esse que, ao meu lado, está nesse momento de profunda solidão.

Sua mãe ainda é minha criada, e o manteve ao meu lado sem nunca me cobrar pelo fato de eu ser seu pai. E eu, egoísta com o filho legítimo, neguei a ele tudo o que aos outros foi dado. Hoje, ele é quem me dá a atenção que os outros me negam.

Minha mulher, obcecada pela beleza, se deixou levar pelos devaneios da eterna juventude e acabou partindo em uma das tantas cirurgias. Hoje vejo a vida fútil que levávamos. Agora tenho todo o tempo, pois estou doente e preso a uma cadeira. Observo toda esta propriedade e percebo que nunca cheguei até o final de toda ela. O dinheiro nos cega, não permitindo que vejamos a dimensão do que temos. Nem dá tempo para desfrutar o que nos pertence.

O poder é compulsório. Quanto mais se tem, mais se deseja ter. Tornamo-nos escravos ao perdermos a própria identidade no obscuro universo que criamos.

Hoje sei que tudo que construí me trouxe uma fortuna imensurável, mas também me tornou pobre, ao me fazer perder a maior riqueza, a essência do ser humano. Esta não se encontra no dinheiro, e sim nos valores puros e íntegros de um homem.

Sinto-me só. Os criados são meus companheiros, assim como os tantos pensamentos que chegam em meu silêncio. Os filhos, pouco vejo, mas hoje eu consigo sentir o quanto eles sentiram falta do pai nos momentos difíceis, em que eu nunca estive presente. Não posso cobrar deles o que eu nunca lhes dei, amor e atenção.

Hoje, quem eu nunca reconheci como filho empurra minha cadeira para o passeio no vasto jardim. Como verdadeiro amigo, ele me faz calar e escutá-lo, como uma criança atenta escuta um simples ensinamento. Ele colhe uma flor daquele jardim e a coloca em meu colo, e percebo que nunca toquei uma daquelas flores, por julgá-las simples demais. Essa simplicidade, agora, me enche de alegria. Ela sempre esteve comigo, mas foi ignorada por mim.

Esse jovem sorridente me fez ver que o dinheiro que lhe neguei não lhe fizera falta, pois ele é verdadeiramente feliz dentro de sua simplicidade. A mulher que usei como um brinquedo tem um grande coração que não sabe odiar. Ela deu estudo a nosso filho e tornou-o médico, que agora me cuida com zelo, sem imaginar que esse homem também é seu pai.

Sinto muita vergonha de meu orgulho descabido que me fez sentir superior. Hoje sei que não foi o jovem quem perdeu, eu é que não mereci me considerar seu pai. À sua mãe, pedi perdão, e ela se mostrou muito superior a mim ao me dizer: "Eu sempre te perdoei. Você me deu o meu maior presente, o filho que tanto amo. Ele é o meu verdadeiro tesouro. Somos felizes.".

Tal resposta me fez ver que mergulhei na felicidade ilusória que o dinheiro nos oferece, e essa eu sei, não me tornou completo e feliz.

Sei que o tempo segue o seu ciclo e que o meu tempo se encerra. Sinto-me cansado, já não posso mudar o que fora feito, pois tudo que adquiri já não mais me pertence. Meus filhos têm cada parte do império que ergui. Fui por eles interditado, tiraram de mim o direito de comandar, alegando não ter mais condições.

Hoje, velho e doente, vejo o triste fim que me aguarda nessa vida fútil que construí colhendo os frutos que plantei. Vejo meus erros passarem à minha frente como um filme. Eu queria parar o tempo e consertar o que fiz de errado, criar algo que me fizesse sentir vivo nas paredes da construção, e não apenas ser lembrado por ter sido o dono de um império, erguido no sofrimento de outras pessoas a cada casa que derrubei.

Vejo os dias passarem e me sinto triste por saber que parto enclausurado em minha solidão, deixando um império e lavando minha alma ainda pobre de aprendizado e evolução.

REFLEXÕES SOBRE A RAIVA

A raiva é um sentimento que existe dentro de todo o ser, mas em alguns ela foge do controle, como fera que se alimenta de mágoas, de ressentimentos e de rancor.

Sentimentos pesados como a raiva podem causar destruição, tanto no corpo físico quanto no espiritual, podendo deixar marcas profundas quando não se tem controle sobre ela, que muitas vezes grita forte dentro de nós como fera pronta para atacar o ser que, visto como inimigo, se torna vítima de toda a sua fúria.

O raivoso fica cego e sem piedade, olha para a vida sem lhe dar o devido valor, esquecendo que ela é preciosa. É a maneira que Deus encontrou de nos dar oportunidades de nos redimirmos de nossos pecados da carne, para que, na partida, tenhamos a certeza de que houve oportunidade de cumprir nossa missão.

Nem sempre é assim, muitos vem para trabalhar esses sentimentos que em outras vidas tanto os fizeram sofrer, assim como a todos com quem conviviam, mas acabam cometendo os mesmos erros.

A raiva é um sentimento que muitas vezes se sobressai dentro do ser que a carrega, podendo chegar ao mal maior, o ódio, sentimento sombrio e destruidor. Permitir-se carregar esses sentimentos é envenenar não só o corpo físico, mas também a alma, não se permitindo ser feliz. Onde a luz do sol não brilha, não existe felicidade.

Se eu pudesse voltar o tempo
Pelas energias de Damião e Hipólito

Se eu pudesse voltar o tempo, eu faria tudo diferente. Olharia intensamente nos olhos das pessoas, buscando nos olhos de cada uma delas o porquê de interagirmos. Eu não teria pressa em dormir, tampouco em acordar. Cuidaria mais de mim. Me regaria com amor todos os dias. Agradeceria a cada dia vivido e a cada situação boa ou ruim vivenciada.

Se eu pudesse voltar o tempo, não teria tanto medo. Eu agiria com fé, sabendo que estou sendo guiado por um condutor muito maior, mais sábio e divino do que eu. Ouviria o som da vida com as suas notas ascendentes e descendentes.

Eu tive muita pressa quando estava aqui. Quantos olhares eu deixei de observar por estar hipnotizado pelo Senhor Tempo. Quantas vezes eu poderia ter calado, mas pela minha falta de fé, criei um discurso mentiroso e fantasioso. Quantas mentiras eu criei para mim mesmo, achando que era verdade. Só hoje eu percebo a ilusão errônea em que vivi. Só hoje eu percebo o que eu poderia ter feito e não fiz.

Encontro-me submerso na morte. Não tenho mais lágrimas para chorar. Não tenho mais dor para sentir. O que me resta agora é seguir em frente na roda reencarnatória. Já me encontro limpo e despido de memórias involutivas. Já estou preparado para reencarnar.

Aulas, conselhos, energizações, simulações e muito preparo para poder entrar na energia ilusória da vida. O corpo físico age como uma corrente presa aos pés de um pássaro, impedindo-o de voar. Assim, muitas vezes nossos corpos superiores ficam presos e sufocados dentro da energia pesada do plano terreno.

Antes de reencarnar, aprendemos técnicas para não nos esquecermos de nossa origem, mas, na maioria das vezes, o ímã errôneo da reencarnação nos aprisiona de tal forma que acreditamos que a vida tem um fim em si mesma. Mal sabemos nós que a vida se expressa de várias formas, em infinitos e imensuráveis níveis de Ser. Morte e vida são uma coisa só. Significam apenas trocas de veículos para um dia regressarmos à nossa verdadeira estrela. Nessa estrela, todos somos um e somos únicos na Lei do Amor.

Fiquei preso em muitas encarnações, totalmente inerte nos problemas que eu mesmo criara naquelas existências. Mal sabia eu que nada daquilo seria para sempre, e que eu deveria ter encarado a vida como apenas uma passagem de ida, sem volta à mesma estação, mas repleta de aprendizados.

O DOM EXISTENCIAL

Pedro Cervantes é um grande produtor de café, herdara do pai a fazenda que fizera crescer, tornando-se um grande exportador de café.

Casa-se com Isabel, prometida a ele em um acordo entre a família Cervantes e a família Amaral.

Quando Isabel engravida, Pedro fica feliz e não esconde o desejo de que o seu filho seja varão. Durante a gravidez, tudo segue normal e todos os cuidados são tomados para que tudo corra bem. Orlando, o médico da família, sempre vem para as visitas tradicionais a pedido de Pedro.

Finalmente, chega o momento tão esperado. O médico é chamado para fazer o parto de Isabel, que é difícil, devido à posição da criança. Após várias horas de tentativas, a criança nasce e o médico constata que é menino. A criança, porém, nasce com má formação nas pernas. Isabel percebe isso logo que o vê, e diz ao médico: "Cuide dele para mim.". Cansada, ela adormece.

Quando Pedro entra no quarto para ver o filho, o médico lhe fala da deformação. Pedro se revolta e rejeita o filho. Ele diz: "Não quero um filho deformado, todos irão comentar que não fui capaz de fazer um filho normal. Diga à minha esposa que a criança não resistiu.". O médico, sem alternativa, faz o que o poderoso Cervantes determina, mas antes pergunta a ele: "O que faremos com o menino?". A resposta deixa o médico assustado: "Você saberá o que fazer. Como médico, deve ter uma maneira para que ele não sofra. Se viver, todos sofreremos.". Quando o médico pega o menino nos braços, olha no fundo de seus olhos e se comove. O olhar do menino é forte e expressivo. O médico sente algo que não consegue explicar, pega o menino e sai dizendo a Pedro que logo retornará. Diz, ainda: "Quando Isabel acordar, conversaremos com ela.", e sai levando com ele o menino que Pedro nem quis ver.

Ao chegar à sua casa, Dr. Orlando é recebido pela criada, que percebe que ele tem um bebê nos braços. Ele diz a ela: "Ninguém pode saber que essa criança está aqui. Tive ordens do próprio pai para matá-la, mas não tive coragem. Isso foge aos meus princípios como médico, pois jurei lutar pela vida. Você precisa me ajudar a escondê-lo aqui até eu resolver o que farei.". A criada Jussara, comovida, cuida do menino.

Quando Orlando retorna à fazenda logo cedo, diz a Pedro: "Eu cumpri suas ordens, agora precisaremos conversar com sua esposa.". Quando chegam ao quarto, Isabel pergunta pelo filho. Eles contam a ela que a criança não resistiu. Isabel pede para vê-lo e o marido lhe diz: "É melhor que não o veja. Teremos outros filhos, Deus não quis que esse fosse nosso, precisamos nos conformar. Já providenciei para que seja enterrado no cemitério da fazenda.". Isabel chora a suposta morte do filho, enquanto o médico a examina, sentindo pena por seu sofrimento.

O tempo passa e o menino segue aos cuidados de Jussara. Ela diz ao doutor: "Falei com meu marido, não temos filhos. Se o senhor não se importar, gostaríamos de ficar com ele.". Orlando, surpreso, fica feliz e diz a ela: "Te ajudarei no que for preciso para criá-lo. Eu serei o padrinho, se me permitirem.".

O tempo passa. O menino é batizado com o nome de Miguel. Ele já tem três anos. Jussara e o marido o criam com todo o amor, como se fosse seu próprio filho. A casa em que moram é simples, com o conforto que suas posses permitiam. Com o decorrer do tempo, percebem que precisam levar o menino para um lugar de mais recurso. Orlando combina com Jussara e o marido para morarem na cidade com ele. Para que ninguém veja o menino, eles partem durante a noite.

Antes de viajar, Orlando é chamado por Pedro para que examine sua esposa, que não se sente bem. Quando chega à fazenda, o doutor é conduzido ao quarto de Isabel para examiná-la e constata que ela está grávida. Quando dá a notícia a Pedro, ele diz ao médico: "Quero que você faça o parto, porque se este filho for como o outro, tu saberás o que fazer. Sei que estás indo para a cidade, mas sei que não se negará a vir examinar Isabel sempre que necessário.". Orlando se compromete em acompanhar a gravidez de Isabel. Todos os meses, a visita é feita. Isabel comenta com o médico que sente o marido estranho desde que ela engravidou novamente. Ela diz: "Parece que ele me culpa por nosso filho não estar aqui. Lembro-me do rosto e dos olhos expressivos de meu filho, nunca o esqueci. Vi também, quando o pegaste, que havia algo errado. O que era, doutor?". O médico faz um breve silêncio e lhe diz: "É melhor que esqueça." Isabel insiste: "Mas era meu filho! Quero entender o que aconteceu.". Orlando acaba contando que o menino nasceu com uma deficiência nas pernas. Ele pede a ela que não se preocupe, pois isso não aconteceria com este outro filho. Diz ainda: "Fique tranquila e não comente com o seu marido sobre nossa conversa. Ele ficaria descontente por eu ter lhe falado sobre o menino. Agora preciso ir, tenho uma longa viagem até a cidade e ainda tenho de atender um paciente hoje. Retornarei no próximo mês. Siga minhas instruções e, se precisarem que eu venha antes, me chame que eu virei.".

Ao chegar à cidade, Jussara lhe pede que examine o menino: "Ele tem chorado muito, doutor, parece sentir dor.". Após examiná-lo, Orlando resolve levá-lo ao hospital, e lá conversa com um amigo também médico. Os dois constatam que a coluna do menino precisa ser operada, pois parece comprimir os órgãos conforme ele cresce. Se uma cirurgia não for feita, talvez, ele não chegue à fase adulta. Orlando, pensativo, não sabe o que fazer, pois tem seus compromissos, e uma cirurgia como aquela teria de ser feita em um lugar com mais recursos. O amigo lhe fala de um médico famoso na Suíça, onde aquele tipo de cirurgia já fora feito com sucesso.

Orlando conversa com Jussara e com Antônio, seu marido, e lhes fala que precisa viajar com o menino para que a cirurgia seja feita. Eles dizem que não têm dinheiro para tamanha despesa. O doutor lhes diz: "Tenho umas economias, e sou o padrinho de Miguel, farei o possível para que ele fique bem. Precisarei apenas que você, Jussara, me acompanhe, pois é uma longa viagem.".

Orlando realiza o parto de Isabel, que dá à luz uma linda menina, que foi chamada Manuela. Orlando diz a Pedro: "Precisarei me ausentar por um tempo, vou viajar para fora do país para fazer uma especialização. Deixarei em meu lugar um amigo, retornarei após alguns meses. Se precisarem, podem contar com ele.".

Orlando segue viagem para a Suíça acompanhado de Jussara e do menino. Assim que chegam Miguel é conduzido ao hospital, onde faz exames e tem a consulta com o médico especialista que fará a cirurgia. Orlando faz questão de acompanhar tudo, inclusive a cirurgia, em que parte da coluna é refeita, para que os órgãos tenham espaço para desenvolverem. Algumas complicações ocorrem, deixando os médicos preocupados. Quando tudo parecia perdido, o menino começa a reagir, deixando os médicos surpresos. Jussara diz a Orlando: "Rezo todos os dias e sei que Miguel tem uma proteção divina. Senti uma luz verde no momento em que orava e pedia por ele. Esta envolveu o corpo do meu menino.". O médico a escutava em silêncio, respeitando sua fé.

Enquanto o menino se recuperava, Orlando faz um curso no hospital, uma especialização na parte óssea do corpo.

O menino deixa a todos encantados com sua esperteza, pois com quatro anos já lia e contava histórias, demonstrando uma inteligência fora do comum para um menino de sua idade. Jussara, orgulhosa, diz: "Ele aprende fácil e também gosta muito de música, fica calmo e muito feliz quando colocamos para que ele escute.".

Os dias passam e o menino se recupera rápido, demonstrando uma força interior muito grande que o faz lutar pela vida. Quando já recuperado, retornam às suas casas. Jussara está ansiosa, pois sente saudade do marido, que não vê há quatro meses. Quando chegam, ele os aguarda ansioso e feliz. O menino agarra-se ao seu pescoço, expressando saudade e alegria ao vê-lo. Antônio se emociona, dizendo: "Calma, menino, agora ficaremos juntos!". Muito feliz, ele beija a mulher, cumprimenta Orlando e eles seguem para casa. No caminho, Antônio lhes coloca a par de tudo que ocorreu enquanto estiveram fora.

Após descansar da longa viagem, Orlando segue para o hospital. Retorna ao trabalho cheio de novidades sobre o curso que fizera enquanto esteve fora.

Jussara e Antônio moram em uma casa nos fundos da casa de Orlando. Há anos trabalham com sua família e com ele permanecem desde a morte de seus pais em um acidente. Orlando tem por eles confiança e carinho, como se fossem da família, e ele os ajuda a criar o menino.

Na casa de Orlando há um grande piano na sala, era de sua mãe. Miguel pede ao doutor para aprender a tocá-lo e Orlando contrata uma professora. Ela fica encantada com a facilidade que o menino tem para aprender. Em poucas aulas, ele já consegue tocar.

Certa tarde, enquanto Jussara cuida dos afazeres na casa de Orlando, o menino está ao piano. O doutor chega e se emociona ao escutar o menino tocar a partitura que estava sobre o piano, que era a música favorita de sua mãe. Ele se lembra, com muita saudade, dos momentos em que sua mãe tocava aquela música suave para ele. Ele diz a Miguel: "Você me surpreendeu, pois essa era a música favorita de minha mãe. Se ela fosse viva, se orgulharia de você, assim como eu estou orgulhoso. Venha tocar sempre que sentir vontade!". O menino sorri e o médico sente como se ele tivesse sido enviado para trazer um pouco de alegria àquela casa, que estava tão triste desde a morte de seus pais. Era tudo monótono e sem sentido até o surgimento do menino, uma criança feliz, apesar de suas limitações. Isso despertara cada vez mais o desejo de Orlando de ajudá-lo a superar suas dificuldades e o preconceito, provando que era possível viver, mesmo com limitações, e ser feliz.

O tempo foi passando. Foi feita uma cadeira adaptada para ele. Com ela, Miguel consegue andar pela casa com mais facilidade, sem depender tanto dos outros. Ele sempre surpreendia seu pai com alguma nova criação, além dos quadros que fazia e que eram vendidos por Antônio. Com o dinheiro das vendas, ele comprava material para seguir com sua arte, e com o que sobrava ele fazia questão de ajudar nas despesas da casa.

Miguel é dono de uma alegria que contagia a todos em sua volta. Ele é determinado e não permite que sintam pena de sua condição, demonstrando na música um talento que surpreende. Ele é reconhecido e valorizado pela professora Lúcia, que lhe ensinou a tocar. Ela o convida a se apresentar no teatro da cidade. No dia da apresentação, ele é aplaudido de pé ao tocar o piano como um grande profissional. Ele encerra a apresentação com uma linda canção que emociona a todos. Naquele momento, Lúcia tem a certeza de que a música é o caminho de Miguel, que nascera com aquele dom tão maravilhoso.

Ao chegar em casa, Jussara o espera com um jantar, pois aquele era um dia especial, já que Miguel cumpria 19 anos. Orlando leva Miguel até a sala e lhe diz: "Aqui está seu presente.". Miguel fica muito feliz, pois era o piano que ele dizia ao seu pai que juntaria dinheiro para comprar. Miguel, após agradecer o presente, diz que se dedicará à música de corpo e alma, e assim o fez.

Com o tempo, Orlando tinha cada vez mais tinha a certeza de que havia feito a escolha certa ao não desistir daquele menino, que hoje era homem feito. Miguel era um exemplo de superação, e provava que tudo é possível quando se acredita e luta pelo que se quer. Foi assim que ele se mostrou na música, um grande artista, feliz e determinado em seus objetivos.

Em uma das apresentações no teatro, Miguel conhece Durval. Os dois se tornam amigos. Durval o leva para vários lugares, e os pais de Miguel não se preocupavam, pois sabiam que Durval era de família boa e que seria muito importante para Miguel ter amigos. Eles conversam sobre tudo. Certo dia, Durval fala ao amigo sobre uma jovem que conheceu. Seu nome é Manuela, e ele ficou interessado nela. Durval diz: "Ficamos de nos encontrar outras vezes, a conheci no baile em que estava com a família. Seu pai é exportador de café, assim como o meu.".

Durval leva a jovem ao teatro onde o amigo se apresenta. Manuela fica encantada pela música tocada e cantada por Miguel. Ao final da apresentação, Durval apresenta seu amigo à jovem, e ela sente algo estranho. Ela comenta com Durval: "Sinto como se eu já o conhecesse há muito tempo.".

Durval e Manuela começam a namorar e, sempre que vão à cidade, ela pede que ele a leve para ver o amigo cantar. Em casa, ela comenta com os pais que conheceu um artista, e que gostaria que eles também o conhecessem quando fossem à cidade. Sua mãe lhe diz: "Assim que eu me sentir melhor te acompanharei para conhecer esse artista que tanto te encantou, minha filha.". Nesse dia, Isabel não passa bem e Orlando é chamado. Ao chegar à fazenda, o doutor encontra Isabel debilitada e pede que Pedro a leve à cidade para fazer uns exames. Isabel vai uns dias para cidade, acompanhada da filha. Os exames são feitos e o doutor constata que Isabel tem um problema nos pulmões e que precisa de cuidados. Ele aconselha que ela fique na cidade por algum tempo fazendo seu tratamento. Ao conversar com Orlando, ela diz: "Preciso melhorar, pois minha filha deseja que eu conheça um rapaz que se apresenta aqui na cidade, no Teatro Mauá, você o conhece, doutor?". Orlando fica sem reação, mas tenta disfarçar, dizendo: "Já o vi cantar, sim, é um jovem muito talentoso. Não sabia que sua filha o conhecia.". Isabel lhe diz: "Ela foi ao teatro com o namorado, Durval, e foi apresentada a ele após vê-lo tocar e cantar. Ela ficou encantada com seu talento.". Orlando sabe que o encontro de mãe e filho será inevitável e resolve deixar que o destino se faça cumprir.

Quando Isabel se recupera, Durval as convida para irem ao teatro. Ao assistir o jovem tocar e cantar, Isabel se emociona e não contém as lágrimas ao ouvir a melodia que tanto gostava de ouvir tocada e cantada com tanta perfeição. Além disso, aquele rosto lhe era familiar. Ao ser apresentada a Miguel, ela sente algo forte em seu coração, como se o conhecesse há um longo tempo. Ele lhe fala, alegre e sorridente: "Meu amigo fala muito de você, espero que tenha gostado do espetáculo!". Ela o observa na cadeira e, ao olhar no fundo de seus olhos, se lembra do filho. O olhar tem o mesmo brilho, isso ela nunca esqueceu, além dos traços fortes que lhe lembrava do marido. Isabel se despede do rapaz, dizendo: "Adorei a apresentação. Certamente voltarei outras vezes.". Ela parte com várias dúvidas que a faz querer saber mais sobre o jovem cantor. Ela faz várias perguntas a Durval. Ao saber que ele é afilhado de Orlando, se questiona o porquê de ele ter omitido isso. Aquelas coincidências não saem de sua cabeça. Isabel diz a si mesma: "Não pode ser o meu filho, ele está enterrado na fazenda.". Mesmo assim, algo não a deixa esquecer essa familiaridade que sente com Miguel, e todas as vezes que vai à cidade, faz questão de ver o jovem tocar. Em uma de suas idas à cidade, resolve ter uma séria conversa com o médico. Ela diz a ele: "Tenho muita consideração por você, Dr. Orlando, e sei que podemos ter essa conversa de maneira clara e sincera.". O médico sente que o assunto trará o passado de volta. Quando Isabel começa a falar, seus olhos se enchem de lágrimas. Ela diz: "Aquele rapaz é o meu menino, não é, Dr. Orlando?". Após breve silêncio, ele pergunta: "Mas por que esse assunto após tantos anos, Isabel?". Ela responde: "Porque durante todos esses anos eu tenho sofrido, e sinto que ele está vivo. Quando vejo aquele rapaz, tudo o que sinto retorna. Olhei nos seus olhos e eles têm o mesmo olhar de meu filho. Dr. Orlando, o senhor sabe que estou doente e que, talvez, eu não tenha tanto tempo assim. Não quero morrer com essa dúvida. Eu nunca pude falar com Pedro sobre isso, pois parece que o assunto lhe atormenta. Eu sei que essa resposta é você que me dará, ficando entre nós esse segredo. Vi quando meu filho estava em suas mãos, e você me confirmou que ele tinha uma deformação. Eu sei que meu marido, se soubesse de tal deficiência, rejeitaria o próprio filho.". Orlando diz: "Pois foi exatamente o que aconteceu, Isabel. O seu marido, quando soube da deficiência, não quis o filho e me pediu que tomasse as devidas providências. O menino foi adotado por minha criada e cuidado por ela com todo amor de uma verdadeira mãe.". Isabel lhe diz: "Não me atreverei a mudar isso. Vejo o quanto fizeram por ele e serei eternamente grata a ela, e também a você por tê-lo permitido viver. Deus saberá lhe recompensar, e peço também que Deus perdoe Pedro. Não se preocupe, Orlando, o segredo não será revelado".

Mesmo tendo dito a Orlando que jamais contaria a alguém aquele segredo, muitas vezes, Isabel sentiu vontade de abraçar o filho e dizer com todas as letras: "Eu sou sua mãe!". Ela se continha, pois, no fundo, ela sabia que não seria o melhor, já que o rapaz estava bem. Isabel apenas quis conhecer a mulher que o criou. Quando a conheceu, disse: "Parabéns pelo seu filho, é um jovem adorável e talentoso.".

Em sua casa na fazenda, olhou para o marido e não conseguiu sentir raiva dele, apenas pena pela sua fraqueza ao rejeitar o próprio filho. Ela nunca contou o que havia descoberto.

O tempo passa e Miguel se torna cada vez mais famoso. No teatro, surge um convite para apresentações em países da Europa. Miguel aceita, pois sabe que o reconhecimento fora do país é fundamental para sua carreira. Era a sua chance de dar tudo o que desejava aos seus pais. Miguel convence o pai a ir com ele. Eles ficam vários meses na Europa e retornam cheios de saudades de Jussara. No jantar, Miguel e Antônio contam tudo que haviam conhecido e os lugares por onde passaram. Miguel fala de tudo o que aprendeu e diz para a mãe e para Orlando que deseja construir uma escola de música. Ela é construída por Miguel e a professora Lúcia é convidada para trabalhar com ele. Ela fica muito feliz e confessa a Miguel que esse também era o seu sonho: "Nunca tive condições de construí-la, farei da sua escola a melhor.". Miguel também se mostra um ótimo administrador, sempre atento a todos os detalhes, é respeitado e admirado por todos.

Vários anos se passam e Miguel já não tem mais o pai. Antônio morre de forma repentina, deixando todos muito tristes. Jussara sabe que, mesmo sentindo muita falta do marido, ela precisa ser forte, pois o filho precisará muito dela. O jovem Bonifácio é filho de um amigo de Antônio, e é este quem agora acompanha Miguel nesta fase de sua vida.

Orlando está fora do país e fica triste ao receber a carta de Jussara com a notícia da morte de Antônio, pois ele era também um grande amigo. Orlando fica um tempo fora e, quando retorna, monta sua própria clínica, na qual atende os renomados da sociedade, sem deixar de atender também no hospital os menos favorecidos.

Na fazenda dos Cervantes, Isabel, acamada, não demonstra melhoras e pede para falar com sua filha Manuela, que é chamada na cidade onde mora após ter se casado com Durval. A filha vai rápido para a fazenda ao saber que sua mãe não está bem. Quando chega, Isabel pede para ficar a sós com a filha e lhe conta do irmão, dizendo: "Jurei não falar nada, mas sinto que preciso contar-te. Quero que me prometas que nada fará ao saber do que te será revelado.". E conta para a filha toda a verdade. Após a revelação, Manuela fica sem palavras e agarra na mão da mãe, que lhe diz: "Agora posso morrer em paz, encontrei meu filho e ele é um rapaz especial, pena não termos tido a convivência de mãe e filho. Eu sei que o papel de mãe a mulher que o criou soube fazer muito bem. O destino colocou teu irmão no teu caminho ao torná-lo amigo de teu marido, mas, minha querida, peço que não revele nada de nossa conversa e deixe que tudo permaneça como está.". Manuela entende porque aquele rapaz lhe pareceu tão familiar quando o conheceu.

Do pai, a filha guardava mágoas ao sentir, desde criança, que o pai sempre desejou ter um filho homem. Sentiu isso mais forte quando deu a ele um neto, que ele mimava e tratava com regalias que ela não teve quando criança.

Pedro, após conversar com Orlando, que estava na fazenda atendendo Isabel, entra no quarto da esposa, se senta na cama e lhe diz: "Acho que não fui o marido que você mereceu, perdoe-me.". Ela lhe responde: "Não é a mim que deves pedir perdão.". Nesse momento, Manuela entra no quarto para dar à mãe a janta.

Pedro sai do quarto e fica com as palavras da mulher gravadas em sua mente. Ele sabe da gravidade da doença de Isabel e sente um medo que nunca imaginou sentir: medo de perdê-la. Mesmo seguindo todos os cuidados necessários, Isabel acaba falecendo, deixando a todos em profunda tristeza. Manuela, após a morte da mãe, fica uns dias na fazenda e depois retorna com o marido para a cidade.

Na fazenda, Pedro reflete sobre sua vida e percebe que fez muitas coisas erradas, só percebidas com a morte de Isabel.

Na cidade, Manuela sente vontade de rever Miguel e pede ao marido que o convide para jantar. O convite é feito e aceito. No jantar, ele lamenta a morte de Isabel e Manuela não contém a emoção: "Me perdoem, é tudo tão recente que não consigo me conter ao falar de minha mãe.". Aquele jantar foi a forma que Manuela encontrou de ter o irmão mais próximo. Ele conhece o menino e diz: "O filho de vocês é adorável, mas agora preciso ir. Faço questão de que o próximo jantar seja na minha casa, pois quero que conheçam a escola de música que mandei construir, quem sabe um dia o menino de vocês queira estudar lá.". Durval responde: "Seria de muito gosto para nós, adoramos música.". Ao que Miguel diz: "Então, estão convidados para uma grande apresentação no Teatro Mauá. Enviarei os convites assim que a data for marcada.".

O destino aproxima os irmãos e também coloca Pedro no caminho de Miguel. Pedro vai para a cidade a convite de um amigo para ir ao teatro assistir o musical tão esperado por todos. Antes, Pedro vai à casa da filha, e esta lhe diz que também irá com o marido ao teatro. Manuela queria sentir a reação do pai ao ser apresentado ao filho que rejeitou.

O teatro lota. Quando o espetáculo começa, a abertura é feita por Miguel, que é aplaudido de pé. Pedro, ao observar aquele jovem, fica pensativo. É como se viajasse ao passado ao lembrar-se do filho que rejeitou. Após a apresentação, Manuela faz questão de apresentar Miguel ao pai. Nesse momento, Pedro sente algo estranho, se sente pequeno por sua atitude no passado com o próprio filho e, pela primeira vez, isso lhe pesa na memória. Após aquela noite, Manuela percebe que o pai ficara pensativo e ela entende por que.

Pedro visita Orlando enquanto está na cidade. Quando chega ao hospital, o doutor fica surpreso: "O senhor por aqui!". Ele responde: "É só uma visita, não se preocupe.". Eles conversam um pouco e Orlando lhe diz que o viu no teatro. Pedro exclama: "Fiquei impressionado, doutor, vi o rapaz que tocava e cantava e não pude deixar de pensar no filho que rejeitei. Senti-me o menor ser do planeta. A morte de Isabel me fez refletir sobre minha vida e sobre meus erros.". Ele pergunta de quem Miguel é filho e o doutor responde: "Ele é filho de Jussara e Antônio.".

Pedro fica desconfiado ao descobrir que Jussara e Antônio são empregados de Orlando, o que foi omitido por ele quando conversaram.

Ao descobrir que o rapaz tem 27 anos, Pedro percebe que é a mesma idade que teria o seu filho. A dúvida lhe atormenta, assim como as palavras de Isabel pouco antes de morrer, que não era a ela a quem ele deveria pedir perdão.

Orlando sabia que um dia o encontro de pai e filho poderia acontecer, mas tinha a sua consciência tranquila e nunca se arrependera do que fez pelo rapaz. Acreditava no destino, e sabia que o que era para ser, estava traçado.

Na fazenda, Pedro sente profunda solidão, tudo lembra a mulher. A visita da filha com o neto lhe traz um pouco de alegria. Manuela percebe o pai abatido desde a morte da sua mãe. Pela primeira vez, ela vê fraqueza em seu pai. Aquele homem que sempre impôs sua vontade se mostrava mais humilde e simples ao brincar com o neto.

Na cidade, Miguel participa de várias atividades ligadas à música. Ele também cria uma oficina de arte, em que todo o trabalho feito é vendido e o dinheiro é investido nas crianças carentes da cidade.

O filho de Manuela é colocado na escola de música. Ele aprende com Miguel a tocar piano e a mãe fica feliz pelo menino demonstrar talento para a música. Manuela observa Miguel e o menino e chora, emocionada. Nesse momento, é surpreendida por seu marido, Durval, que lhe diz: "Por que choras?". Ela lhe responde: "Nosso filho já consegue tocar. Estou apenas emocionada.". Manuela sente vontade de contar ao marido toda a história, mas pensa no pedido da mãe, para que tudo permanecesse como estava, e resolve silenciar. No entanto, faz questão de que o menino continue bem próximo de Miguel.

Na fazenda, sentado na varanda de sua casa, Pedro, mergulhado em seus pensamentos, vê toda sua vida passar em sua mente como um filme – as noitadas com os amigos, as tantas vezes que fez sua mulher chorar, o quanto foi arrogante em toda a sua vida, os carinhos que negou à filha, o filho que rejeitou. Ele se encontra em profunda solidão, os amigos raramente o visitam e sua única alegria é a filha com o neto, que trazem um pouco de luz à sua vida tão vazia.

Manuela, preocupada com a saúde do pai, que começa a dar sinais de fraqueza, fica uns dias na fazenda, mas o seu filho adoece e, febril, é levado à cidade para ser examinado pelo médico. Manuela se despede do pai e pede que a empregada não descuide de dar os remédios que ele estava tomando. À noite, Pedro sente um mal-estar e quase não consegue dormir. Pela manhã, ele toma o café e diz à empregada que vai sentar no jardim para pegar um pouco de sol. Ele permanece lá um bom tempo. A empregada vai até ele levar um dos remédios e percebe que ele não se move. Ela corre e pede ajuda a outros empregados, que confirmam que Pedro está morto. Imediatamente, um dos empregados vai à cidade chamar a filha de Pedro. Tudo é providenciado para o enterro.

No enterro do pai, Manuela percebe que agora lhe resta apenas o irmão. Ela resolve quebrar a promessa que fizera à mãe e conta tudo ao marido. Após escutar em silêncio, Durval lhe diz: "Não é justo com você nem com Miguel. Acho que deve contar a ele toda a verdade. Ele ficará triste com a atitude de seu pai biológico, mas sei que também ficará muito feliz por ter você como irmã. Dê esse presente a você e também ao seu irmão. Tem coisas que podem ser mudadas, e foi por isso que o destino quis que vocês se conhecessem e se tornassem amigos.".

Manuela resolve primeiramente falar com Orlando e Jussara. Ela fala da sua vontade de dizer ao irmão toda a verdade, mas que não poderia fazer isso sem saber o que eles pensavam. Diz, ainda, a Jussara: "Você nunca perderá o lugar de mãe. Agora, deixe-me ser a irmã que Miguel sempre teve.". Jussara, muito boa e justa, diz a Manuela: "Não serei eu quem impedirei vocês de terem esse contato de irmãos. Já estou velha e fico feliz que você tenha todo esse carinho por Miguel. Você tem todo o meu apoio para contar a verdade a ele.".

Manuela marca um jantar e conta tudo a Miguel. Após escutá-la em silêncio, ele diz: "É tão triste saber que existem pessoas capazes desse tipo de ato. Estou triste, mas também feliz por ganhar uma irmã e um sobrinho.".

Após uns dias, Miguel procura a irmã e lhe diz: "Falei com o seu marido. Se você concordar, gostaria que trabalhasse comigo, pois preciso de alguém para me ajudar a organizar a escola de música.". Assim, os dois passam a trabalhar juntos.

À noite, Manuela sonha com a mãe feliz, abanando para ela. Pela manhã, Manuela sente uma paz enorme. Pensa na mãe, que deve estar feliz por ela e pelo irmão.

Manuela, junto com Miguel, cria uma instituição chamada Pão dos Pobres, que ampara e ajuda os menos favorecidos. Eles recebem ajuda de empresários e de simpatizantes que conhecem o trabalho de Miguel e a seriedade com que a instituição é conduzida.

Miguel seguia sua vida com as apresentações no teatro e também fora da cidade. Com sua irmã cuidando da escola, ele se sentia mais seguro e viajava despreocupado.

Manuela criou um laço de carinho também com Jussara, que sempre a tratou com amor, por ela ser irmã de Miguel. Manuela descobre que está grávida e todos ficam muito felizes com a notícia. A gravidez é tranquila, e Orlando, ao examiná-la, diz: "Se eu não estiver enganado, você terá dois bebês, pois consigo escutar dois corações.". Quando chega o momento de dar à luz, a suspeita de Orlando se confirma: nascem duas meninas, que são chamadas de Alice e Júlia. Durval fica encantado com as filhas, assim como Miguel, com as sobrinhas. Manuela parecia não acreditar, dizia que elas eram um presente de Deus. Agora o pequeno João tem duas irmãs.

O tempo passa e Miguel sempre vai visitar a irmã e seus amados sobrinhos. Jussara tem a certeza de que essa aproximação foi o melhor que poderia ter acontecido a Miguel, já que ela já estava envelhecendo. Assim, ela sabia que, quando partisse, Miguel não se sentiria tão só.

Eis que a inevitável morte chega para Jussara. Manuela procura estar sempre por perto de Miguel, e as crianças não o deixam ficar triste. Assim, a vida prossegue, as crianças crescem e, Miguel, que conseguiu realizar todos os seus sonhos, deixou apenas um para trás, o de ter um filho. Contudo, doou um pouco da sua paternidade para os sobrinhos que tanto amava.

João sempre acompanhava Miguel sem nunca sentir vergonha do tio, pelo contrário. Aquele homem, que parecia tão frágil naquela cadeira, despertara-lhe profunda admiração por tudo o que construiu.

Manuela tenta convencer Miguel a ir morar com eles, mas ele recusa, dizendo ter a sua casa adaptada à sua condição: "Tenho criados fiéis que cuidam muito bem de mim, não se preocupe.".

No ateliê de sua casa, Miguel pinta um quadro, que será uma surpresa à irmã. Todo o seu talento se mostra na imagem pintada com perfeição e com todo o seu amor: é uma foto de Manuela, Durval e os sobrinhos. Apenas a criada sabia sobre o quadro, pois era ela quem limpava o local e, cada vez que ali entrava, ficava encantada com a perfeição do quadro por ele pintado.

Na casa de Manuela, uma grande festa é organizada, é os 15 anos de Alice e Julia. Miguel fica admirando as sobrinhas que transparecem alegria pela na festa tão esperada. O tio faz uma apresentação ao piano. Depois, diz: "Agora é o meu sucessor quem tocará homenageando as irmãs.". João, um tanto tímido, senta-se ao piano e toca a música favorita das irmãs, deixando-as encantadas com a homenagem e seus pais cheios de orgulho do filho.

O inverno daquele ano chega rigoroso e, com ele, um surto de uma forte gripe que leva muitos à morte. Miguel é uma das vítimas, e se encontra hospitalizado. Orlando percebe que nada mais pode fazer, pois o estado de Miguel se agrava. O temido acontece, o menino que ele permitiu viver parte, deixando todos em profunda tristeza.

Após um tempo de sua morte, Manuela convida João para que a acompanhe à casa de Miguel. Quando chega, é recebida pela criada, que lhe diz: "Tenho algo que preciso lhe entregar.". A criada a conduz ao atelier e a tela é entregue. Manuela que fica encantada com o que vê, a pintura da família é perfeita. Emocionada, ela leva o quadro para a sua casa e o coloca na sala para que todos o admirem.

Orlando entrega a Manuela um documento deixado por Miguel, no qual ele diz deixar os seus bens a ela e aos sobrinhos. Deixa, também, uma carta a João pedindo que ele fique com a escola de música e que dê continuidade ao seu trabalho, pois, assim, ele permaneceria vivo na memória de todos que o conheceram. João seguiu os passos do tio. Antes de começar as aulas, ele fazia questão de tocar a música composta por seu tio – com ela, João sentia a imortalidade de Miguel.

REFLEXÃO SOBRE A SUPERAÇÃO

Pelas energias de Damião, Natan e Tereza.

Quando observamos pessoas com limitações físicas e com largo sorriso nos lábios, batalhando pela sua sobrevivência, entendemos que Deus sempre acrescenta algo a mais quando uma parte é limitada, permitindo a essas pessoas provarem a si mesmas que são capazes de vencer os obstáculos, mesmo com suas limitações. Tais pessoas mostram que podem buscar um lugar no mercado de trabalho com as oportunidades que a elas são oferecidas. A superação as faz erguer a cabeça, provando que é possível viver sem ser visto como um ser incapaz, e sim como alguém que pode mostrar que é útil, sem despertar piedade, e sim respeito por seu trabalho.

Quem vem ao mundo com limitações também tem uma missão, e Deus lhes dará os meios para cumpri-la. Se lhes faltam pernas para andar, encontrarão meios para se locomoverem. Se vierem como surdos e mudos, também poderão ser felizes, mesmo no silêncio do mundo real, pois conseguirão escutar os sons internos que tocam seus corações como música, despertando as belezas da vida nos sons internos. Assim como um cego também poderá ser feliz, mesmo condenado à escuridão, ele encontrará a claridade que iluminará sua vida e guiará o seu caminho.

Acabamos entendendo que as pessoas com deficiência física não precisam de piedade, e sim de quem as façam se sentir úteis e lhes mostrem sua capacidade. Deus nos fez para sermos felizes, independente de nossas limitações.

Não estava nos meus planos
Pelas energias de Damião e Jacinto

Tudo o que Madalena queria era ser mãe. Sonhava que teria uma enorme barriga e que, depois, ao seu lado correria uma linda menininha de cabelos cacheados. Até o nome dela ela já tinha escolhido. Seu nome seria Sara. Desde pequena, Madalena brincava de ser mãe de suas bonecas, e os nomes delas eram sempre Sara.

Madalena era filha única. Vivia em uma família equilibrada, que tinha muitos bens. O pai se destacara no ramo farmacêutico e, com isso, proporcionava para a família bastante luxo. Apesar de ricos eles eram pessoas bem simples, e a melhor companhia da família eram bons livros. Sempre que podiam, faziam saraus literários em casa, para admirar a boa leitura. Eles não tinham muitos empregados, a não ser para serviços mais pesados. A mãe fazia questão de ela mesma cuidar da comida e das roupas. Ela sempre dizia que tinha coisas de que uma mulher não poderia descuidar. Viviam felizes e unidos. Eram admirados, de certa forma, por muitos amigos.

Em um dos saraus literários que promoviam em casa, Madalena conheceu João – um jovem e admirável rapaz que tinha sido seu amigo na infância. Hoje, João era um excelente advogado. Ele havia voltado de longe para cuidar de seus pais, que estavam ficando velhos, e da empresa familiar que precisava ser administrada. João administraria, a partir de sua volta, a indústria fumageira de seu pai. Não era bem o que ele queria, mas, dedicado do jeito que era com sua família, era o que faria. Ele sabia que seus pais ficariam desapontados, caso ele não seguisse nos negócios da família. Então, João voltara para sua cidade com seus livros e conhecimentos de Direito guardados no coração. Um dia, quem sabe, poderia se promover naquilo que ele verdadeiramente amava, o Direito.

Madalena não conseguia parar de admirar João. Ele também se encantou com ela desde o primeiro momento. Passaram o sarau inteiro trocando olhares e sorrisos. Nos intervalos, chegaram a conversar, e ele comentou que ela estava linda e que gostaria de visitá-la qualquer dia. Ela disse que falaria com seus pais e que adoraria recebê-lo.

Madalena estava com 19 anos e já sabia fazer todos os tipos de bordados e pinturas em tecidos que uma mulher pudesse aprender. Havia também feito várias telas, e todas expressavam o corpo gravídico de uma mulher. Não sabia o porquê, mas a gravidez a fascinava. Bebês e crianças também eram os temas de suas telas. Ela não pretendia ir para a faculdade. Tinha medo de deixar seus pais sozinhos, então, estava se preparando para um dia casar e ter muitos filhos. Ela nunca quis muito além disso. Sonhava em casar, ter um bom marido e muitos filhos, já que na família não tinha crianças, visto que seus pais eram filhos únicos e ela também. Brincar com outras crianças, para ela, sempre foi algo raro, visto a pequenez da família. Não tinha primos, nem tios, tinha apenas seus pais, os amigos e os filhos deles.

O encantamento entre Madalena e João cresceu abruptamente. Na primeira semana após o sarau, ele já foi a casa dela e, nesse mesmo dia, a pediu em namoro para seus pais. Eles estavam apaixonados. Ele era simples, sincero e carinhoso, assim como ela. Os pais ambos se uniram e marcaram uma grande festa para avisar aos seus amigos sobre o namoro. Ambas famílias eram muito queridas pelo povoado. A festa teve a presença de muitas pessoas. Festejaram com muita alegria e, naquele dia mesmo, marcaram a data do noivado e do casamento. Em menos de um ano, noivariam e casariam. Tudo muito rápido para alguns, mas maravilhoso para eles, que já estavam loucos para viver juntos. João era tudo o que Madalena sempre sonhara e desejara.

Os primeiros momentos de namoro foram muito comedidos. João era educado e se comportava muito bem. Ele tinha medo de ultrapassar o sinal e ofender a namorada de alguma forma. Eles estavam loucos para se entregar um ao outro, não precisavam esperar o casamento para isso. A mentalidade de Madalena era avançada para a época. Ela achava que deveria ser dele desde os primeiros encontros, mas ele dizia que era cedo e que deveriam esperar, em sinal de respeito aos familiares. Ela provocava João de todas as formas, mas ele nunca cedia. Às vezes, Madalena ficava muito triste com isso, pois estava louca para senti-lo, e ele resistia. Ele era carinhoso, e ela sentia que ele a amava, mas era respeitador. Ah! Ela queria mesmo era que ele deixasse de lado esse respeito.

Nessa época, com todos os preparativos para o noivado, o corpo de Madalena desejava cada dia mais João. Começou a pintar telas de mulheres nuas. Seus quadros mostravam a expressão de desejo de seu corpo e sua alma. Ela vibrava quando pintava. A pintura daquelas telas se mostravam, para ela, como uma masturbação sem toques. Ela se excitava, mas também se acalmava com elas. Assinava a todas as telas como Mado, já que seu nome era Madalena. Seus pais, que viam todas as telas, achavam que não era propício para a época e para uma mulher ainda solteira fazer telas daquele estilo.

João, seu lindo e querido noivo, as admirava. Certo dia, ele se ofereceu para pousar nu para ela. Faltava apenas um mês para o casamento e eles ainda não haviam tido nenhum tipo de aproximação mais íntima. Apenas se beijavam e se abraçavam. Aquilo a intrigava, mas, como estava perdidamente apaixonada, pensava que era porque João estava a respeitando e, com o casamento, ele mudaria.

Madalena estranhou o pedido de João para pintar uma tela com ele em corpo desnudo, já que não se aproximavam um do outro. Ela, porém, não perguntou nada, simplesmente fez. Ficaram horas naquele trabalho. Os dois ficaram juntos por muitos dias. João em momento algum ultrapassou o sinal ou teve uma ereção durante a pintura. Ela se deleitava com o seu corpo másculo e cheiroso. Muitas vezes, tinha vontade de parar tudo e ir em sua direção para abraçá-lo e beijá-lo, mas a expressão de serenidade que ele mostrava em suas faces, assim como em seu membro, lhe impediam de avançar.

Agora faltavam apenas sete dias para o casamento. A tela, em tamanho similar ao real, havia ficado deslumbrante. João se surpreendeu com o trabalho, que vira somente depois de pronto. Para seus pais, Madalena manteve segredo do que estava pintando, pois receou que eles não gostassem do que estava fazendo. Eles poderiam, também, pensar que eles já estivessem fazendo amor, então, manteve silêncio sobre a sua primeira obra de nu masculino. Ela havia se fascinado pelo corpo masculino e gostaria de pintar muitos outros.

Havia chegado a hora do almoço. Era sábado e os pais de ambos estavam reunidos para os detalhes do casamento. Ela percebia que João estava cada dia mais distante e triste. No início, ela pensou que era nervosismo, mas, depois, ficou intrigada com aquilo. Após o almoço, os pais seguiram para a sala de reuniões e liberaram os noivos para darem um passeio. Madalena pegou a mão de João e disse-lhe: "Vamos, vou te mostrar o meu lugar preferido.". Ela sentiu, pela primeira vez, que João teve receio em segurar na sua mão. Ele tremia, parecia estar nervoso.

Uma linda charrete os esperava. Seguiram juntos, mas distantes, naquela paisagem maravilhosa. Ela tentava conversar com o João, mas ele mantinha-se quieto. Ela tentava beijá-lo, mas ele recuava. Até que, não controlando seus impulsos, Madalena parou a charrete, olhou profundamente para ele e beijou-o. Foi aí que ele gritou: "Não!". Ela se assustou, se envergonhou e perguntou, quase chorando: "Por que não? Somos noivos, vamos nos casar. Não podemos ao menos nos beijar? Você não me ama?". Nesse momento, Madalena já chorava. Ele, também chorando, respondeu, com o rosto vermelho de vergonha e de nervosismo: "Madalena, eu sou *gay*. Eu te amo, mas, por mais que eu tente, eu não te desejo. Eu tentei, eu juro. Quando vim morar aqui, tu me fascinou. Achei que poderia esquecer tudo o que vivi com Alejandro, mas, infelizmente, quanto mais eu tentava, mais desejo por ele eu sentia e mais vontade de estar perto dele. Eu me envergonho, minha querida, por somente agora estar te contando isso. Fui fraco, pois, vendo tua empolgação, além do amor que sentes por mim, não tive coragem. E agora, amada e linda Madalena, não sei como voltar atrás em tudo o que já fizemos. Sei que, se desistirmos de tudo, magoaremos profundamente nossos pais e todos que apostaram na nossa união. Eu fico pensando em como será nossa lua de mel e no quanto tu me desejas. Isso me conforta de certa forma, pois quem sabe o teu desejo e o contato dos nossos corpos me façam também te desejar. Perdoe-me. Ajude-me. Eu te peço. Não podemos voltar atrás agora e foi por isso que não te contei nada. Aquele quadro, que você pintou com tanto amor e técnica inabalável, será presente para Alejandro. Nos amamos. Nos desejamos. Mas desde que eu vim para cá, nunca mais nos vimos. Ele também segue sua vida, mas não assumiu compromisso com nenhuma dama. Ele diz que seremos um do outro para sempre. Eu não sei o que fazer com esse amor que me atormenta. Eu amo Alejandro. Eu amo. Eu o quero. Mas e você? Não é justo. Você tem o direito de ter alguém ao seu lado que a ame e que a deseje. Perdoe-me.".

Madalena ouviu a tudo silenciosamente. Nem lágrimas ela conseguiu ter. Todo o seu sonho de uma família feliz, tudo o que ela planejara para a sua vida, muitos filhos, muito amor, muita alegria, o compartilhar cada momento com o seu marido, tudo aquilo estava indo por água abaixo. Ela desceu da charrete e disse, com os olhos entristecidos: "Você poderia ter me avisado. Você não tinha o direito de acabar com os meus sonhos. Eu lhe falei, muitas vezes, que queria ser feliz. Eu acreditei no seu amor.". Então, ela caiu em prantos e gritou aos céus: "Por quê? Por que comigo? Logo eu! Minha carne verte em desejo por ti! Logo eu, que te amo e te quero para sempre ao meu lado! Logo eu, que desejo muitos e muitos filhos! Por que, meu Deus?". E continua em um pranto sucessivo e dolorido.

João tenta abraçá-la, mas ela não deixa que ele chegue perto. Grita-lhe: "Saia daqui! Suma! Seu monstro!". Dentro dela, ela sabia que ele tinha o direito de amar outra pessoa. Ela se enfurece com o fato de que ele esteja contando isso somente agora, tão próximo do casamento, e se entristece porque sabe que não poderá cancelar seu casamento, pois isso entristeceria e, talvez, até adoeceria seus pais. Ela olha para João e chora, dizendo: "Por que não me contou antes? Por que me usou?". Ele, também em choro, lhe diz: "Não tive coragem. Achei que poderia te desejar e ser teu, mas sou de Alejandro. Perdoe-me. Prometo que teremos filhos e que farei de tudo para amar-te e respeitar-te. Prometo que não verei Alejandro. Não te trairei com ele. Isso eu te prometo, minha querida. Perdoe-me. Enquanto tu estiver ao meu lado servirei somente a ti.". Os dois se abraçam e choram juntos. Ela sente que ele está sendo sincero, mas o fim da empolgação e da ilusão de que estava sendo amada e desejada tinha enfraquecido os sentimentos de Madalena. Ela sentia vontade de morrer.

Eles sentaram-se no tronco de uma grande árvore. Ficaram em silêncio, pensando no que ocorrera. Madalena deita a cabeça no colo de João e acaba adormecendo. Sonha e, no sonho, visualiza Sara correndo com seus cabelinhos encaracolados naquele mesmo campo em que eles estavam. A menina grita pela mãe e Madalena, sorridente, também a chama. Ambas estão felizes. Madalena, sonhando, sorri e João sente em seu coração a beleza reveladora daquela mulher. Ele pede perdão a Deus por estar causando tanto sofrimento a ela, mas jura, por sua alma, que a protegerá e será um bom marido, e também dará filhos a ela.

Madalena ficava ainda mais linda enquanto dormia. João sente uma atração inesperada por ela e resolve passar a mão em suas curvas, que estão à mostra no suave vestido de verão. Seus ombros desnudos e seu colo enrijecido lhe chamam a atenção pela primeira vez. Madalena acorda com o corpo já atiçado pelo toque de João e, sem pensar em nada, se deixa levar pelo que seu corpo sente naquele momento. Os dois se beijam. Os dois estão a se desejar. João beija os seios de Madalena e sente que seu corpo também a deseja. A moça corresponde o carinho e lhe diz, em sussurro de prazer: "Quero ser tua agora!" João, obedecendo, levanta-lhe o vestido e sente as pernas de Madalena aquecidas pelo prazer do momento. É nesta hora que ele, lentamente, vai abraçando-a e inserindo, carinhosamente seu membro na moça. Ela geme de prazer, mas também de dor. É a sua primeira vez. Também é a primeira vez de João com uma mulher. Os jovens dançam a sintonia do prazer. Se entregam um ao outro, sem pensar em mais nada. Se ouve apenas o sussurro do gozo não contido. Naqueles intensos momentos, João e Madalena se esquecem da conversa que tinham acabado de ter. Ele se tornou dela e ela dele. Raios de sol iluminam o lindo casal que, abraçado, adormece debaixo de uma grande árvore.

João acorda serenamente e visualiza a bela Madalena em seu colo. Ele agradece a Deus por tê-la feito mulher. Em seu íntimo, acreditava que não conseguiria ter relações com ela. Ele se sentia homem, mas não deixava de sentir amor por Alejandro. Aquele momento com Madalena não tinha diminuído em nada seu amor pelo rapaz, pelo contrário, havia firmado sua proposta de desejo por seu homem. Ele era, sem dúvidas, homoafetivo, e amava ardentemente Alejandro. Madalena desperta também serenamente e sorri abertamente para João. Ela lhe diz: "Obrigada!". Ele, acariciando seus suaves cabelos, lhe responde: "Eu te amo, Madalena. Do meu jeito, eu te amo!". E ela, perdida naquele momento, lhe diz: "Seremos felizes. Te ensinarei a me amar!". Ele concorda, mas sabe, em seu íntimo, que seu coração pertence a Alejandro, e que, por mais que ele se esforce, não conseguirá amar Madalena com toda a sua força. Ele é de Alejandro e Alejandro é dele.

Já é tarde. Os dois se recompõem. É hora de retornar à grande casa. Seus pais já deviam estar esperando. A mãe de João agradece a Deus por seu filho estar enamorado de Madalena. Ela sabia que seu filho era afeminado e sabia que seu marido jamais aceitaria a ideia de o filho ser homoafetivo – ele seria capaz de matar o seu filho, caso soubesse. Jacinto, pai de João, tivera um irmão homoafetivo, que sumiu no mundo, depois que o pai deles soube de sua opção sexual. O homem sempre repetira que filho dele teria de ser macho de verdade, senão, o melhor seria morrer. Soube-se, tempos depois, que o irmão de Jacinto tentara procurar pelo irmão, e este fingiu jamais tê-lo conhecido. Seu coração endurecido não aceitou de forma alguma a decisão do irmão de assumir sua feminilidade. João, de certa forma, sabia que o pai sofria a dor pela perda do irmão, e que, caso ele se revelasse, poderia matar o pai de tristeza. Por isso, ele não se abria e assumira o casamento com Madalena. Ele sentia nos olhos do pai a alegria de seu filho ser homem, mesmo que essa alegria custasse a sua tristeza. João preferira aquietar os seus desejos pessoais e não retirar o pouco de vida que restava de seu pai que, muito além do machismo exacerbado, era amado e prestativo.

João e Madalena retornaram silenciosos para a grande casa. Os dois pensavam nos momentos intensos que tinham acabado de viver. Madalena estava muito feliz, sentia que fizera João homem. Isso valia muito para ela, e uma esperança tomava-lhe a alma, ou seja, nada estava perdido, os dois poderiam ser felizes.

Ao parar a charrete, João beijou a moça na testa e agradeceu por sua confiança e amizade. Madalena apenas falou-lhe: "Te amo. Seremos muito felizes.". Uma dor no peito tomou conta de João. Ele estava traindo Alejandro. Algumas lágrimas rolaram, e Madalena, observando, lhe disse: "Confie em mim. Te farei feliz!".

Madalena chegou esbaforida na grande varanda gritando bem alto: "Vamos ao café! Vamos ao café!". João mostrava certo sorriso, mas sua mãe percebeu que algo triste tomava conta dele. Ela apenas orou a Deus pedindo que iluminasse seu filho e que aquele casamento acontecesse.

Todos estavam muito alegres durante o café, inclusive com João, que sorria bastante. Os planos para o casamento estavam todos traçados. Agora era só esperar o grande dia. Madalena, vez ou outra, pensava em tudo o que tinha acontecido naquela tarde, mas entendera toda aquela revelação de João como algo que ela teria de vencer e transformar. Na despedida de João, Madalena entrega-lhe a tela e diz-lhe baixinho: "Será um segredo só nosso. Te amo!". João retribui-lhe silenciosamente com um beijo na testa. Madalena sorri para ele e novamente lhe diz: "Tu serás só meu, meu querido.". E ele, em um misto de alegria pela força da moça e de tristeza por estar se afastando do seu verdadeiro amor, apenas sorri e se retira na companhia dos pais.

Madalena vai direto para seu quarto, alegre, em seu corpo agora de mulher. Ela amou ser de João e sonha acordada nas muitas vezes que ainda será dele. Mal sabia ela que aquela fora a primeira e a última vez que seus corpos se encontraram. Naquela semana, os noivos, conforme tradição da época, não se veriam. Madalena seguiu com os preparativos para o seu casamento.

João, ao chegar em casa, se debulha em prantos por ter traído Alejandro. Mesmo que Madalena seja doce, mesmo que ela seja perfeita, ela não é Alejandro. Ele a ama, mas não como mulher, e sim como uma irmã. Ele a quer como amiga, e não como esposa, mas sabe que tudo terá de ser assim como está sendo. Seu casamento acontecerá e ele tentará ser um marido exemplar.

João olha sua tela, pintada por Madalena, e visualiza seu corpo nu. Ele lembra ardentemente das inúmeras vezes que ele e Alejandro se entregaram em amor. Alejandro, sim, é sua esposa, ele, sim, é sua mulher. Ele a ama com todo o desejo de um homem. Seus corpos se completam e se atraem. Há uma fissura jamais sentida entre os dois. Alejandro é carinhoso, quente, viril. João ama sentir seu corpo junto ao dele, suas mãos percorrendo o corpo quente e másculo de seu amor. Eles são iguais, e este "ser igual" é o que atrai, o que anima, o que hipnotiza. Eles se amam e juram amor por toda a eternidade. João, porém, volta à sua triste realidade: está se casando e estará se despedindo de Alejandro para todo o sempre porque prometeu para Madalena que será fiel a ela. Ele, João, tem um compromisso com a futura esposa: amá-la e respeitá-la para todo o sempre, mesmo que tenha jurado ser de Alejandro para todo o sempre. Será dele agora apenas em seus sonhos e em suas vontades mais íntimas. João pega um chumaço de papel e se põe a escrever uma carta de despedida para seu eterno amor: Alejandro.

Quanto mais João se despede, mais ele sente seu coração partir. Quanto mais ele explica o porquê de tudo isso, mais ele sente a negação que está fazendo consigo mesmo. Rejeitar este amor é assinar sua sentença de tristeza para o resto da vida. Como viver sem ter Alejandro nos braços? Como não sentir seu forte cheiro e seu breve ronco ao dormir? João chora, desesperado, mas entende que assim deve ser feito e que assim deve prosseguir o seu casamento com Madalena. Além disso, ele deverá fazer a doce Madalena feliz, mesmo em meio à sua forte tristeza.

O jovem, inconformado, mas decidido, revive o primeiro beijo dos dois. Relembra das infinitas noites em que estudavam juntos e, já sedentos de amor, não se revelavam, por medo, um ao outro. Eles se amaram desde o primeiro instante. João visualiza a primeira vez que chegou à sala de aula e sentou ao lado de Alejandro. Este tocou suas mãos em sinal de apresentação e João sentiu um calafrio em todo o seu corpo, como jamais havia sentido. Da mesma forma, Alejandro contou a João que, quando lhe tocou, sentiu o mesmo calafrio e naquele momento soube que João era o seu amor. Alejandro sempre acreditou em um amor de alma e sentiu que João era seu amor de alma. Ele sabia de seu lado feminino e já tentara desenvolver seu lado masculino com uma mulher, mas todas as tentativas geraram grande tristeza e frustração. Quando foi para a faculdade, decidira assumir, sem medo, a sua posição sexual. Decidira também que viveria um grande amor com um homem, se assim acontecesse. Foi aí que conheceu João e, naquele mesmo dia, soube que ele seria o seu amor.

Muitos meses se passaram até que um tivesse a coragem de falar com o outro. Na verdade, isso somente aconteceu porque, em uma das noites em que, no sofá, ambos estudavam, acabaram adormecendo, e, quando acordaram, estavam abraçados. Sem uma palavra sequer, beijaram-se e ali mesmo, e, sem pensar em nada, fizeram amor, mesmo que desajeitados. A partir dali se entregaram de corpo e alma um ao outro. Passaram a morar juntos como casal. Todos na faculdade sabiam, e seus amigos os respeitavam. Tanto Alejandro quanto João eram considerados grandes estudantes e futuros ilustres profissionais do Direito. O relacionamento não atrapalhava em nada a vida deles, com a exceção de que seus pais não sabiam. João vivia com medo de que seu pai um dia soubesse de tudo, por isso, ao receber a notícia de que seus pais o visitariam, resolveu antecipar a visita indo ao encontro deles em sua casa. Foi aí que reencontrou Madalena e mudou todos os seus planos em prol de tudo o que seu pai sofreria, caso ele assumisse Alejandro. Então, João rejeita tudo de mais verdadeiro que já tinha vivido.

Com mãos trêmulas, Alejandro recebe a carta escrita por João acompanhada pela enorme tela. Ele chora incessantemente, mas acredita que um dia eles ainda reviverão esse amor. Na carta, João doa o apartamento para Alejandro e pede que ele cuide de sua casa para os dois. Ainda menciona que jurara fidelidade para Madalena e que não mais o procurará, pedindo que ele também não o faça. Alejandro, desesperado, mas consciente do pedido, resolve seguir sua vida, se preparando para um dia, quem sabe, desfrutar de seu amor com João. Ele o ama. Eles se amam e sabem que jamais amarão outra pessoa. Na carta, João menciona que contara tudo para Madalena. Isso tranquiliza ainda mais Alejandro, que passa a admirá-la e a incluí-la também em suas orações.

Alejandro tinha uma fé inigualável. Ele acreditava que havia uma força criadora presente em tudo. Ele orava ao seu Deus e confiava que na hora certa tudo aconteceria. Ele era calmo, inteligente e muito caridoso. Viera de família humilde, e todo o dinheiro que conseguia juntar mandava para seus pais. Sua faculdade fora custeada por um grande amigo da família, a quem ele agradeceria por toda a vida. Alejandro ajudava pessoas que eram passadas para trás por grandes proprietários de terras e defendia os menos favorecidos por condições iguais de vida. Sua causa era a igualdade entre os homens. Mesmo sendo homoafetivo, os outros o respeitavam, e muitos nem desconfiavam de sua vida íntima. Mesmo se soubessem, Alejandro acreditava que sua agilidade e profissionalismo estavam acima de tudo nesta questão.

O casamento estava acontecendo. Madalena estava lindíssima, parecia uma rainha. João encantara-se com sua beleza e prometera para si mesmo que, naquele dia, não deixaria sua tristeza imperar. Ele faria Madalena feliz. Muita festa. Muitas pessoas. Muita alegria. Os noivos estavam exuberantes. Ninguém percebia a tristeza de João, com exceção de sua mãe que, inquieta, agradecia pelo o que estava vendo acontecer. Ela sabia que o filho tinha um grande segredo, e tinha medo de que ele amasse outro homem secretamente. Ela temia por seu filho, por seu marido e por Madalena, que era tão linda e jovem.

A festa seguiu com pompas e músicas. Os noivos saíram em viagem, acompanhados de pequena criadagem. Todos estavam radiantes. Todos diziam que eles haviam sido feitos um para o outro.

O pai de João sentira-se mal na hora de se despedir de seu filho. Abraçara-o forte e lhe dissera: "Você é meu orgulho, meu filho! Seja feliz!". João chorou com o carinho do pai, e agradeceu, silenciosamente, por estar dando tal alegria a ele. Os noivos seguiram viagem a noite toda. Quando chegaram ao destino, receberam a notícia de que o pai de João falecera de um infarto. João, em lágrimas, se sente em paz, pois ao menos tornou o pai orgulhoso e alegre ao seu respeito. Uma ideia assalta João. Uma voz interior lhe diz: "Agora estou livre para ficar com Alejandro.". Quando pensa nisso, porém, ouve o choro de Madalena, entristecida pela morte do sogro. João se recompõe e se lembra de sua promessa: "Farei ela feliz para sempre!".

Os noivos retornam e o enterro acontece com muita tristeza. O irmão de Jacinto é avisado, e carrega o caixão do irmão com expressão de muita dor e sofrimento. João conhece seu tio e aprende a gostar dele desde o primeiro momento. João, com o consentimento de sua mãe, convida-o a ficar uns dias ali. Sua mãe percebe que o cunhado é uma pessoa boa. Apesar de o marido sofrer a escolha do irmão, ele nunca deixou de amá-lo. O que os vivos não conseguiram ver, porém, é que Jacinto acompanhou o próprio velório e enterro, e que se arrependeu de toda a rejeição que sentira pelo irmão quando estava vivo. Ele amava seu irmão. Jacinto, em espírito, pedia desculpas ao irmão e orava a Deus que lhe desse uma oportunidade de se redimir diante de todo preconceito que sentira em vida. Jacinto se sente extremamente mal com o misto de ódio e amor que havia desenvolvido em vida por seu irmão e pede perdão a ele. No entanto, por ter recém falecido, ele se sente frágil e tonto. Os amparadores espirituais lhe retiram dali e avisam que, um dia, tudo se resolverá e se esclarecerá. A mão da Lei Divina age na hora e no momento certos, ela é piedosa e amorosa, basta confiarmos.

Os meses passam. João e Madalena, em vez de irem morar em sua casa, preferem ficar com a mãe de João, visto a precocidade da morte de Jacinto. Seu tio retorna a sua cidade, mas avisa que estará sempre por perto. O que João jamais suspeitara é que o milionário amigo que custeara a faculdade de Alejandro havia sido seu próprio tio. Coisas inexplicáveis do destino. Seu tio tinha um coração enorme e caridoso, e conseguira repassar isso para Alejandro. Os pais de Alejandro trabalhavam para ele, mas eram considerados da família, e Alejandro era como sobrinho querido.

Nunca mais nenhum beijo ou manifestação de carinho aconteceu entre João e Madalena. Ela acreditava que ele ainda estaria envolvido com a morte do pai. Então, não se aproximava nem fazia qualquer gesto nesse sentido.

Madalena começou a sentir fortes enjoos e dores no peito, vindo a desmaiar em uma das tardes quentes daquele verão. Imediatamente, foi chamado um médico que lhe deu a notícia de que ela estava grávida de cinco meses. Nossa, cinco meses! Todos ficaram radiantes, e ela mais ainda. Sabia que Sara estava a caminho. João também ficara muito feliz. Uma criança. Jamais pensou em sentir-se pai. Ao receber a notícia, lembrou-se de seu amor e soprou para ele: "O nosso bebê, meu amor!". Ao mesmo tempo, abraçou e rodopiou cuidadosamente com a sua doce Madalena. Ele podia não a desejar, mas amava-a e respeitava-a.

A casa estava em festa. O bebê era para logo. Os preparativos deveriam ser feitos. Madalena queria tudo rosa. Ela tinha a certeza de que Sara estava chegando. Ela contara a João sobre o sonho em que vira Sara, naquela tarde, antes do único encontro sexual que tiveram. Ela tinha certeza: Sara estava a caminho e uniria os dois, assim como proporcionou aquela tarde de amor em que ela foi recebida em seu útero por Madalena.

No entanto, nem tudo é conforme os nossos planos... Madalena começou a se sentir muito fraca nos dias seguintes. Sentiu muitas tonturas e quedas bruscas de pressão. Ela vomitava incessantemente e, em vez de engordar, emagrecia. Sua barriga mal aparecia, mas percebia-se que o bebê estava se desenvolvendo, mesmo assim. O médico receitava alguns alimentos mais fortificantes, mas Madalena os rejeitava.

Grandes olheiras se apresentaram no doce rosto da jovem. Ela já estava tão fraca que não conseguia mais caminhar. João estava muito preocupado. Temia, sinceramente, pela saúde da esposa. Chegara a pensar, inclusive, em retirar Sara de seu ventre para salvar a esposa, mas Madalena não permitiria. Ela cansara de dizer que preferia morrer a não deixar que Sara nascesse. Ela dizia que daria sua vida alegremente para sua filha, se essa fosse a vontade de Deus. Três tristes meses se passaram e Madalena se mostrava cada vez mais enfraquecida. Ela agora mal abria os olhos, e falava muito baixinho. João estava inconformado e muito triste. Ele orava a Deus para que cuidasse de sua filha e de sua esposa, e prometera que serviria mais e mais à sua família, caso Madalena se salvasse. Todos estavam muito tristes. Todos sabiam que a jovem não se salvaria, que seria uma ou outra, ou as duas a morrer.

Em uma tarde, o sol ia alto, Madalena pede para chamar seus pais e pede a eles que deixem que seu marido crie sua filha da forma que ele quiser. Madalena pede que a mãe se aproxime e conta a ela toda a história de amor que João viveu com Alejandro. Pede que ela não o julgue e afirma que se isso está acontecendo é porque essa era vontade de Deus. Os pais de Madalena se apavoram, mas, por amor à filha, não julgam e prometem que deixarão a neta ser criada por João e, talvez, por seu futuro marido, se assim acontecer. Aquele momento era muito doloroso e eles fariam tudo que fosse a vontade da filha.

Madalena chamou João e sua mãe e revelou à sogra todo o segredo do filho. Afirmou que ela não seria contra João e Alejandro criarem sua filha. Eles seriam os pais dela. A mãe de João, com o coração apertado, confirmou todas as suspeitas que ela teve durante a vida inteira: seu filho era homoafetivo. Agora ela sabia de tudo o que ele tinha passado silenciosamente para agradar o pai.

Por fim, Madalena, fraca, chamou seu marido e, olhando nos olhos dele, agradeceu por ele ter dado a ela o que ela mais queria no mundo: Sara. Ela, quase que sussurrando, lhe diz: "Eu te amo. Você me fez feliz. Obrigada!". Disse isso com um último suspiro, misturado com um alvo sorriso. Partiu desta existência, deixando a todos uma doce lição de amor. No mesmo instante, o médico fez a cesariana e retirou uma linda e magrinha menina do ventre já morto de Madalena. Sara nascia e Madalena morria. Eis a lei da vida e da morte. Uns nascem, outros morrem. O constante ir e vir das almas.

Madalena é recebida no mundo astral por muita luz azul. Os anjos recebem a jovem senhora que cumprira tão bem e caridosamente a sua missão. Nada acontecia por acaso. Tudo estava escrito.

Sara cresce forte e linda. Ela carrega os fortes traços da mãe. Depois de algum tempo, o tio de João, como é amigo de Alejandro, acaba por promover o reencontro dos dois, mesmo que indiretamente. O amor vem à tona e Sara é criada com todo o amor do mundo, como filha, por Alejandro e João.

De onde está, Madalena observa amorosamente aos seus e se prepara para mais uma missão em outro corpo, porém, desta vez, masculino.

O amor acontece nas mais inusitadas circunstâncias e revela às almas o impossível.

A maior dor é aquela dor preconceituosa que revela as nossas atitudes por meio dos nossos próprios medos, que sufocam as nossas vontades nos tornando prisioneiros de uma grande falsidade. Matamos a nós mesmos e nos encarceramos por nos sentirmos impotentes diante de nossas fragilidades. A vida passa e somente no momento da morte é que nos damos conta de que nossa atitude foi uma grande besteira. É tarde demais!

O FLORISTA
Pelas energias de Natan, Tereza e Ronaldo

Lembro-me do sítio onde fui criado. Um lugar maravilhoso, em que o verde é misturado ao colorido das inúmeras flores que minha mãe cultivava em seu lindo jardim, que era a sua grande paixão. Ela adorava cuidar das flores e foi com ela que eu aprendi a gostar de flores. Aprendi com ela que cada flor trazia uma beleza distinta e seu perfume. Ela falava de cada uma delas com intimidade e muito amor. Tínhamos um grande roseiral, com rosas de várias cores. A cada viagem que meu pai fazia, ele lhe trazia uma flor diferente para se juntar com as tantas que já tínhamos.

Em uma tarde, após ter chegado de viagem, meu pai me convidou para sairmos a cavalo e uma tragédia aconteceu: o cavalo dele se assustou e o derrubou. Com a queda, ele bateu com a cabeça. Quando fui socorrê-lo, percebi que havia muito sangue. Peguei o cavalo, corri para buscar ajuda e retornei com um amigo de meu pai, que se chamava Samuel. Colocamos meu pai na charrete, e eu percebi que ele estava sem reação. Meu pai não me respondia e Samuel me disse: "Calma, Ronaldo. Vamos deixar que o médico o examine.". Minha mãe nos aguardava, muito nervosa, e quando ela se aproximou, desabou a chorar. Sabíamos que ele já havia partido, o que fora confirmado pelo médico ao examiná-lo.

Com a ajuda de Samuel, providenciamos o enterro. Minha irmãzinha Izabel não entendia o que estava acontecendo e perguntava à nossa mãe: "Por que o pai está deitado e dormindo dentro da caixa de madeira?". Minha mãe tentava lhe explicar, de forma não muito dolorosa, que ele estava com os anjos, enquanto que Pedro, meu irmão, ficava agarrado a mim, chorando baixinho.

Eu sabia o quanto seria difícil a vida sem o nosso pai, e realmente foi. Não passávamos necessidade porque grande parte do que consumíamos vinha do próprio sítio. Havia outras coisas que precisavam ser compradas e, por isso, tivemos de nos desfazer de algum gado que tínhamos. O amigo de nosso pai, para nos ajudar, comprava o gado pagando um valor justo, pois ele sabia que precisávamos de dinheiro.

Vendo a preocupação de minha mãe, e sendo o irmão mais velho, eu me sentia na obrigação de ajudá-la, e foi o que fiz. Às vezes, eu ia à cidade e levava algumas galinhas para serem vendidas. Foi em uma dessas viagens que eu, caminhando pelas ruas da cidade, percebi que faltava algo para alegrar as pessoas sempre apressadas que passavam por ali. Quando retornei ao sítio, disse à minha mãe: "Tive uma ideia! Vou construir nessa charrete uma caixa para carregar flores e vendê-las na cidade.". Com a ajuda de minha mãe, colhi as mais lindas flores que tínhamos ali, além de, também, algumas folhagens, e fui para a cidade. Chegando lá, vendi várias, e retornei com encomendas, que foram aumentando. A grande procura era sempre por rosas. Minha mãe as colhia com muito amor, retirando-lhes os espinhos, e todas eram vendidas. Assim, as flores passaram a ser nossa maior fonte de renda. Conseguíamos um bom dinheiro com seu cultivo e venda. Passei a ser conhecido como "O Florista", poucos me chamavam pelo nome.

Com o tempo, consegui comprar na cidade uma pequena propriedade, e ali construí o canto das flores. Fiz um lugar lindo. Minha mãe me ajudou a decorar, e, assim, surgiu a floricultura *Flor de Lótus*. Muitos curiosos me perguntavam que flor era aquela que compunha o nome do estabelecimento, e eu lhes explicava que era uma linda flor que surgia da água, da lama. Muitos me diziam que desejavam conhecer. Um dia consegui colhê-las e as coloquei expostas para que conhecessem, pois cultivá-las não era tão simples, já que necessitavam de um lago.

Nossa vida não era fácil, mas éramos felizes e unidos. Tínhamos muito amor, e este nos fortalecia perante as dificuldades. Minha mãe se preocupava comigo, dizia que eu deveria constituir uma família, mas eu sentia que não era o momento, pois eu precisava ajudá-la, bem como aos meus irmãos. Eu queria, assim como nossa mãe, que eles estudassem, como era a vontade de nosso pai, e assim eles fizeram. Pedro ia para a escola e, quando podia, me ajudava na floricultura. Izabel ajudava nossa mãe nos afazeres do sítio. Quando eu a vi acompanhada de um jovem que lhe fez um carinho, percebi que a pequena Izabel já havia crescido. Como o tempo passou rápido! Ela se casou e com esse jovem foi morar em outra cidade. Fiquei feliz. Eles se amavam, seu marido tinha posses e daria a ela uma vida confortável. Minha mãe sentia muito a falta de Izabel, pois era também sua companheira.

Com o aumento das encomendas, tive de procurar outros fornecedores. O sítio não conseguia suprir as encomendas, e eu via o quanto nossa mãe se esforçava.

Certo dia, ela me disse: "Meu querido filho, eu não suportaria enfrentar tudo o que passamos sem a tua ajuda, mas eu queria muito te ver casado, e com alguém que cuidasse de ti. Te dedicaste muito a nós, e sinto que deixaste de viver tua vida.". Eu respondi a ela: "Eu sou feliz assim, minha mãe. Talvez eu tenha vindo para ser um solitário.". Ela me diz: "Ninguém nasceu para viver só.".

Passado um tempo de nossa conversa, minha mãe ficou doente. Fizemos de tudo, mas ela não sobreviveu. Enterramos seu corpo junto de nosso pai.

O sítio perdera a alegria e o brilho. Tudo era triste, até as flores já não eram tão vistosas.

Meu irmão Pedro se tornou empresário. Após o enterro de nossa mãe, ele seguiu sua vida, e viajava muito. Minha irmã também retornou para casa com o marido e o filho.

Solitário, caminhando pelo sítio, me lembrei da conversa que tive com minha mãe um tempo antes de sua morte e entendi que o que ela sentia era medo de que eu ficasse só como eu estava me sentindo. Fiquei uns dias no sítio, precisava daquele momento, e foi ali que fiz uma reflexão de minha vida. Não me arrependi de tudo o que fiz por minha família, mas senti que agora eu precisava cuidar da minha vida.

Em minha longa caminhada pelo sítio, avistei no lago a mais linda flor de lótus que eu já havia visto. Ela parecia me chamar. Aproximei-me e a agarrei entre as mãos. Senti como se algo renascesse em mim. Retornei à cidade me sentindo revigorado, voltei ao trabalho e meu empregado me disse: "O senhor parece bem disposto.". Eu realmente estava.

Na floricultura, tudo ia muito bem. Havia sempre várias encomendas, e com isso eu a fechava algumas vezes mais tarde. Em um desses casos, eu fechei a floricultura e saí para dar uma volta. Foi quando me deparei com um choro forte de mulher. Aproximei-me e vi uma mulher chorando sentada na calçada com uma criança nos braços. Perguntei a ela o motivo daquele choro. Ela me pediu que a ajudasse, que não deixasse seu filho morrer. A criança ardia em febre, e eu fui com ela e o menino até o médico. A criança fora medicada, eu comprei os remédios, e a mãe, sem graça, me disse: "Eu não tenho como lhe pagar.". Eu respondi que não se preocupasse que ficaria tudo bem. No caminho, conversamos. Eu falei o meu nome e ela me disse o seu, Márcia. Eu a acompanhei até sua casa, pois já era muito tarde. Ao chegar lá, uma menina aguardava ansiosa a chegada da mãe. Percebi que precisavam de ajuda, passavam necessidades. Fui embora e ela agradeceu muito o que eu havia feito por seu filho. No outro dia, cedo, eu retornei para saber do menino e levei comigo leite, alguns alimentos e frutas. Foi quando eu fiquei sabendo por uma vizinha que Márcia havia chegado há pouco na cidade. Ela perdera o marido há alguns meses, mas não perdera grande coisa, pois ele a espancava quando chegava em casa bêbado, e isso era frequente. De alguma maneira, a morte dele a libertou.

Comecei a visitá-los e, com o tempo, foi surgindo entre nós um sentimento lindo e puro. Ela era carinhosa, senti que era a mulher que me faria feliz, e sabia que eu também poderia fazê-la muito feliz. Conversamos e eu lhe falei de minhas intenções para com ela. Casamo-nos.

Os filhos dela me viam como um pai. Acho que tinham de mim o que nunca tiveram do pai de verdade. Eu os amava como se fossem meus filhos, e Márcia teve um marido de verdade, amigo e companheiro. Nossa sintonia era maravilhosa. Ela passou a me ajudar quando podia na floricultura. Quando íamos para o sítio, as crianças adoravam, pois podiam brincar livres por todo aquele verde que se misturava com as flores que passaram a ser mais lindas. O lugar já não era tão triste, ganhara novamente vida. Eu sentia que onde quer que minha mãe estivesse, ela estava tão feliz quanto eu.

Márcia, assim como minha mãe, adorava flores. Eu a convidei para fazermos um passeio pelo sítio, enquanto as crianças brincavam. Recomendamos o empregado para que as olhasse enquanto isso. Eu a levei ao local onde encontrei a flor de lótus e flor estava lá, linda e encantadora. Márcia também ficou encantada e, quando a tocou, me disse: "Esta flor tem uma energia tão forte que parece nos tocar profundamente.".

Quando retornamos, eu lhe disse: "Sempre gostei dessa flor. Ela tem mistério e energia. Sinto isso quando a toco. Parece que ela me revigora e me enche de energia.". Terminei de falar Márcia e me disse que também sentiu isso.

Vivi com Márcia os anos mais felizes de minha vida. Criei os seus filhos como se fossem meus. Vivemos um amor puro e verdadeiro. Envelheci ao seu lado, me sentindo um homem feliz por tê-la encontrado.

A floricultura seguia firme, mesmo após tantos anos. Tínhamos uma ótima freguesia. Sempre havia encomendas e Márcia aprendera tudo sobre as flores. Quando eu não podia, ela ia até os fornecedores.

O sítio de nossa família ficara para mim. Meus irmãos estavam muito bem de vida e o passaram para o meu nome no dia de meu casamento.

Minha irmã, quando conheceu Márcia, ficou feliz por eu ter encontrado alguém tão especial. Ela, sempre que podia, nos visitava. Meu irmão Pedro aparecia uma vez que outra, pois viajava muito, inclusive para o exterior.

Certo dia, pela manhã, eu observava Márcia mexendo nas flores. Percebi o quanto eu era feliz ao seu lado. Quando ela me viu, se aproximou carinhosamente, me deu um beijo e me disse: "Eu nunca imaginei que encontraria alguém que me fizesse tão feliz. Eu amo você.". Eu a abracei. Nos completávamos.

O tempo passou e eu já não tinha a mesma disposição. O barulho da cidade era atordoante e eu preferia ficar no sítio. Nossa Ana já era mãe de um lindo menino, que corria pelo sítio, nos enchendo de alegria. Ele adorava que eu o levasse para tratar dos animais que tínhamos.

Os finais de semanas eram aguardados por nós com muito amor, pois tanto Ana quanto Felipe passavam o dia conosco, o que nos deixava muito felizes.

Foi no sítio que dei os meus últimos suspiros. Em uma manhã, minha querida Márcia foi à cidade com nossa filha. Nesse dia, eu estava meio indisposto e não quis lhes acompanhar. Elas me deram um beijo, dizendo que não demorariam. Eu lhes disse que caminharia um pouco pelo sítio. Quando elas saíram, eu saí para dar uma volta. Percorri aquele campo admirando as flores que estavam lindas. Quando cheguei próximo ao lago, senti vontade de colher minha flor favorita, a flor de lótus. Retirei-a da água, linda e vistosa, e a levei com cuidado. Quando cheguei a casa, sentei na varanda para descansar e a coloquei sobre minha perna. Uma fraqueza começou a tomar conta de mim e senti um aperto no peito. Olhei o lugar com olhos de despedida e a flor foi me envolvendo com um suave perfume e uma luz violeta. Senti uma profunda paz e a presença de minha amada mãe... Com ela eu segui.

Quando Márcia retornou com Ana, me encontraram já sem vida. Foi um momento de profunda tristeza para elas e também para Felipe, que veio imediatamente para o sítio quando soube do ocorrido.

Fui enterrado junto aos meus pais. Minha irmã estava muito emocionada, acompanhada de seus filhos. Meu irmão Pedro não chegou a tempo, pois estava em uma longa viagem de negócios.

Sobre minha lápide, Márcia colocou a flor de lótus. Todos seguiram suas vidas, mas Márcia sentia em seu coração sofrido que eu a aguardaria e que novamente estaríamos juntos e felizes.

Os milagres
Pelas energias de Réus

O verdadeiro milagre está dentro de cada um. A energia transformadora do querer e do acreditar modificam os elos cármicos e materiais causando melhoras e cedências nas formações biopsicológicas do ser humano.

Estive com vocês. Estive como um de vocês nesta terra abençoada com tantas farturas. Pessoas, animais, vegetais e minerais dos mais diversos habitam este plano. Há inúmeras possibilidades de ascensão espiritual e evolutiva. Imensuráveis formas de vida que buscam incessantemente o aprimoramento de suas almas. Seres animados, físicos ou não, terrenos ou não, visitam nossa morada e aqui colhem energias sutis que somente nosso planeta tem. Nosso planeta tem energias únicas e transformadoras. Há vários planos que são habitados por diferentes formas de energia. Aqui, neste plano, há a possibilidade de coexistir com variadas formas de energia e assimilá-las com aprendizado e conhecimento.

Habitando um corpo como o seu, preguei com amor o que fazia. Acreditava na Força Divina e na União dos pensamentos e sentimentos nas orações. O verbo cria. A oração transforma, mesmo que silenciosa. Orar é unir-se ao todo. É interagir com a lei existencial do Amor. É agitar e criar movimentos oscilatórios em nossas próprias células físicas.

Meus dias eram de eterna graça. Eu ouvia com carinho e atenção aqueles que me procuravam. Cedi meu corpo e minha alma para o bem do próximo. Meu coração era inquieto. Eu sabia e sentia que havia algo além do que os ensinamentos mostravam. Sentia que alguma energia crística e imensurável coordenava a vida e a morte. Eu realmente sentia que havia algo além do que os olhos podiam ver. Em meus sonhos, muitas vezes, eu era visitado. Meus amigos de luz faziam-me acordar na dimensão astral e guiavam-me pelo Universo entre vidas. Essas caminhadas acalmavam meu coração e meu inquieto Ser. Andávamos por entre várias moradas além deste plano. Conversávamos e tínhamos diversificados ensinamentos. Havia momentos em que eu perguntava se poderia agregar tais ensinamentos ao plano em que vivia. Os mentores diziam-me que não. Pediam que eu aguardasse mais um pouco. Eles explicaram-me que cada comunidade vibra em diferentes energias, e que aquela em que eu residia ainda não estava pronta. Explicaram-me também sobre as missões para as quais vínhamos a Terra. Diziam que a minha era pregar o amor, sem distinção, por isso, a cada visita, eu tinha cada vez mais aulas sobre o verdadeiro motivo de retornar ao plano terreno. Nesses passeios, eles me explicavam sobre o retorno, a recorrência e a reencarnação. Falavam-me sobre almas, espíritos, energias e personalidades. Meu coração se abria como uma enorme flor de lótus e, assim, eu me supria com muito amor. Em momentos de extrema inquietude e ansiedade, eu pedia que fosse revelado aos meus tudo o que eu vinha aprendendo. Os mentores me diziam incessantemente: "Aquiete-se! Aquiete-se. Tudo a seu tempo. Eles ainda não estão preparados. Nem todos vibram em energias favoráveis a ensinamentos dessa ordem. Aquiete-se. Tudo a seu tempo!". Muitas vezes, eu retornava para meu corpo com esta ideia em mente: "Aquiete-se! Aquiete-se! Eles ainda não estão preparados!". Ao retornar ao corpo físico, muito do que eu havia aprendido ficava retido em corpos mais sutis. Minha mente humana também não estava preparada para a energia daquele tipo de conhecimento. Há canais etéreos que difundem as várias energias do saber, e estes vibram conjuntamente com os outros corpos que temos. Muitos chamam esses corpos de veículos solares, pois são corpos que podem caminhar por muitas outras dimensões. Eu, no entanto, prefiro dizer que são apenas corpos repletos de energia amorosa que fomos agregando de existência em existência. Há muitas teorias, que não estão erradas, mas todas se resumem na Lei do Amor. Por isso prefiro dizer-vos que o Amor, e somente o Amor, é capaz de construir várias moradas e vários corpos sutis para aprimorarmos o conhecimento verdadeiro sobre a vida e a morte. Por isso, ame a si mesmo. Ame cada instante de sua existência. Ame seu próximo. Perdoe e seja misericordioso. Compadeça-se e sirva as forças do Bem. Ame também as forças contrárias para que elas sintam seu perdão, sua misericórdia e evoluam em uma nova morada ascensional. Não julgue. Julgar coloca-nos várias correntes com cadeados, e sem chaves. Apenas siga em sua existência. Plante amor e mais amor. Cada ser humano tem sua história. Todos estamos interligados aqui ou ali. Seja complacente com a vida. Não maltrate a si mesmo e tampouco aos outros. Fluidifique cada dia com a suavidade de suas ações. Quando olhar um irmão que está perdido nesta mecânica existência, você não precisa dar-lhe somente a mão para levantá-lo, como também a energia de seu coração, que o conduzirá no caminho do Bem e abrirá seus olhos para que ele enxergue por onde está caminhando. Siga sem pressa, um dia de cada vez. Plante as sementes e colha as flores de cada dia. Faça seu jardim e siga, sem pressa, mas com muito amor.

Ambição
Pelas energias de Lúcio

Caminho por um lugar estranho, não vejo a natureza linda que me cerca. As pessoas não têm brilho nos olhos. Todos parecem perdidos em profundo sofrimento. Não vejo ninguém sorrir. Sei que todos que estão aqui carregam o peso de vidas destruídas por próprias atitudes. Agora entendo o que minha avó me dizia: "Seja sempre um bom menino e terás um lugar lindo no céu.". Só agora consigo entender o que ela tentava me dizer.

Deixei a ambição e a inveja apossarem-se de mim e causei muito mal às pessoas que me ajudaram. Fui criado por minha avó em uma pequena cidade chamada São Francisco. Após a morte de meus pais em um acidente, passei a morar com ela, que me criou, me dando tudo o que era possível, mas algo em mim nunca me deixava satisfeito. Na escola, conheci Lucas. Ele logo me apresentou ao seu pai, Henrique. Fomos crescendo, e em mim também crescia a inveja e a ambição. Senti que aquela família seria a porta para eu crescer, já que tinham dinheiro, então, me fiz o melhor amigo de Lucas. Ele tinha tudo o que eu desejava ter. Aproximei-me cada vez mais da família, cresci junto do meu amigo, desfrutei de regalias oferecidas por seus pais. Tudo me encantava e despertava ainda mais o meu desejo de possuir. Eu poderia ter me tornado um homem importante sem usar métodos sujos e nada dignos, mas minhas atitudes e maneira de ser já faziam parte de minha índole. Desde criança, eu trapaceava. Minha avó sempre me mostrava o que era certo e honesto, mas eu nunca lhe dei ouvidos e sempre fiz questão de não tê-la tão perto, para não atrapalhar meus planos. Eu sentia vergonha de minha avó por sua simplicidade. Quando eu já não precisava dela, coloquei-a em uma casa de repouso e raramente a visitava. Foi em uma dessas raras visitas que soube de sua morte. Tentaram me avisar, mas não sabiam onde me encontrar. Senti tristeza, mas essa não permaneceu por muito tempo em mim. Era algo a menos para eu me preocupar, porém, usei a morte de minha avó para me favorecer. Comovido com o meu falso sofrimento e sabendo da minha situação, Lucas falou com seu pai para que ele me ajudasse. O senhor Henrique pagou minha faculdade e, assim, estudei com Lucas e nos tornamos advogados. Mais tarde, passei a trabalhar na empresa da família. Fui crescendo no mundo dos negócios, e crescia também minha ambição e aquela inveja incontrolável de ter o que meu amigo tinha. Quando Lucas me apresentou a mulher que amava, senti o desejo de tê-la para mim, e, aos poucos, a seduzi. Nos envolvemos sem que Lucas descobrisse. Minha vida foi cheia de falsidade, ingratidão, cobiça e ambição.

Vivi bem próximo da família de Lucas, me agarrei a todas as possibilidades de crescimento dentro da empresa e fazia qualquer coisa para conseguir atingir meus objetivos. Muitas vezes fui frio, me aproveitando de situações de desespero para fechar negócios comprando imóveis por baixo valor.

Eu consegui a direção da empresa após ter provocado a morte de Henrique, pois não prestei socorro. Não lhe entreguei os remédios que precisava. Quando passou mal, eu os escondi e só os coloquei em sua gaveta quando já não se podia fazer nada por ele.

Lucas, quando soube da morte do pai, retornou de uma viagem e foi ficar com sua família, sua mãe e as duas irmãs. Após a morte de Henrique, eu fiquei por um tempo na direção da empresa, mas eu queria mais, eu queria que ela me pertencesse. Então, surgiram dificuldades. Na empresa, havia dois homens que eram de confiança da família, Júlio e Frederico. Eles eram advogados como eu e eram amigos fiéis da família. Foram eles quem descobriram os desvios de dinheiro que eu fazia e contaram para Lucas. Em uma reunião, Lucas resolveu assumir os negócios da família. Eu engoli minha raiva e indignação, mas tentava transparecer que eu estava feliz por ele, quando, no fundo, me corroía por dentro. Eu tentava demonstrar satisfação pelo amigo e, ao mesmo tempo, pensava em uma maneira de estar em seu lugar. Sentia um desejo incontrolável de possuir cada vez mais. Tentei várias vezes conquistar as irmãs de Lucas, mas nenhuma delas sentiu interesse por mim, cada uma se casou e seguiu sua vida.

Eu segui na empresa. Meu amigo gostava tanto de mim que não me afastou – procurava sempre me dar uma oportunidade. Eu sentia nele uma superioridade que me incomodava e fazia aumentar o desejo de ocupar o seu lugar na empresa. Para isso, eu precisaria afastá-lo, e eu não hesitei. Em um jantar em sua casa, eu planejei envená-lo, mas meu plano deu errado. As taças foram trocadas e eu acabei bebendo na taça que seria para o Lucas. Quando percebi o que houve, comecei a suar frio e a passar mal. Meu amigo me levou para o hospital e foi constatado que a minha morte fora por problema no coração. Ele nunca imaginou que o motivo da minha morte fora o veneno preparado por mim.

Tentei me aproximar, mesmo após minha morte, mas não me permitiram. Vi que tudo ao redor deles se iluminou após minha partida. Acho que minha carga negativa lhes fazia mal, e agora eu sei que não só a eles, mas, principalmente, a mim mesmo.

Aqui onde estou é tudo diferente. Vejo com clareza o que antes eu não via. O que tanto desejei na Terra, aqui, não tem valor algum. Perdi tanto tempo correndo atrás de coisas materiais que minha ambição e cobiça me cegaram a ponto de eu esquecer os sentimentos puros e verdadeiros. Não valorizei os que me ajudaram. Fui ingrato com quem me estendeu a mão.

Queria voltar o tempo e conduzir minha vida de forma diferente. Acho que, aí sim, eu seria realmente feliz e ficaria livre dos fantasmas que me assombram.

Após tanto sofrimento e reflexão, encontrei uma luz, e nela a oportunidade de me tornar um ser melhor.

Hoje me encontro em um lugar de paz, e é com essa paz que quero permanecer aguardando por mais uma oportunidade de retornar. Quem sabe, estar com os mesmos que tanto fiz sofrer para poder corrigir meus tantos erros.

Morte e reencarnação
Pelas energias de Naomé (julho de 2011)

É triste pensar que a morte realmente acontece. A morte de quem eu sou hoje. A morte dos vínculos genéticos que tenho hoje. A morte dos vínculos familiares que tenho hoje. Hoje sou pai ou mãe, irmão ou irmã, filho ou filha. Com a morte deste corpo, estes vínculos físicos, ou até mesmo espirituais, jamais serão os mesmos. Se hoje eu sou Maria, filha de Jacob e esposa de Abraão, mãe de Joaquim e de Estela, tais vínculos parentais jamais retornarão. Jamais farei parte desta mesma família. Jacob e Maria podem morrer no mesmo dia, mas nunca mais serão Jacob e Maria. Eles poderão ser homem e mulher, mas nunca mais serão a família composta por Jacob, Maria, Abraão, Joaquim e Estela.

Preservar cada momento de nossas vidas com estes corpos e com estes laços, sem apegos, sem torná-los nossa posse, é o ideal. Meus filhos não são meus filhos, eles estão meus filhos. Minha mãe não é a minha mãe, ela está a minha mãe. Nos é dado um tempo aqui na Terra para convivermos com eles. É importante plantarmos sementes de luz em cada pessoa que passa por nós.

Somos filhos de muitos pais. Somos mães de muitos filhos.

Já é com saudade que escrevo das várias famílias que tive neste plano. Já é com saudade que descrevo os muitos corpos que habitei.

Muitos de mim se perderam, outros ainda se buscam. Jamais reencarnamos em plenitude porque as existências foram feitas para desmembrarmos e estudarmos partículas de nós mesmos. Somos multidimensionais. Podemos estar aqui, lá e acolá. É uma pena que não sintamos isso em nossos corações.

VIVÊNCIA...

Vivi em um recôndito mundo entre ilusões e verdades. Alternei estados conscientes com total inconsciência. Percebia os movimentos da vida e da morte. Eu sabia que precisava meditar. Busquei incansavelmente a mim mesma. Esqueci de que havia muito de mim nos outros e que só compreendendo aquelas partes de mim que estavam nos outros é que eu poderia evoluir. Só poderia sair da prisão em que encontrava quando compreendesse os vários de mim dentro do próximo. O convívio com os seres humanos, com as outras famílias, com os problemas do cotidiano iriam me aprimorar, mas eu fugia de gente, eu fugia de compromissos. Isolei-me. Fugi. Cometi o erro de fugir da multidão, e é ela que me ajudaria na evolução de mim mesmo.

Escolhi reencarnar nas altas montanhas. Aprendi desde cedo a meditar, mas esqueci de que precisava dos outros para evoluir. Minha evolução se estagnou. O passo seguinte não poderia ser solitário. Teria de me unir a aqueles que tinham muitos embaraços. Teria de passar por aqueles que tinham vícios. Teria de chamar de irmão até mesmo aquele de quem eu sentia nojo.

Assim aprendi que sozinhos não somos nada. Precisamos do outro para dar o passo seguinte. A decisão de mudança e a transformação pessoal vêm de dentro para fora, mas nosso ginásio psicológico, o testar "se realmente estou pronto", "se realmente evoluí", somente se mostrará no convívio interativo e social.

Nossa família é um destes exemplos de aprender a interagir. Nós não somos a nossa família, mas somos uma parte dela, assim como cada integrante é uma parte nossa. Não fuja de suas raízes. Entenda-as. Ore e confie, mesmo em meio a tantas adversidades que aparecem no âmbito familiar. Haja sempre com amor. Lembre-se de que nosso retorno ao plano físico está embasado em propostas de transformação pessoal, e que só quem pode mudar a nós mesmos somos nós. No entanto, precisamos do outro como espelho e como incentivo, para depois unirmo-nos todos, em um só.

A História de Francisco
Pelas energias de Francisco

Nasci e me criei em Minas Gerais. Casei após conhecer uma linda jovem chamada Valentina. Quando a vi, tive a certeza de que ela era a mulher que eu desejava ter ao meu lado. Nos casamos com uma linda festa, em que estavam amigos e familiares, mas, nesse dia, bebi além da conta. Fiquei muito alegre, nem parecia eu. Aquele foi o primeiro porre.

No início do casamento éramos muito felizes. Eu ganhei de meu pai a fazenda em que morávamos. Valentina, minha fiel companheira, sempre estava ao meu lado. Eu conseguia sentir o seu amor puro e verdadeiro. Tivemos Antônio, nosso primeiro filho, depois Pedro e, por último, Ana. Foi depois que a menina nasceu que começou o martírio. A menina chorava muito durante a noite e eu fui perdendo a paciência, irritado com o choro. Dizia à minha mulher: "Vou dar uma volta, irei à cidade. Não aguento mais esse choro o tempo todo.". Enquanto ela ficava tentando aquietar a menina, eu bebia com amigos. Eu retornava para casa só quando o dia amanhecia. Isso foi se tornando comum para ela e cada vez mais prazeroso para mim, que passei a gostar das saídas e da bebida. Mesmo quando a menina estava tranquila, eu arrumava uma desculpa para sair e ir ao encontro dos meus amigos boêmios.

O casamento, que já não era um mar de rosas, começou a desmoronar no momento em que eu cheguei alterado pela bebida, levantei a mão e bati pela primeira vez em minha mulher. Assim começaram as brigas, que passaram a ser frequentes, muitas delas presenciadas por nossos filhos, inclusive as agressões. A menina apenas chorava muito, e os meninos tentavam proteger a mãe e acabavam também espancados.

Sei que tornei a vida deles um inferno. Tínhamos momentos harmoniosos quando eu estava sóbrio e cheguei a escutar de minha filha "como eu queria que fosse sempre assim". Mesmo que eu falasse que não iria mais beber, algo era mais forte dentro de mim, que me empurrava para o primeiro gole. Vinha o segundo e assim por diante, até eu ficar possuído pela bebida, transtornado e agressivo. Fiz todos os que tanto amei sofrer. Minha mulher Valentina era forte e se manteve firme como uma leoa protegendo nossos filhos de minhas agressões.

O tempo foi passando e nem percebi o quanto haviam crescido. Certo dia, sóbrio, pensei em tudo isso ao observar Ana arrumando os cabelos. Vi que já não era mais uma menina. Havia se transformado em uma linda jovem, bonita como a mãe. Foi quando olhei no espelho e percebi o quanto eu estava envelhecido pela bebida e pelas noites sem dormir. Eu, no entanto, era um fraco, sempre me deixava vencer pelo vício.

Quase não recebíamos visitas, pois eu sempre fazia algum escândalo após beber, e, mesmo que me pedissem para eu me controlar, eu não os escutava.

Na última visita de família, tive uma briga feia com minha esposa, após as visitas irem embora ao ouvirem os desaforos ditos por mim, bêbado. Ela gritou: "Estou cansada! Se não parar com a bebida, vou embora com meus filhos e te deixarei só.". Quando ela me afrontou, fiquei enlouquecido e a espanquei. Só não a machuquei mais porque meu filho, Antônio, me conteve.

No outro dia, quando a vi toda cheia de hematomas, chorei muito e pedi que me perdoasse. Quando eu bebia, algo se transformava em mim e um lado ruim despertava, me tornando agressivo com os que eu amava.

Certo dia, cheguei agressivo e levantei a mão para nosso filho mais velho, Antônio. Ele a agarrou e me disse: "Chega! Nunca mais tu vai encostar as mãos em mim. Sairei dessa casa para não ter de causar uma desgraça!". Arrumou suas coisas e foi embora para a cidade, onde trabalhava e estudava medicina.

Minha mulher não o conteve. Acho que ela sabia que era o melhor para o filho. Deu lhe um beijo e disse que Deus o acompanhasse. Pedro o acompanhou até a saída da fazenda e Ana chorava agarrada à mãe.

Naquele momento, eu senti que acabaria só se não mudasse minhas atitudes, minha vida. Eu juro que tentei, mas já estava muito acostumado às noitadas, às mulheres, às bebidas, enfim, à vida boemia que eu escolhi ter. Eu sei que paguei um preço alto. Acabei perdendo tudo, até a dignidade. Botei grande parte de minha fortuna fora. Restava-nos apenas a fazenda, que Pedro me fez colocar em seu nome para que eu não a perdesse. Pedro era meu filho preferido. Sempre me buscava nos lugares quando eu não conseguia retornar, devido à bebedeira.

Antônio, após ter se formado médico, fez questão de levar a irmã para morar com ele e estudar. Fui contra, mas Valentina fez questão e eu acabei cedendo. Eles sempre vinham nos visitar. Antônio pouco falava comigo. Sentia nele muita mágoa. Ana era sempre meiga e gentil. Eu procurava me controlar nos dias em que eles nos visitavam, e era naquele momento de lucidez que eu sentia que ainda tinha uma linda família e que, mesmo sendo aquele homem cruel, eles ainda me viam como pai. Talvez nem fosse por mim, mãe sim pela mãe que eles tanto amavam. Mulher linda em todos os sentidos, como mãe, como esposa, se manteve ao meu lado até o final.

Lembro-me de seus cuidados e de seu carinho. Percebi que não valorizei todo aquele amor e dedicação, e que ela não merecia todo o sofrimento que eu lhe causei.

Já doente, comecei a me sentir fraco e a perder peso, pois tudo que eu comia acabava me fazendo mal. Eu vomitava e sentia um terrível amargo na boca. Fui levado ao hospital, onde fiquei internado por um tempo. Os exames confirmaram o que meu filho desconfiava: meu fígado estava destruído. Tentaram um tratamento, mas meu corpo não reagia. Pedi para me levarem para casa. Era lá que eu queria ficar até o fim de meus dias, e foi na fazenda que tive meus últimos momentos. Tudo vinha à minha mente. Tudo o que eu havia perdido. Tudo o que eu não valorizei. Fui tomado por uma grande revolta e mergulhei mais fundo na bebida. Eu sabia que ela já havia me derrotado, seria apenas questão de dias. Disse à minha esposa que fosse embora, que refizesse sua vida, pois eu não merecia que ela estivesse ao meu lado cuidando de mim, mas ela se manteve firme.

Em uma tarde, fui para um bar e comprei várias garrafas de cachaça. No caminho, parei embaixo de uma árvore, me sentei e bebi o que pude beber. A bebida me queimava por dentro, junto com toda revolta que eu sentia por ser um fraco. Eu sabia que o único culpado era eu, e ali eu segui bebendo. Deixei a bebida acabar com o que restava de minha vida. Eu dizia: "Quer me levar? Então me leva!". Nesse momento, chega meu filho Pedro e me diz: "Vamos para casa". Segui com ele, mas no caminho me senti mal. Ele parou o carro, eu comecei a vomitar e no vômito havia muito sangue. Meu filho tentou me levar ao hospital, mas não aguentei a viagem.

Quando despertei, estava em um lugar escuro, onde muitos choravam e gritavam. Gritos horríveis. Alguns eram agressivos. Eu caminhava entre eles sentindo fortes dores e aquele amargo na boca. Perambulei entre eles, gritando: "Quero ir para casa!". Eles zombavam de mim, dizendo: "Já está em casa!". Davam fortes gargalhadas. Foi quando percebi que já não mais pertencia a Terra.

Ali fiquei por um longo tempo e entendi que merecia estar ali após tudo o que eu havia feito.

Junto com a saudade dos meus, veio o arrependimento. Uma Luz bem clara e, com ela, um homem estendeu a mão para mim. Meus olhos ofuscaram com o brilho da luz. Eu já estava acostumado àquela escuridão.

Fui levado para um lugar bonito, onde fui tratado. Era uma grande sala. Meu corpo foi limpo, minhas dores cessaram. A água que me deram para beber não tinha aquele amargo que eu costumava sentir. Meu corpo era leve e minhas lembranças eram claras. Tive total consciência de meus erros e de todo o sofrimento que causei à minha família. Eu perguntei ao homem, que se chamava Natan, que me retirou daquele lugar escuro, por que minha querida Valentina nunca havia me abandonado, mesmo eu tendo lhe causado tanto mal. Natan respondeu: "Ela fazia parte da sua evolução, por isso ela nunca desistiu de você. Até hoje, após alguns anos, ela sempre ora por você, para que você encontre o seu caminho.".

Após escutar Natan, eu desejei ver minha família por um instante e me foi concedido. Entrei em nossa fazenda. Vi Pedro com sua mulher e um menino no colo. Percebi que era meu neto, eles pareciam felizes. Era dia de festa. Segui entre as pessoas e enxerguei Ana. Ela estava muito linda. Conversava com Antônio, que havia se tornado um médico importante, senti muito orgulho. Logo adiante, estava Valentina, linda como sempre. Vi que um homem se aproximou e a beijou carinhosamente. Não senti raiva, e desejei que ela fosse feliz. Percebi o quanto eu os amava. Natan tocou em meu ombro, era o momento de retornarmos. Senti-me muito bem após vê-los e ter a certeza de que estavam bem e felizes. Senti-me em paz.

Em meu novo lar, me dedico ao amparo dos que aqui chegam destruídos pelo vício, que mata a carne e fere a alma, impedindo a evolução.

Reflexões sobre o Senhor Tempo

Na busca de nossos ideais, muitas vezes esquecemos coisas simples e essenciais na nossa vida. A correria do dia a dia nos torna escravos do nosso próprio tempo. Isso nos faz esquecer da importância de alguns momentos especiais, como ver o filho crescer. Participar de todas os momentos, como a simples homenagem na escola, com carinho, é de grande importância para o filho, que olhará triste a cadeira vazia ao notar que o homenageado não está ali.

Seu melhor amigo, sempre tão presente e dedicado, não teve você no seu momento difícil, porque você não teve uns minutos do seu tempo para dedicar a ele. Os momentos que deveriam ser dedicados a si mesmo também são deixados de lado porque você não poderia perder o seu precioso tempo. Em algum momento, olharemos para trás e veremos o quanto perdemos por julgar não ter tempo.

Somente quando já estamos velhos é que percebemos que o tempo, antes tão pouco para nosso dia, hoje é grande demais para os momentos de solidão. É quando percebemos que não soubemos usar nosso tempo construindo algo que hoje nos fizesse mais feliz.

Quando aprendemos a usar o tempo com sabedoria, entendemos que ele se encaixa perfeitamente em nossa vida. Se o dividirmos em minutos preciosos, nosso tempo será capaz de satisfazer todos os que nos cercam, harmonizando nossa vida. Entenderemos que o tempo existe não para que sejamos seu escravo, e sim para nos permitir viver a vida, sabendo desfrutá-la em sua grandiosidade.

Eu tinha a vida toda!
Pelas energias de Tereza

Gritos. Choro. Desespero. Acordei como de um pesadelo em meio a uma gritaria. Ao meu lado, minha melhor amiga deitada com a cabeça toda aberta e cheia de sangue. Fui mexer nela para ajudá-la, mas vi que minhas mãos transpassavam o seu corpo. Assustei-me. Por que minhas mãos transpassavam o corpo dela? – eu me perguntava. Não me dei conta do que havia acontecido. Ouvi a sirene de uma ambulância e vi pessoas correndo de um lado para o outro. Eu estava tonta. Gritei, mas minha voz não saiu. Resolvi correr, mas eu estava presa em algum lugar. Olhei ao redor para ver o que me segurava. Eu estava debaixo do carro da minha amiga, só minha cabeça aparecia para fora de toda aquela lataria. Mais à frente estava minha outra amiga, jogada há alguns metros para fora do carro e com a cabeça também aberta pelo cordão da calçada. Eu gritei. Estamos mortas. Eu chorei. Só tenho 17 anos. Não! Não! Tenho muita coisa para fazer ainda, não posso morrer! Eu entrei em desespero, ninguém me ouvia. Eu podia gritar o mais alto que eu quisesse, ninguém me ouvia. Não! Não! Eu tenho vestibular neste final de semana! Por favor, não! Eu não quero morrer! Ainda é muito cedo! Me ajudem! Meu corpo agora se desprendera totalmente daquele que estava debaixo do carro. Eu tentava conversar com minhas amigas, que pelo jeito tinham morrido comigo, mas elas não demonstravam sinal de que estivessem me ouvindo ou me enxergando. Eu não entendia porque elas não estavam ali comigo, já que tínhamos morrido juntas. Um pavor começou a tomar conta de mim. E todas as coisas que eu havia planejado para a minha vida? E meus pais? Meu namorado? Meu cachorro? E minha faculdade de Medicina? E as viagens para a praia que viriam depois do vestibular? E a festa dos bichos? E agora? O que seria de mim? Para onde eu iria? Eu simplesmente havia morrido.

Os bombeiros chegaram ao local e retiraram o carro de cima do meu corpo. Eu estava toda esmagada. Só um pouco da cabeça havia se salvado, mas, mesmo assim, meus olhos e minha língua haviam saído para fora. Logo eu, tão linda e que gostava de estar sempre tão bonita! Quão feia eu estava na hora de minha morte! Eu chorava feito criança. Então, vi o carro de meus pais estacionar. Minha irmã mais velha dirigia. Meu pai, chorando e desesperado, saiu correndo em minha direção, gritando o meu nome. Minha mãe quase não conseguia se mexer. Ela estava em choque. Meu pai tentava montar o que restara de mim. Ele gritava: "Lara, Lara, minha filha querida! Por quê? Lara, fala comigo, fala comigo, querida. Volte para nós!". Eu tentava me aproximar, dizendo para ele que eu estava ali, mas ele não me enxergava nem me ouvia. Os outros pais também chegavam. Todos desesperados. Todas nós havíamos morrido. Minhas amigas e eu. Estávamos correndo muito e minha amiga estava testando o carro novo de sua mãe. Não acreditávamos que poderia acontecer algo de errado conosco, mas aconteceu. Nosso carro capotou e batemos em um grande paredão. Meu corpo era o pior de todos. Eu estava irreconhecível. Minha mãe só olhava e chorava, até que, certo momento, ela disse: "Minha menina, minha Larinha. Por quê, Jesus?". Minha irmã, muito amorosa, se abraçou à nossa mãe e, após um grito desesperado, disse: "Maninha, maninha, por que nos deixou?". Meu pai, minha mãe e minha irmã se abraçaram e choraram compulsivamente. Eu tentei abraçá-los, mas havia uma grande barreira que não permitia que eu me aproximasse deles.

A mãe de Letícia, minha amiga que dirigia, contou que a filha havia pedido o carro para dar uma voltinha, mas nunca imaginara que ela correria. Nós estávamos a quase 200 km/h. A emoção era forte, eu ainda podia lembrar os nossos últimos momentos de adrenalina. Éramos pura euforia. Não tínhamos bebido, não tínhamos nos drogado. Estávamos apenas nos divertindo com aquele carro novo. Éramos inconsequentes, nem imaginávamos o que poderia acontecer conosco. Letícia havia acabado de tirar sua carteira de habilitação, e era a primeira vez que saía com o carro zero Km de sua mãe, um Astra daqueles completos e maravilhosos. Para a época, era o que tinha de melhor. Nós nos achávamos as poderosas por sair com aquele carro, e havíamos combinado que, depois do vestibular, iríamos para a praia com ele, se a mãe de Letícia nos emprestasse. Eu iria fazer 18 anos dentro de dois meses, e Marina, nossa outra amiga, já tinha 18 e estava tirando sua CNH. Então, teríamos carros de sobra para os nossos passeios. Só não contávamos que não haveria mais passeios. Não contávamos que nos mataríamos daquela forma tão grotesca e triste.

De repente a rua ficou vazia. Os corpos foram recolhidos, o carro foi retirado e todos foram embora. Eu fiquei ali, sentada no cordão da calçada, pensando no que seria de mim a partir dali. Eu não acreditava em Deus e em nada. Eu zombava de minha mãe quando ela ia à missa. Eu dizia que missa era coisa de "velha", mas falava em tom de brincadeira, pois eu amava a minha mãe, só não acreditava em Deus. Agora eu tinha certeza de que Deus realmente não existia, pois, se existisse, onde estaria? Por que eu estava ali sozinha e com frio? Por que eu sentia sede e fome? Por que eu sentia medo? Se minha mãe estava certa, onde estava Deus? De repente, comecei a chorar de novo. Cheguei à conclusão de que, se Deus realmente não existisse, eu ficaria ali, sozinha, para sempre. Então, arranjei forças, que não sei de onde tirei, e pedi que Deus existisse e que ele viesse me proteger. Mas Deus não veio. Aliás, não veio ninguém. Continuei ali, sozinha. Recebi um grande puxão, tonteei e, de repente, eu estava no meu próprio velório. Meu corpo estava em um caixão fechado, devido ao estado do meu corpo. Ao lado dele, outros dois caixões, das minhas amigas. Minha mãe, coitada, ainda estava daquele jeito, imóvel e sem reação. Meu pai estava inconsolável e com os olhos inchados de tanto chorar. Minha irmã estava pálida e não parava de abraçar o meu pai. Eu observei quando o meu namorado chegou, de mãos dadas com a sua mãe. Minha irmã largou tudo e abraçou-o. Tive muito ciúme naquele momento. Minha irmã sempre gostou do meu namorado e agora ela poderia ficar com ele todinho para ela. No entanto, me surpreendi quando ela, chorando, disse para ele: "Não saberemos viver sem a Lara.". Então, eu chorei e gritei: "Eu estou aqui!". Mas não adiantou, ninguém me viu nem ouviu.

Muita gente estava ali. Muitos amigos que eu não via há bastante tempo. Todos estavam muito tristes. Até uma menina do cursinho, de quem eu não gostava, chorava por minha morte. Eu via tudo isso e me arrependia de não ter aproveitado melhor a minha família, a minha vida e as minhas amizades. Eu sempre me achei imbatível, e acreditava que teria todo o tempo do mundo para, por exemplo, visitar a minha avó. E agora minha querida avó estava li, desesperada, em sua cadeira de rodas e chorando por mim. Minha avó chorava e gritava: "Minha criança, tão nova, tão linda! Eu te amo, Lara querida. Descanse em paz!".

O padre, que era amigo de minha mãe, chegou ao velório e começou uma série de orações. Em outras ocasiões, eu riria de tudo aquilo, mas, agora, cada oração que faziam aliviava o meu corpo. Eu senti como se aquelas orações servissem de alimento para mim naquele momento. Eu parara de sentir frio, sede, fome e medo. Aquela enorme angústia tinha cessado, até que o meu caixão foi enterrado. Cessaram-se as orações e eu fui vendo cada pessoa, uma a uma, indo embora daquele cemitério. Eu me desesperei. Eu estava ali, sozinha. Gritei e gritei, mas ninguém me ouviu. Até que vi um movimento vindo em minha direção. Um jovem, com o rosto também ensanguentado, se aproximava. Tive medo. Quis fugir, mas ele me disse que era do bem e que, assim como eu, acabara de falecer em um acidente de moto. Ele disse que tinha assistido o meu enterro e que estávamos enterrados muito perto um do outro. Seu nome era Alex. Ele me disse que teríamos de arranjar uma forma de viver ali, mesmo depois da morte. Alex, assim como eu, não acreditava em Deus. Eu disse a ele que havia sentido coisas boas enquanto os outros oravam. Ele me disse que tinha sido impressão minha, e que nada tinha sentido enquanto seus familiares oravam. Eu disse-lhe: "Vamos tentar.". Ele se afastou de mim e sumiu. Eu comecei, então, a orar. Pedi que, se Deus existisse, que Ele me mostrasse um caminho para me aliviar naquele momento. Pedi perdão por todos os meus erros e pelas várias vezes que zombei de minha mãe enquanto ela orava. Senti que alguém se aproximou, mas eu não conseguia enxergar essa pessoa. Ouvi claramente que ela me disse: "Tenha paciência. Tenha fé. Ore. Tudo ficará bem. Só dependerá de suas orações.". Senti muito sono e adormeci.

Acordei algum tempo depois. Não sei precisar o tempo que dormi, mas eu estava dormindo sobre a minha gelada lápide. Eu podia sentir um cheiro de podre vindo daquelas sepulturas. Não tinha ninguém comigo. O frio tinha voltado, a fome e a sede. Chamei por Alex e ele estava mais feio ainda. Seu corpo estava se decompondo. Perguntei para ele como eu estava, já que eu não conseguia me enxergar. Ele me disse: "Seu rosto está todo desfigurado, seu corpo amassado e seus olhos saltados". Envergonhei-me e chorei. Eu era tão linda! Alex aparentava ser frio e não ligar para o fato de que tinha morrido. Então, eu perguntei-lhe: "Você não ficou triste por ter morrido?". Ele respondeu: "Não, eu sempre quis morrer. A vida para mim era muito triste.". Ele disse isso e se foi. Percebi que ele não queria conversar, então, aquietou-se.

Olhei ao redor. Só túmulos e frio. Silêncio absoluto. Naquela manhã, houve vários enterros, acompanhei todos. Eu me confortava com as orações feitas aos desencarnados. Mesmo que não fossem dirigidas a mim, tais orações eram uma forma de amenizar minha fome, sede e frio.

Os dias foram passando e eu, vez ou outra, conversava com Alex, que, a cada dia, se consumia mais e mais. Ele estava se desmanchando. Eu acreditava que também estaria na mesma situação.

Em certa manhã, o sol ia alto, avistei minha mãe e meu pai, acompanhados de minha irmã e de meu namorado, vindo em direção ao túmulo. Saltei de alegria. Eles estavam cheio de flores, mas o que eu queria mesmo era comida. Eu estava com fome. Minha mãe e meu pai estavam magros e muito abatidos. Minha irmã se mostrava forte e prestativa. Eles, todos juntos, limparam o meu túmulo e arrumaram os arranjos de flores. Minha mãe puxou um livro de orações e entoou cantos que eu costumava ouvir quando criança. Senti um alívio renovador. Algo me aqueceu e me nutriu. Ajoelhei-me. Pedi a Deus que aquilo durasse e que eu descobrisse que Deus realmente existia. Naquele momento, avistei Alex, que se escondia, e estendi minha mão, convidando-o a participar daquele momento. Alex cedeu em sua rebeldia e deu-me sua mão, que já estava em pedaços. Minha família ficou ali, rezando por mim, bastante tempo. Eu chorei, chorei muito e novamente pedi perdão por ter sido negligente com minha vida. Meu pai, minha mãe, minha irmã e meu namorado se foram. Fiquei novamente sozinha. Olhei para Alex e disse-lhe: "Vamos orar.". E ele: "Para quê? Estamos mortos!". Eu respondi: "Acredito que, se orarmos, nos aliviaremos, mesmo depois de mortos. A morte não pode ser isso.". Foi aí que Alex me contou que tinha acelerado sua moto em um momento de raiva e ódio, e que ele tinha a intenção em se matar, já que, em vida, tudo para ele dava errado. Falou isso e se retirou, revoltado.

Novamente, eu orei. Lembrei-me de uma oração que recitava quando criança para dormir. Foi aí que uma luz se aproximou de mim e uma moça com os cabelos negros me estendeu a mão, me convidando, com seu olhar amoroso, a segui-la. Eu sabia que ela era do bem. Eu podia sentir o seu cheiro de rosas. Não sabia como, mas sabia que seu nome era Tereza. Eu lhe disse que não poderia seguir sem meu amigo, e que nós tínhamos de ajudá-lo. Ela, amorosamente, me respondeu: "Na hora certa, ele também despertará no além-túmulo. Fique tranquila, logo o traremos também.". Eu sorri para ela e a segui.

Acredito que adormeci. Quando acordei, eu estava me sentindo muito bem. Eu estava em uma cama com lençóis cor-de-rosa e usava uma camisola da mesma cor. Eu estava cheirosa. Eu parecia estar forte e bela. Olhei ao redor. Será que tudo aquilo havia sido um sonho? Agitei-me, achando que ainda estava viva. Foi aí que vi Tereza, serena e meiga. Ela veio em minha direção com um copo de água nas mãos e pediu que me acalmasse. Tomei a água e acalmei-me. Lembrei-me de perguntar por meu amigo. Ela disse-me que ele ainda estava lá e que não aceitava ajuda. Eu chorei e, então, ela me assegurou que o ajudaríamos assim que conseguíssemos.

Tereza me deu a mão e convidou-me a segui-la. Estávamos em uma grande igreja. Havia um grande salão, onde as pessoas usavam roupas de muitas cores. Eu estava toda de cor-de-rosa. Tereza, toda de branco. Os cantos eram lindos. Eu sentia vontade de cantar. Tudo ali me fortificava. Eu olhei para Tereza e perguntei: "Deus é isso?". Ela, amorosamente, me respondeu: "Deus é tudo isso e muito mais. Deus é amor, é plenitude, é sabedoria, é aconchego, é paz, é oração. Deus é o senhor dos senhores e mora no coração de cada um de nós. Você pode senti-lo, basta querer.".

Todos os dias, por várias vezes, íamos àquela igreja. Eu sempre orava por meu amigo Alex. Eu queria que ele se sentisse melhor, assim como eu estava me sentindo. Depois de um tempo, eu soube que ele tinha sido acolhido e que estava recebendo o tratamento devido. Fiquei feliz por ele.

Certo dia, Tereza foi ao meu quarto e disse-me que iríamos visitar minha família. Naquele dia, minha mãe resolvera dar as minhas coisas, e estava sendo muito difícil para ela. Senti uma forte dor no peito e uma vontade de chorar. O mais interessante é que em momento algum tive pena de que minha mãe desse minhas coisas. Eu estava muito bem sem elas, não me faziam a menor falta. Eu sentia falta apenas da minha família e da vida que eu tinha jogado fora. Eu tinha saudade do cheiro das pessoas que eu amava e do toque, do beijo, do abraço, da voz e do carinho delas. Eu pensava: "Se Deus me desse uma oportunidade, eu faria tudo diferente.".

Naquele dia, Tereza e outros amigos espirituais me acompanharam. Cheguei em meu quarto e minha mãe estava em prantos. Ela tinha dó de se desfazer das minhas coisas. Fiquei sabendo, naquele momento, que fazia cinco anos que eu tinha falecido, e que minha mãe ainda estava muito triste e inconsolável. Por mais fé que ela tivesse, ela não aceitava a minha morte. Senti profunda tristeza por ter provocado tudo aquilo, mas iniciei, instintivamente, uma cadeia de orações para fortificar minha mãe. Nesse momento, eu percebi que muita luz tomou conta do quarto e que minha mãe começou a também orar em voz alta. Ela parecia ouvir a sequência de minhas orações e repetia exatamente o que eu falava. Fiquei feliz com a reação dela. Ela podia me ouvir, pelo menos em oração. Naquele dia, minha mãe conseguiu arrumar grande parte de minhas coisas para doar. Vi quando meu pai chegara e abraçara minha mãe. Ele também havia envelhecido, e toda aquela alegria, que sempre havia nele, parecia não existir mais.

Voltei com meus amigos espirituais para o plano em que me encontrava e disse para Tereza que gostaria de ajudar aos familiares de jovens que desencarnaram em acidentes. Tereza sorriu e disse-me que logo iniciaria minhas aulas. Ela me doou um livro com o título *Caridade*, e disse-me: "Leia, minha querida, e sinta a verdadeira caridade dentro de você.". Ela abraçou-me fraternalmente e se foi. Em seguida, li amorosamente todo o livro e acabei adormecendo. O livro ensinava a ajudar o próximo sem esperar nada em troca. Ensinava a orar anonimamente e ajudar a nossos semelhantes invisivelmente. Tudo o que estava escrito ali vibrava no amor, e eu me encantava. O meu trabalho, ali, seria "caridade". Eu estava encantada com o que eu faria e, de certa forma, eu também estava exercendo a medicina que em vida eu queria tanto fazer. Medicina também era caridade. Eu sorria com as minhas descobertas e me sentia cada vez mais forte. Vez ou outra, lembrava-me de Alex, pensava em como ele estaria, e sentia um forte calor no peito. Sabia que ele estava sendo cuidado.

Fui trocada de quarto. Transportaram-me para um quarto todo azul, de tom bem claro. Havia uma linda janela e, no seu parapeito, assim como no chão, muitas violetas e azaleias. Todas abertas em flor. Amei o lugar, me lembrei de meus desenhos quando eu ainda frequentava o jardim da infância. Foi aí que percebi que estava em um quarto igual aos meus desenhos. Sorri para mim mesma. Como acontecera aquilo? Como eu havia ido parar no meu desenho? Foi aí que Tereza chegou e me explicou amorosamente que eu havia plasmado tudo isso. Neste plano, não nos explicam, nós sentimos e adentramos nossas lições. Ela pediu que eu fechasse os olhos e me lembrasse de outro desenho da infância. Lembrei-me do bosque encantado e do lobo mau. Quando abri os olhos, eu estava lá, no meu bosque encantado, olhando para o bom lobo mau. Em um tempo que não pode ser medido, retornei ao quarto azul e Tereza sorriu para mim. Ela pediu que agora eu me lembrasse de algo que não fosse tão prazeroso e, então, lembrei-me do momento em que descobri que havia morrido. No mesmo instante, eu fui ao local do acidente e senti, mesmo protegida pela luz de Tereza, tudo aquilo que eu havia sentido naquele dia. Rapidamente, retornei ao meu quarto azul e Tereza abraçou-me.

Olhei intrigada para ela e perguntei: "Podemos estar onde desejarmos? São nossos desejos que nos levam para onde queremos?". E ela, com seu timbre de voz amável, respondeu-me: "Nós e somente nós podemos conduzir tanto a nossa vida quanto a nossa morte. Temos a energia necessária para plasmarmos tudo o que quisermos, tanto deste lado quanto do outro lado da vida. Muitos pensadores teorizam sobre o poder de criar. Aqui, simplesmente falamos no amor criador que gera vontade e transforma essa vontade em realidade. Se os seres humanos soubessem do poder pessoal que têm em mãos, e que tal poder é acionado com o amor, e só pelo amor, não precisariam mendigar teorias, muitas vezes fajutas e vazias, que vão ajudar somente a chegar até ali e, a partir dali, ficarão estagnadas. Podemos fazer, construir, criar o imensurável no Bem e para o Bem. O amor cura, renova e transporta energias deslumbrantes e inimagináveis de um lugar para outro. A pobreza ou a riqueza são apenas questões temporárias. Podemos ser ricos ou pobres em questão de instantes, basta acionarmos as nossas vontades pessoais com a energia do amor. Muitos de nós passamos a vida nos lamentando, mas, na verdade, podemos ter e fazer tudo, desde que vibremos na Lei da Criação Amorosa. Não podemos transformar o outro, mas podemos ser um gerador de força para que ele descubra a si mesmo. Não devemos criticar nosso próximo, e sim servir de exemplo pessoal para que ele encontre a força que estamos gerando. Não precisamos dizer o quanto fazemos, a fala não é necessária, o exemplo sim. Este gerará força para o outro se descobrir e se transformar. Quando falamos de algo que aprendemos para alguém, muitas vezes, diminuímos a pessoa perante nós, independente de termos essa vontade. Ninguém, por mais iluminado que seja, gosta de ter sabichões ao lado, então, a melhor forma é deixar que a pessoa faça suas descobertas sozinha. Você pode ajudar em silêncio, com o seu exemplo. Não envergonhe a pessoa que está ao lado por parecer que você sabe mais do que ela. Simplesmente ame-a e conduza-a na estrada que você já trilhou.".

Quando voltei a mim desta grande lição, Tereza estava linda. Seu rosto iluminava-se como um Sol. Então, ela me disse: "Me sinto um Sol agora e envio esta energia para todos aqueles que desejam senti-la.". Emocionei-me e chorei pelo belo ensinamento. Ela, humildemente, me disse que não me ensinava nada além do que já estava dentro de mim. Então, abraçou-me.

Naqueles dias que se seguiram, não sei precisar o tempo transcorrido, todos os dias, eu me direcionava a uma grande biblioteca. Ali, Tereza me acompanhava e me entregava vários livros para que, se eu desejasse, os lesse. O incrível é que eu pensava em um tema e ela vinha com um livro sobre o assunto. Eu ficava ali, dias e dias, amando aquelas leituras.

Eu me sentia renovada a cada dia. Agradecia imensamente por todas aquelas lições. Certo dia, Tereza pediu que eu fechasse os olhos e me direcionasse para o trabalho que gostaria de ter. Sem pensar, me senti em um grande hospital, com muitos jovens – todos recém-acidentados e que tinham acabado de desencarnar, assim como outros que ainda estavam presos no local do acidente ou em seus corpos físicos. Senti que Tereza se afastou e telepaticamente me disse: "Bom trabalho. Agora é com Você! Fique em Paz. Vibre no Amor!".

Percebi que deveria trocar a cor da minha roupa e que, naquele momento, eu seria uma médica de almas. Tudo o que eu queria ser na Terra estava sendo aqui, com muito mais ensinamentos. Aproximei-me da equipe que trabalhava com vibrações coloridas e com bastante água. Observei que eles usavam as mãos e que delas saíam raios luminosos e curadores. Resolvi fazer o mesmo, porém, não conseguia enxergar raios saindo de minhas mãos. Até que um homem me disse: "Você tem de se entregar e acreditar!". O homem sorriu e me pareceu tão familiar. Agradeci e fechei meus olhos. Orei e acreditei. Minha surpresa foi que as luzes saíam de todo o meu corpo e iam ao encontro de uma só pessoa. Não era eu quem guiava as luzes, eram as luzes que me guiavam, então, as segui. Foi aí que vi Alex, deitado com roupas brancas, mas ainda com marcas do acidente que havia sofrido na Terra. Ele tinha sofrimento descrito em seu rosto. Abracei-o em luz, mas sem me aproximar muito. Lavei o seu corpo com água fluidificada e emanei energias para cicatrizar seus ferimentos. Muitas vezes, eu me perguntei: "Por que ele era tão sofrido? Por que eu sentia tanta vontade de ajudá-lo?". Nesses momentos, eu sentia a voz de Tereza, como uma professora sempre presente. Ela dizia-me: "Acalme-se. Tudo a seu tempo!". Então, eu sorria por dentro e me alegrava por ela estar vigiando meus pensamentos e me ajudando.

Dediquei-me exclusivamente ao meu paciente Alex. Todos os dias, e várias vezes ao dia, eu ia ficar com ele. As poucos, passei minha biblioteca para o quarto dele, conseguia ler a seu lado e emitia sons que chegassem nele. Eu sentia que ele ia se recuperando e que seu corpo já estava totalmente cicatrizado. Certo dia, ele abriu os olhos e sorriu para mim. Olhou-me profundamente e me disse: "Obrigado!". Nós nos abraçamos em luz e uma energia maravilhosa foi gerada por nós.

Aos poucos, fui ajudando-o a se levantar. Na medida do possível, e com o auxílio invisível, mas persistente, de Tereza, ele ia me contando a sua história. Fui ensinando-o a não ter pena de si, assim como fora me ensinado. Eu me sentia muito bem. No fundo, eu acreditava que, se estivesse viva e fosse médica, eu, com todo o orgulho que tinha, não iria conseguir ajudar muita gente. Eu estava certa de que tinha morrido muito cedo para trabalhar o meu orgulho e que, se tivesse outra chance, também o trabalharia em carne e osso.

Certo dia, encontrei Alex chorando e, quando me viu, me pediu perdão. Estranhei aquilo, mas com um gesto, sem pensar, demo-nos as mãos e fomos dirigidos para o local do acidente em que nós dois havíamos morrido. Alex vinha desequilibradamente em sua moto. Ele acabara de descobrir que seu pai havia morrido. Com isso, não queria mais viver, pois seu pai era seu melhor amigo e companheiro. Alex sofria de depressão profunda e encontrava no pai o único amigo. Sua mãe já estava morta há muito tempo e seus irmãos nem olhavam para ele, muito menos conversavam. Chamavam-no de louco o tempo todo. Então, Alex, nervoso, pegou sua moto e correu sem parar, em um gesto de morrer. Foi aí que nosso carro, também em alta velocidade, se chocou com a moto dele. Ele entrou em uma rua sem parar. Exatamente na rua em que vínhamos. Todos morremos. Vimos, ali, nossas mortes. Choramos, ele e eu. Voltamos a seu quarto e ele me olhou, com vergonha. Pediu-me perdão. Eu lhe disse: "Você não foi o único culpado. Nós também poderíamos ter evitado. Me perdoe também, pois nós também batemos em você. Também forçamos a sua morte.". Abraçamo-nos novamente e uma grande luz tomou conta de nossos corpos. Tereza apareceu e também nos abraçou. Ela nos disse que nada nem ninguém é culpado de nossa morte. Tudo o que acontece conosco está intimamente ligado às nossas memórias espirituais, aos elos que combinamos e recombinamos no momento de encarnarmos novamente. Não há acaso, há proposta de ensinamento e aprendizado.

BUSCA DA FELICIDADE

Todos nós buscamos ser felizes, cada um à sua maneira. Muitas vezes, paramos para pensar e percebemos que momentos felizes são o que a maioria das pessoas encontram, e são esses momentos de felicidade que nos fazem querer mais.

Muitos ainda acreditam que a felicidade só o dinheiro pode trazer. Mas e quando alguém muito rico diz: "Tenho tudo e não sou feliz"? Isso nos leva a refletir que a felicidade nem sempre está nas coisas materiais, e sim em um conjunto de fatores que nos faz entender que a felicidade depende de nós, de como conduzimos nossa vida. Com o tempo, passamos a perceber que encontramos a verdadeira felicidade quando olhamos para nós, para nossa vida e enxergamos o conjunto em pleno equilíbrio entre matéria e espírito. É nesse momento que percebemos que nascemos para sermos felizes, que a felicidade pode estar tanto nas coisas simples e quanto nos castelos que conseguimos erguer no decorrer de nossas vidas.

Eu ainda era muito jovem
Pelas energias de Damião e Anônimo

Foi muito difícil a decisão de repassar a minha história para uma pessoa que conheci em vida. Eu a vi poucas vezes, mas sentia uma intensa luz e conforto quando estava ao seu lado. Minha mãe acreditava que ela me ajudaria, mas ninguém poderia me ajudar. O meu destino já estava traçado. Eu morri aos 27 anos, com minha juventude à flor da pele. Eu tinha muitos planos. Eu queria progredir no meu trabalho, nas minhas finanças. Queria poder ter uma família como as pessoas normais. Afinal de contas, eu queria viver e ser feliz, mas não foi assim que aconteceu. Eu adoeci, adoeci intensamente e um tumor maligno tomou conta de minha cabeça, levando-me a definhar completamente.

No início, eu acreditava que ficaria bom. Eu pensava: "Isso não está acontecendo comigo. Não será dessa forma, assim como estão falando.". No entanto, o tempo foi passando e fui perdendo cada vez mais minhas habilidades e sensações motoras. Eu fui me despedindo de cada coisa que eu fazia e fui percebendo que o que eu tinha sido ia ficando para trás. Agarrava-me a Deus, mas, ao mesmo tempo, uma grande revolta por Ele ter me abandonado tomava conta de mim. Eu me revoltava: "Por que comigo? Por quê?!. Eu só não me revoltava mais porque não queria magoar minha mãe querida, que também estava sofrendo pela agressividade de um câncer. Eu a preservava, mas, por dentro, eu me agoniava e fervia dentre sensações de ódio e amor. Eu não queria morrer. Acreditava que era injusto eu morrer agora, assim, tão cedo e com todos os meus planos por fazer.

Hoje, ao repassar estas palavras, estou acompanhado de Damião. Ele me acompanha nas minhas idas e vindas à Terra. Ainda não aceitei totalmente a morte. No entanto, resolvi escrever principalmente para os jovens para que eles não acreditem que têm a vida toda pela frente. Amem e façam as coisas que tem de fazer no aqui e agora e não deixem nada para trás. Amem e se entreguem aos amores verdadeiros. Vivam sadiamente, pois drogas, álcool e todo o resto de químicos são porcarias que destroem toda energia amorosa na qual os mentores nos envolvem. Além disso, tais substâncias destroem a vida de pais, de familiares, de amigos e de vocês mesmos, e, claro, destroem também seu corpo físico. Eu fui um adolescente normal como todos os outros. Experimentei algumas coisas, mas não era viciado em nada. Se fosse hoje, eu faria tudo da mesma forma, mas curtiria com amor cada momento sabendo que ele poderia ser o último, assim como aconteceu comigo. Eu não me arrependi de nada, só de não ter vivido mais e mais. Tive muitos amigos, amigos sinceros. Tive amores, amores valiosos. Compartilhei com meus irmãos e com minha família momentos inesquecíveis que não voltarão mais. Posso dizer que fui feliz, mesmo no pouco tempo que na Terra vivi. Prefiro não dizer meu nome. Aqui assinarei como Anônimo, pois tenho certeza de que minha mãe e minha irmã lerão este depoimento, e acredito que elas saberão que sou eu. O importante é que gostaria que todos soubessem que estou bem. Minha revolta passou, e, hoje, mesmo ainda sentindo muita saudade de todos e da minha vida, sei o porquê de tudo ter acontecido e me entrego a cada dia à nova causa da qual participo.

Meu corpo foi se entregando gradativamente. Eu já não me sentia mais. Era como se minha mente não estivesse mais conectada ao meu corpo. Era estranho, pois eu sabia quem eu era e onde estava, mas não conseguia me comunicar com as pessoas. Eu sentia que meu corpo físico estava sendo alimentado e cuidado com medicamentos, mas nem dor eu sentia mais. Eu estava inerte, como se boiando em um mar calmo e macio. Era como se eu boiasse sobre as águas. Quando fui para o hospital pela última vez, uma revolta intensa tomou toda a minha mente e meu corpo, acompanhada de muito medo. Medo de tudo, inclusive de morrer. O que seria de mim? Eu tinha vontade gritar e de uivar, mas eu me continha. Eu não podia. Quanto mais revoltado eu estava, mais dor eu sentia. Eu via nos olhos das pessoas a piedade, e isso me enfurecia. Eu não queria que as pessoas tivessem pena de mim. Eu não queria que me tratassem como um doente. Pessoas que eu nem conhecia falavam comigo maciamente, como se eu fosse um bebê. Eu me enfurecia com isso, mas não podia demonstrar, senão achariam que eu era louco. Meus últimos dias foram de extrema revolta e agonia. Eu já não dormia mais. Eu já não comandava minhas necessidades vitais. Eu já era um nada. Era assim que eu me sentia. Nos meus últimos momentos, eu não queria ninguém perto de mim. A dor deles me doía demais, me rasgava por dentro. No entanto, mesmo em meio aos meus protestos, minha amada família não me abandonou, esteve comigo até o fim e segue comigo até hoje, em calorosa oração que me fortificou, me fortifica e me acompanha no plano em que estou. Minha amada mãe sempre pediu em suas orações que eu mantivesse contato, mas eu ainda não estava pronto. Muitos recados foram dados a ela, mas, infelizmente, não eram meus. É triste, mas muitos médiuns se fazem passar por um ser desencarnado e repassam "comentários", mesmo que amorosos, aos entes queridos daquela pessoa para lhes confortar. Muitos, identificados com os escritos, não percebem que não há psicografia nenhuma, que é só a vontade deles de repassar algo. Agora estou pronto. Se leres estas páginas, saiba que te amo, que sempre te amarei e que no momento certo estaremos juntos para ajudar aos nossos irmãos. Acredito que não mais reencarnaremos neste plano, minha mãe querida, e que trabalharemos em prol da obra divina, acolhendo e resgatando nossos irmãos necessitados de acolhimento e de amor. Hoje eu entendo que nada é por acaso, nem mesmo a morte.

Em meus últimos momentos, vez ou outra eu era retirado do meu corpo. Eu flutuava naquelas águas, mas sentia que um extenso fio me ligava àquele corpo que morria naquela cama. Era impressionante, eu tinha momentos de inconsciência e de consciência do que estava acontecendo. Quando eu me revoltava muito, os médicos espirituais me retiravam dali e me faziam quase adormecer. No entanto, eu tinha de ver tudo. Eu precisava ver o meu desencarnar, estava no meu destino. Vez ou outra eu enxergava pessoas que iam e vinham, fazendo algo como procedimentos médicos, neste outro corpo que se ligava ao corpo físico. Hoje reconheço que, dentre estas pessoas, esteve sempre comigo meu amigo Damião. Foi ele quem teve paciência e atitude nas muitas vezes em que me revoltei no meu pós-morte. A morte, meus amigos, é apenas uma passagem. Eu continuo aqui. Tenho o mesmo corpo que antes, mas, agora, ele é muito saudável. Sinto a energia da vida que me move. Não posso ter os meus por perto, mas posso senti-los em sua plenitude. No meu caso em particular, não reencarnarei por enquanto, e talvez não reencarne mais, mas trabalho ativamente com pessoas que desencarnam precocemente pelo câncer. Ajudo crianças e jovens com acolhimento e amor. Não há outra cura aqui neste plano senão pelo amor. Esse amor eu aprendi na Terra. Incrível, não é? Aprendi a amar nas minhas muitas encarnações na Terra e mostrava isso na minha sede de viver. Na minha última existência, tive uma mãe que, além de muito amorosa, era muito espiritualizada e possibilitou que eu incorporasse mais amor ainda dentro de mim. Esse amor me sustenta aqui e é ele que eu repasso a todos aqueles que toco com minhas mãos. Trabalhamos aqui muito com as mãos. E é a partir delas que repassamos o valioso néctar divino: o amor. As pessoas na Terra têm de aprender a usar as suas mãos amorosamente. Nelas, há a transmissão de partículas renovadoras indescritíveis. Quando há alguém doente, se as pessoas fizessem orações e empunhassem suas mãos sobre esta pessoa, lhe fariam muito bem. Não digo que ela se curaria, mas ela encontraria conforto para a sua alma. Acalmando a alma, o corpo também se acalma. Corpo e alma são unidos energeticamente.

Eu me mantinha acordado vendo ao meu desencarnar. Damião segurou minha mão. Foi a primeira vez que realmente o vi. Senti um forte puxão. Parecia que eu iria cair. Ele me olhou fortemente e me disse: "Seja forte.". Ele me disse aquilo de forma tão expressiva que, naquele momento, eu senti que morreria e que, apesar disso, eu não estaria sozinho. Incrível. Apenas duas palavras me aquietaram. Assustei-me quando vi meu corpo raquítico e desmaiado sobre aquela cama. Eu chorei. Vi aos meus em prantos. Chorei mais ainda. Damião me olhou e disse-me novamente: "Seja forte e silencioso.". Então, eu observei e me aquietei.

Percebi que se aproximaram do meu corpo físico várias energias em formato de pessoa. Um homem com roupas claras e semblante sério foi quem mais se aproximou do meu corpo físico. Ele passou a mão sobre várias partes do meu corpo, sem tocar. Eu via que cada parte que ele passava a mão era como se uma luz se apagasse. Percebi que ele ia me apagando aos poucos. Hoje eu sei que ele é o anjo da morte, e que nossas vidas funcionam como uma luz que se acendem e apagam aqui e ali. Esse anjo iluminado abre e fecha o repassar destas luzes. Nunca mais me esquecerei daquele rosto sério, mas sereno. Uma vez, perguntei a Damião se o anjo da morte gostava de fazer isso. Ele me respondeu: "Cada um tem a sua missão, e mesmo com relação a morte, é uma missão amorosa". Eu percebia que ele ia impondo suas mãos sobre o meu corpo e apagando cada parte dele até que, por último, colocou sua mão sobre meu umbigo. Percebi um cordão longo e extenso sinuosamente iluminado com a cor verde. Quando ele o tocou, este cordão se desprendeu de mim, do meu corpo físico, foi recolhido por ele e se prendeu às mãos dele. Só depois eu vi que no umbigo dele havia muitos, infindáveis, cordões multicoloridos. Observei que do meu corpo também saía aquele mesmo cordão, e que depois que ele fez aquilo, o meu cordão também ficou multicolorido. Meu cordão ia de mim até ele, e permanece assim até hoje. Damião me contou, tempos depois, que ficamos no pós-morte conectados ao anjo da morte, como se ele nos monitorasse até que sejamos entregues ao anjo da vida, quando retornamos aos planos existências dos imensuráveis planetas, no meu exemplo, a Terra.

O anjo da morte apagou meu corpo físico, reacendeu meu cordão umbilical e se foi. Eu vi que tudo morreu ali, naquele corpo. Senti a morte dentro de mim e percebi que eu teria de ser forte, conforme

Damião havia me dito. Acompanhei a tudo, sempre junto de Damião e de outros amparadores. Aprendi indescritíveis procedimentos espirituais de desencarne. Eu não queria perder nenhum detalhe. Era incrível. Hoje, eu sei que ele realmente estava me preparando para a minha missão: ajudar no desencarnar e no acolhimento de vítimas de câncer. Presenciei momentos muito dolorosos para mim. Doía-me ver o sofrimento de todos e eu não poder fazer nada.

Seguimos dali para as minhas grandes lições. Eu observava a tudo e a todos. Já que eu me sentia jovem, eu tomara a decisão de continuar jovem. Já que eu queria viver, que eu aprendesse a viver ali. Em vida, eu fora sempre desconfiado e continuei desconfiado depois da morte. Minha desconfiança, de certa forma, me ajudou bastante, pois formou inquietudes em mim que se transformaram em ensinamentos. Em vida, eu amava tudo que fosse eletrônico e que tivesse energia. Descobri que, na morte, os mundos eletrônicos são mais energéticos ainda. Tudo é energia, e melhor, energia pura e multidimensional.

Eu observei atentamente a tudo. Eu estava sempre inquieto. Eu tinha muita vontade de rever a todos. Tinha momentos que eu sentia uma profunda saudade e também uma angústia por estar ali. Eu ainda queria estar vivo, mesmo sabendo de tudo aquilo, mesmo sabendo que reencontraria meus amigos um dia. Quando me revoltava, eu sentia fortes dores na região do meu cordão umbilical. Minha cabeça também doía bastante. Tudo doía em mim. Certo dia, eu me revoltei tanto, mas tanto que, quando vi, eu estava na sala de minha casa terrena, e ali meu irmão chorava e se agoniava pela minha partida. Eu tentei me aproximar dele, mas meu corpo doía muito. Eu caí no chão. Percebi que todas as minhas forças estavam indo embora. Uma revolta tomou conta de mim. Eu queria dizer para ele que eu estava ali, mas nem isso eu conseguia, de tão fraco que fiquei. Eu percebi que Damião estava ao meu lado, mas nada dizia, nem se movia para me ajudar. Entendi que aquele ensinamento era só meu. Fiquei ali, com dor, sedento de ajuda e ninguém me ajudou. Meu irmão já tinha ido e levado com ele a sua revolta, e eu continuava ali, caído e estraçalhado. Até que ouvi risadas que não pareciam ser amigas. Senti medo. Olhei para Damião e pedi ajuda. Damião me ajudou e me explicou que, quando fugimos dos planos superiores ou nos conectamos a sentimentos inferiores, como raiva e angústia, nos redimensionamos para planos infernais. Em um primeiro momento, a minha angústia estava ligada à angústia e à revolta de meu irmão. A angústia cedida por mim me fizera retornar àquele ambiente erroneamente. Em um segundo momento, quando meu irmão já tinha se acalmado, eu me conectara a planos mais baixos, ligados à minha autopiedade e, por isso, escutava aquelas risadas.

Tentei explicar para Damião que eu não tinha fugido. Ele me retornou, dizendo que fugir significava me conectar aos maus pensamentos e sentimentos. Quando retornamos ao plano em que vivíamos daquela forma, impregnamos o ambiente de energias de vários mundos, que prejudicam as pessoas energeticamente. Ele ainda disse que devemos fazer visitas orientadas e amorosas, e que aquela foi errônea. Aconselhou-me a, cada vez que eu tivesse aquela sensação novamente, tentar me acalmar e orar.

Muitas vezes eu fugi, mesmo que eu não quisesse. Entendi que meu irmão se revoltou muito com minha morte, e que a partir dele era produzida em mim uma autopiedade indescritível. Depois de muito tempo, percebi que eu estava bem. As orações de minha mãe, amorosas e imensuráveis, me alimentam a cada dia. Elas me fortificam. As cadeias de oração celestiais me orientam. Tudo é amor e hoje eu vivo no amor. No entanto, como ainda tenho vínculos errôneos a serem trabalhados e exercitados, tenho momentos de rejeição de tudo o que aconteceu.

Foi muito difícil perceber que minhas coisas não eram minhas coisas, que minha namorada não era minha namorada, que meus irmãos c minha família não eram meus. Éramos e somos energias, e estaremos juntos em um momento seguinte, independente do tempo da Terra. O mais difícil, eu acredito, é trabalhar esse desapego de tudo e de todos. De resto, acredito que eu esteja fazendo um bom trabalho aqui. Alivio-me de poder repassar estas palavras à minha amiga Daniela, e agradeço a ela por este amoroso trabalho que ela está fazendo. Só tenho a lhe dizer: "Obrigado!". Espero que minhas palavras tenham ajudado. Vivam!

Os justiceiros
Pelas energias de Tereza e Natan

Igor passeia em seu cavalo. Quando escurece, uma música lhe chama a atenção. Desce do cavalo e, de trás de uma árvore, observa um grupo de ciganos que festejam. Seu olhar é para uma cigana que dança em volta de uma fogueira. Ali, ao brilho da lua, Igor fica por um bom tempo, observando aquele povo feliz. A jovem cigana lhe deixa encantado.

Quando vai embora, Igor não consegue tirá-la do pensamento.

Após um tempo, ao passear pela praia em seu cavalo negro, é a cigana quem o observa. Quando Igor a avista, segue até ela, que, assustada, tenta fugir, o que ele não permite sem que ela lhe diga seu nome: Marta. O olhar dos dois se encontra e, a partir daquele momento, tudo se torna diferente. Eles sentem algo profundo, como se conhecessem um ao outro há muito tempo. Antes que Marta fosse embora, Igor pega uma flor no cesto que ela tem nas mãos e lhe coloca nos cabelos. Aquele lugar passa a ser o ponto de encontro dos dois.

A jovem cigana, mesmo sabendo ser contra a lei de seu povo, segue encontrando Igor, e uma paixão invade o coração dos dois. Com o tempo, eles se entregam ao amor, mas Marta sabia que seria difícil quando seu povo descobrisse. Ao conversar com Igor, ele lhe diz: "Falarei com seus pais. Quero você como minha mulher, mesmo que nossas famílias sejam contra. O que importa é o que sentimos um pelo outro.".

Os encontros seguem por um bom tempo às escondidas, pois Marta sabia que Igor não seria aceito por seu pai nem pelos outros ciganos. Quando retorna ao acampamento, ao passar pela tenda de sua avó, esta lhe chama e pede para que Marta sente e lhe dê sua mão. Ela fala tudo o que vê. A jovem, assustada, não tem como negar. Tudo o que a avó lhe diz é real. Dentre o que prevê sobre o romance, ela diz: "Vejo além de todo este amor, vejo muito sofrimento no caminho de vocês. Mesmo sabendo que o amor é verdadeiro, há uma sombra que lhes acompanhará se partirem.". Sua avó ainda lhe diz: "Herdará de mim o dom da cura por meio das ervas. Saberá usá-lo por onde passares. Sei que não poderei mudar teu destino por isso. Te abençoo, mas sabe que teu pai não fará o mesmo. Ele será contra e fará de tudo para que não fiquem juntos.". Marta, porém, insiste, pois o que sente é mais forte do que ela. Quando encontra Igor, eles planejam fugir juntos. Igor fala tudo para seus pais, que pedem para que o filho fique ali com a moça. No entanto, Igor sabe que precisa partir porque ali os ciganos os impediriam de ficar com Marta.

Igor arruma uma carroça com mantimentos, se despede de seus pais e irmãos dizendo: "Serei feliz e, quando der, retornarei.". Ele segue ao encontro de Marta, que lhe aguarda no local combinado para seguirem viagem. Por toda a noite, viajam tendo como companhia o silêncio e o clarão da lua, quebrando a escuridão da noite. Quando o dia amanhece, a paisagem já é diferente, a água corrente embeleza o lugar com sua transparência, há o canto dos pássaros e o forte cheiro de flores. É nesse lugar que os jovens descansam.

Enquanto isso, no acampamento, sentem falta de Marta. Seu pai sai à sua procura e sua avó se mantém calada, pois sabe que a neta seguira seu destino. Os ciganos a procuram pensando estar próxima, já que ela costumava sair cedo para colher as ervas e as flores que tanto gostava.

Após o descanso, Igor e Marta seguem viagem. Nos lugares por onde passam, Igor presta serviço por dinheiro ou comida. Sabendo do preconceito em relação aos ciganos, diz a Marta que não diga a ninguém sua origem cigana, mas ela não consegue esconder seu dom. Ao ver uma mulher com fortes dores na barriga, lhe diz que lhe fará um chá. Ao tomar, a mulher não sente mais as dores, e, grata, lhes abastece com mantimentos para a viagem. Marta lhe ensina o chá que deve tomar se as dores retornarem.

Seguem seu destino. Após um tempo, chegam a um povoado. As pessoas lhes observam desconfiadas, mas, quando percebem que são do bem, eles passam a ser tratados de forma diferente. O casal encontra um lugar, se instala e ali fica por um bom tempo. Por todos os lugares onde passaram, Marta deixou boas lembranças e a gratidão das pessoas as quais ajudou com suas ervas. Naquele lugar, ela sente que muito pode fazer por aquelas pessoas que parecem tão sofridas. Muitos estão de cama, com febre e dor no corpo. Marta pede a Igor que lhe ajude a colher umas ervas e ele a acompanha. Quando retornam com as ervas, Marta prepara o chá em uma grande panela, distribui a todos os doentes e a febre começa a ceder. Por sete dias, o chá é distribuído e compressas são colocadas no peito. Todos se recuperam, e o casal é considerado um presente de Deus para lhes aliviar o sofrimento. É junto àquela gente que lhes tratavam com respeito e admiração que ficam por um longo tempo.

A fama de Marta com suas ervas se espalha e chega aos ouvidos do Rei, que a considera uma bruxa. Era assim que os curandeiros eram vistos, perseguidos e mortos, pois o Rei não permitia outra crença contraria à sua.

Marta conta para Igor que esta grávida, e ele comemora junto aos homens da aldeia. Igor resolve ficar naquele povoado até que seu filho nasça e possam seguir em segurança. Na inocência de seu amor, os dois não imaginam o perigo que lhes cerca.

Marta dá à luz uma menina, que Igor chama de Pérola. Ela tem olhos grandes e negros como os da mãe, e Igor comemora feliz junto aos moradores da aldeia.

O tempo passa e, quando a menina já está com três anos, Igor sente vontade de partir e tentar a vida em outro lugar. O destino, porém, muda seus planos. Igor sai com os homens para caçar e, depois que já estavam afastados da aldeia, uma fumaça lhes chama a atenção. Retornam rapidamente e, ao chegarem à aldeia, observam que grande parte fora queimada. Há muitos mortos pelo chão e, Igor, desesperado, procura a mulher e a filha. Quando encontra Marta, seu desespero cresce, pois Marta, além de estar morta, fora queimada em uma fogueira. Igor olha a mulher e, de joelhos, à sua frente, diz: "Me vingarei do que fizeram a você, nem que isso custe minha própria vida.". Ele retira o corpo da mulher da fogueira, coloca junto aos outros mortos e o enterro é providenciado. Igor procura a filha. Ela foi salva por um dos homens, que a entrega a Igor dizendo: "Quem fez tudo isso foram os soldados do Rei. Eles procuravam por Marta e por você. Quando a mataram, chamaram-na de bruxa.".

Quem entregara Marta foi um homem cujas feridas horríveis que ele tinha pelo corpo ela ajudou a curar Ele a entregara aos soldados do Rei por dinheiro, levando-os ao local onde Marta estava.

A avó de Marta sente profunda dor no peito no momento em que a neta é atingida pelos golpes de lança que lhe acerta o coração. O homem que a entregou sente suas feridas se abrirem e entra em pânico, pedindo perdão.

Naquele dia, Igor sente algo se transformar dentro de si, e toma uma decisão. Diz aos homens que restaram: "Lutaremos contra isso. Não permitiremos que inocentes morram porque um Rei acredita ser superior a Deus.". Igor pede que um homem de confiança leve sua filha até seus pais e, junto, manda uma carta. Então, segue seu plano de vingança.

Ele reúne homens que acreditam no ideal de liberdade e, juntos, passam a enfrentar os homens do reino. Saqueiam os ricos, retiram deles tudo de valor e doam aos pobres. Libertam homens que foram presos por serem contrários ao governo. Vão se tornando conhecidos, como os justiceiros. Eles passam a ser caçados pelos soldados do rei, e uma fortuna é oferecida para quem entregar ao Rei o líder dos justiceiros. No entanto, o povo o protegia porque sabia que os justiceiros apenas queriam um lugar mais justo para o povo que sofria com a tirania de seu Rei.

Igor era ágil e esperto. Criara com seus homens vários esconderijos e sempre escapavam dos soldados. O Rei, enfurecido, percebia que a maioria do povo admirava seu inimigo, e jurava punir quem fosse contrário à sua forma de governo.

A menina é entregue à família de Igor. Sua mãe, Maria, emocionada, lê a carta do filho e abraça a neta, a quem jura cuidar com todo o seu amor. Pelo mesmo homem envia de volta uma carta sua para Igor. Quando lê a carta, Igor sente todo o amor de sua família nas palavras escritas no papel, em que lamentavam a morte de Marta. Além disso, a carta lhe dava a notícia de que seu pai morrera há um ano, e que sua mãe cuidaria de Pérola até que ele retornasse para junto delas e de seus irmãos. No fundo, a mãe de Igor sentia algo estranho, como se não fosse mais ver o filho.

Após longos anos lutando contra o reino, Igor é traído por um homem que se junta ao seu bando. Após conseguir a confiança de todos, ele entrega Igor aos soldados do Rei, que ordenam que ele seja colocado na praça para dar exemplo. Antes que o matem, o Rei faz questão de conhecê-lo, e ironiza: "Então é você o grande justiceiro. Pois aqui será o seu fim. Será morto e por dias seu corpo ficará exposto para dar exemplo aos que me desafiam.". Igor lhe olha nos olhos e diz: "Existirão outros como eu que acreditam em um reino justo, no qual o povo seja tratado com respeito e tenha orgulho do Rei, e não medo e temor de sua tirania.". Nesse momento, o Rei ordena que calem a sua boca, e Igor é alvejado com vários golpes de lança. O Rei se afasta e, no meio da multidão, uma mulher se aproxima. É a avó de Marta, Sara. Ela chega perto de Igor e lhe diz: "Descanse em paz, Marta te buscará.". Ele fecha os olhos e vê Marta. Ela pega a sua mão e eles seguem por um enorme campo florido. Nesse momento, o tempo se fecha junto com os olhos de Igor. O sol dá lugar às nuvens escuras que trazem a chuva forte, que lava o corpo do justiceiro espalhando seu sangue pelo chão. Todos vão embora, menos Sara, que fica ali por alguns instantes. No silêncio, ora por Igor e também por Marta, mas, em meio a toda sua dor, sente um pouco de alegria, pois as cartas lhe mostraram luz com o fruto desse amor, Pérola.

Após algum tempo, o mesmo homem que levou Pérola e a entregou à mãe de Igor, vai até eles levando a triste notícia da morte do rapaz. Agora, o que restara de Igor era a filha, e esta fora criada com todo o amor. De Igor muito poderão lhe falar, mas da mãe tinham pouco para lhe dizer, a não ser do imenso amor que um sentia pelo outro.

Igor sente profunda alegria por estar novamente com Marta, mas algo ainda não aquietara seu coração, era o desejo de ver a filha e a família que tanto amava. Para seu descanso, precisava vê-los, mesmo que fosse pela última vez. Com Marta ao seu lado, ele foi à casa de seus pais. Percorreram por todas as peças da casa e, ao chegar à sala de jantar, encontram a mãe de Igor, sua filha e um de seus irmãos. O outro se casara e fora morar em outro lugar. Seu irmão dá início à prece que era feita por seu pai antes da ceia. Igor tenta lhes falar da saudade que sente, mas sua voz não é ouvida. Marta o acalma, agarrando sua mão, e lhe diz: "Agora precisamos ir. Eles ficarão bem, e um dia estaremos todos juntos.". Os dois olham a filha emocionados. Partem levando a certeza de que a filha estava com as pessoas certas, que dariam a ela todo o amor que não tiveram tempo de lhe dar.

Pérola se tornou uma linda mulher, deixando por onde passa os homens encantados com sua beleza. Ela resolve ir para a cidade estudar. Sua vida toma um rumo diferente ao conhecer um jovem que se apaixona por ela mesmo sabendo de sua origem humilde e que fora criada pela avó. Miguel é seu nome e, apaixonado, resolve falar aos seus pais que conhecera uma jovem e que deseja tê-la como esposa. Ele era filho da realeza. O Rei, mesmo insatisfeito, pois desejava um casamento de poses para o filho, acaba aceitando conhecer a jovem que o filho dizia amar. Finalmente, Pérola é apresentada à família, e é quando ela se surpreende ao descobrir que o jovem a quem tanto ama é filho do Rei. Ele também fica surpreso ao conhecer a mulher por quem o filho está encantado, pois vê nela algo diferente. Pérola não parece ter comportamento das jovens do campo, ela tem postura das mulheres da realeza. É inteligente e sabe se expressar, além de ser uma linda mulher. É nesse momento que o Rei entende o encantamento do filho.

Certa tarde, quando passeiam pela praça da cidade, Miguel se afasta por um instante e uma velha cigana se aproxima de Pérola. Ela agarra sua mão, olha no fundo de seus olhos e diz: "Agora posso morrer em paz.". A jovem não entende e ela continua falando: "Tua vida será iluminada, reinarás e fará por teu povo o que teu pai não pôde fazer. Esta medalha será teu amuleto de sorte e trará muita luz em tua jornada.". Quando Miguel retorna lhe trazendo uma flor, a cigana sai rapidamente. Miguel lhe pergunta o que a velha cigana queria e Pérola lhe responde: "Apenas ler minha mão.".

Ao sair daquele lugar com a medalha presa na mão, Pérola não consegue esquecer as palavras da cigana. Quando encontra sua avó Maria, esta lhe conta de sua origem cigana. Conta o que sabe sobre a morte de sua mãe e de seu pai, dos seus ideais de justiça para o povo. Ela entende que seu pai fora morto por lutar contra as injustiças e que fora o Rei quem ordenara sua morte.

Pérola, então, tenta se afastar de Miguel, mas o que sente pelo jovem é tão forte que acaba não conseguindo. Quando ele a procura demonstrando todo o seu amor, ela o apresenta à família. Eles o tratam com certa frieza, mas sua avó, mesmo com toda a mágoa que sente pelo que fora feito ao filho no passado, sabe que o rapaz não tem culpa dos atos do Rei. Ela tem certeza de que os dois se amam e os abençoa.

Miguel é o sucessor do Rei, que faz uma grande festa de casamento. Pérola é apresentada ao povo e a todos da realeza.

Passado um tempo, o Rei adoece e seu estado de saúde piora rapidamente. Ele pede para a sua mulher, a Rainha Victoria, para falar com seu filho. Quando Miguel se aproxima do leito de seu pai, este, já fraco, encontra forças para lhe falar e lhe diz: "Sei que és diferente de mim, que, no fundo, também não concordas com minha forma de governo. Talvez tenhas razão. Vejo, em todos esses anos de reinado, que sempre despertei temor e medo, e não admiração. Acho que muitas vezes fui rigoroso demais com meu povo, agora eu entrego a você meu reino. Saiba ser um Rei que o povo admire e ame, mas nunca seja fraco nas decisões importantes. Sei que tua mulher te ajudará e vocês juntos saberão conduzir nosso reino.". Com essas últimas palavras, o

Rei morre agarrando a mão do filho. Todo o reino faz luto pela morte de seu Rei.

Após alguns dias Miguel, é coroado. Ele fala ao povo: "Darei início a um reinado de paz. Quero um país justo para todos.". O povo sente nas palavras do jovem Rei o fim da tirania que tanto os fez sofrer. Aquele jovem daria início a uma era de paz.

Victória coloca na cabeça de Pérola sua coroa de Rainha e lhe diz: "Sei que saberás governar junto a meu filho.". Nesse momento, Pérola sentiu toda a responsabilidade que lhe fora colocada nas mãos. Ela sabia que havia humildade no coração de Miguel e que o amor que sentiam um pelo outro daria forças para construírem um reino de harmonia e paz.

Miguel, junto à Pérola, criou um reino em que os pobres eram tratados com respeito. O povo passou a sentir admiração e amor por seu Rei. Quando falava ao povo, Miguel tinha seu nome aclamado. O nome de Pérola também era aclamado, pois sempre esteve ao lado do Rei a cada decisão importante.

No fundo de seu coração, Pérola sabia que o desejo de seu pai fora cumprido. O povo se sentia feliz, sem opressão e não mais fora derramado sangue de inocente.

Reflexão sobre elos maternos

No amor que transporta a vida, a célula embrionária se transforma em feto. Fortalecendo-se no amor que a envolve, ele cresce e desperta nas mãos materna, que o guarda junto ao peito onde cresce se apresentando à vida.

Mãe e filhos são elos de amor que o tempo reforça, fazendo superar as dificuldades que chegam como tempestades que levam a caminhos diferentes. Como pássaros que aprendem a voar, muitas vezes os filhos seguem por rumos opostos, mas levam no coração a certeza de que o porto seguro da partida sempre os aguarda.

O feto, o bebê indefeso e dependente, a criança dengosa e chorona. O adolescente rebelde, entre verdades e mentiras buscando a sua identidade. O idoso experiente que guarda todas as fases que a vida lhe reservou, compreendendo-as com amor.

Se viver todas as fases da vida nos fosse fácil, com certeza não estaríamos aqui como aprendizes, onde todos os sentimentos repercutem em nosso ser. Tristeza, raiva, rancor, sofrimento, alegria, paz e amor.

Amor que nos faz superar todas as dificuldades. Ele nos fortalece e, se mostra em atitudes de quem nos ama, parecendo, muitas vezes, ser contra nós, quando, na verdade, é pura proteção. E esta age não como um grito que cala a raiva, e sim como um grito que a desperta em amor, nos tornando seres melhores. Aprendemos com nossos erros o verdadeiro sentido de estar aqui no Planeta Terra.

Flashes da vida – Fanatismo
Pelas energias de Damião e Chico

A vida se processa em *flashes*. Temos cenas de vários episódios como um filme a resolver dentro de nós. Família, trabalho, amigos e, até mesmo, aqueles com quem jamais conversamos ou vemos fazem parte do cenário existencial do viver. Nada é por acaso. Tudo tem um porquê. Encaixes, manobras e desvios nos são colocados à frente para seguirmos em nossa jornada. É uma pena que vivamos como zumbis. Sentimos apenas o cheiro do sangue e não conseguimos olhar para o Sol. A mecanicidade nos aprisiona. Fazemos tudo porque tem que ser feito. Nossos sentimentos estão prontos dentro de um universo de conceitos e preconceitos já estabelecidos por nós. O orgulho e o medo nos direcionam para lá e para cá. Não somos livres. Somos prisioneiros de nossas próprias mentiras, daquelas que, um dia, em determinada situação de nossas vidas, dissemos para nós mesmos que eram verdades. Adotamos este Universo Paralelo entre o real e o abstrato, entre a doação e a coação, entre o amor e o ódio.

Não sabemos quem somos na verdade. Queremos ser, a "duras penas", quem as pessoas querem que sejamos. Pisamos medrosamente quando queremos fazer algo "de coração". A nossa razão nos enche de dúvidas para o passo seguinte. Ela nos indaga sobre o que os outros pensariam de nós. Ela nos enche de falsos atalhos que nos conduzem ao esquecimento daquilo que nos propomos. Não nos damos conta de que os outros não estarão conosco quando o nosso cordão de prata se romper. Eles não poderão impedir, mesmo que queiram, o nosso sofrimento no desencarnar. Os outros têm caminhos diferentes dos nossos. Eles têm cenas, tragédias e ou comédias das quais não fazemos parte. Cada um tem o seu desenrolar.

Então, com os pés no chão, apoie-se. Apoie-se nas suas experiências, na sua força interna, na sua fé. Siga em frente! Descubra-se! Encontre-se! Faça coisas para e por você! Abrace-se. Beije-se. Perdoe-se!

O orgulho e a vaidade nos adoecem. A saudade de abraçar ou de conversar com alguém que nos machucou ou enganou é muito maior do que aquilo que ela nos fez. Aceite as pessoas como elas são! Cada um é do jeito que acha certo! Esse jeito pode não condizer com o nosso jeito de ser, mas é o jeito dele ou dela. Aceite! Mude você e não tente mudar os outros. Não temos sósias em pensamentos e sentimentos. Temos apenas pessoas que são nossos companheiros de vida. Afrouxe seu coração. Reavalie sua vida.

O que está mecânico e rotineiro?

O que está turbulento?

O que está esperando apenas por você?

Anime-se e replaneje seu hoje, a sua existência.

Quem lhe rodeia?

Que palavras e jeitos você usa?

Como é seu agir e reagir com os outros?

Ame-se e organize-se.

Não minta mais para você!

Eu estive na Terra por muito tempo. Eu queria mudar o mundo. Eu queria mudar as pessoas. Sofri o indizível e também o desnecessário porque olhei apenas para os outros e esqueci, completamente, de que o objetivo era olhar para mim mesmo.

A mecanicidade da vida me alimentava e me enganava como "batatas entregues aos porcos". Eles ficam desesperados e famintos para comer todas elas. Assim eu ficava desesperado para consertar as pessoas.

Queria que elas fossem como eu achava que tinha de ser. O pior é que, hoje, eu vejo que nem mesmo eu era como eu dizia que os outros tinham de ser.

Eu me achava muito importante. Eu me achava o melhor. Discursava para plateias enormes. Em meu interior, eu vibrava e me alimentava de todo aquele povo que era meu fã. Hoje eu sei que muitos que me aplaudiam nem tinham ouvido o que eu falava. Eles apenas iam "na onda" dos outros.

Eu pregava em nome de meu Deus. Eu me enganava com a minha própria fúria e desespero em ser o melhor. Criei e alimentei dentro de mim um Deus orgulhoso, fanático, justiceiro e coroado com aplausos. Esse era o Deus que eu chamava de Salvador. Hoje eu vejo que o Deus que pregava o evangelho aos quatro cantos era eu mesmo. Eu me fazia de Deus. O meu Deus era feito de vaidade.

Quantos lares eu destruí por muitas orientações extremas. Quanta dor eu causei por pregar justiça. Quanto fanatismo eu plantei nas pessoas por acreditar realmente em minhas mentiras pessoais. Quantos fracos, assim como eu, se esconderam atrás do Deus que eu mesmo tinha criado.

Eu me achava imortal. Vivi a vida julgando e condenando. Acreditava que minha salvação estava garantida. O "meu Deus" era o "meu Pai", o "meu melhor Amigo" e este iria me acolher.

Eu achava que vivia em nome Dele. Hoje vejo que eu vegetava e o projetava em meu próprio nome. Quão enganado eu estava! Eu realmente achava que a minha morada ao lado do Pai estava garantida.

Eu estava errado. Pregava as palavras de Jesus, mas interpretava-as com dogmas e preconceitos formados por meu próprio orgulho e vaidade. Entoava-as com a justiça de um grande vilão.

Aos 50 anos, quando eu me achava no auge dos meus incansáveis e aplaudidos discursos, meu coração parou. Logo depois, todo o meu corpo parou. A minha máquina humana parou de funcionar. Hoje eu sei que meu corpo não aguentou tanta empáfia. Minha vida fora baseada em falsidades de mim mesmo.

Senti uma forte dor no peito. Senti-me sufocado. Perdi todo o movimento do corpo. Vi que tombei. Vi que as pessoas abriam meu paletó e soltavam minha gravata. Fiquei bravo, o que elas estavam pensando? Por que tiravam meu paletó? Onde estavam meus anjos para me ajudar naquela hora? Onde estava o meu Deus? Por que me sentia tão pesado e sufocado? Onde estavam os hinos? As trombetas? A salvação?

Gritei. Gritei alto, mas ninguém me ouvia. O movimento continuava. Pessoas apavoradas olhavam para o meu corpo caído ao chão. Eu embrabecia cada vez mais. Rosnava de ódio, mas nada mudava o olhar daquelas pessoas que estavam desesperadas com o que acabara de acontecer.

Foi quando eu percebi que meu corpo estava ali, roxo e esticado, naquele altar. Foi quando me dei por conta que ninguém vinha a meu encontro. Embrabeci mais. Gritei mais. Rosnei mais forte. Dei ordens para que Deus viesse me buscar. Mas ninguém veio.

Resolvi olhar para mim. Meu corpo estava ali no chão. Onde eu estava? Onde estava a minha consciência que falava e gritava? Como isso acontecia?

Quando eu me olhei, vi que estava flutuando sobre meu corpo que estava ali, no chão. Percebi que eu estava mais leve e que podia flutuar.

Tonteei. Tive medo. Eu sempre caluniei sobre vida após a morte e agora me via aqui, nesta sala, com este corpo. Chorei amargamente. Imediatamente me dei conta dos erros que preguei e das inúmeras pessoas que enganei por minhas falsas verdades.

Chorei, me ajoelhei,e orei. Senti-me como um cãozinho coagido. Não tive pena de mim, tive vergonha dos meus erros. Fiquei ajoelhado e com os olhos fechados. Um tempo imensurável se passou. Vi cenas horríveis de minha vida, onde eu blasfemava a verdadeira história da vida e da morte. Ouvi, repetidas vezes, as calúnias que eu mesmo dissera em nome de Deus por minha autoridade e arrogância pessoais. Vi muitos dos meus erros com imensurável e amarga dor. A dor do erro e do arrependimento.

O tempo passou. As lições de dor rasgavam-me a alma. Eu não queria mais ver. Eu já não suportava mais tanta dor e arrependimento. Eu queria poder mudar tudo o que tinha feito. Eu pedi perdão. Foi aí que vi Adão. Senti sua mão em meu ombro. Abri meus olhos. Já estava em outro lugar. Muitas pessoas estavam orando, ajoelhadas, assim como eu. A mão de Adão fez-me levantar. Com um sorriso indescritível, ele me disse: "É hora de recomeçar!".

Eu entendi. Nova jornada na Terra. Nova chance para construir. Agora sem orgulhos e vaidades, sem mentiras e falsidades, uma vida de puro amor. Reassumi na Terra um corpo abençoado do sexo masculino. Segui meus dias, desde muito pequeno, com humildade e pureza em meu coração. Eu sabia que precisava ajudar. Assim eu seguia, dia após dia, na obra Divina de amor e perdão. Quando não conseguia ajudar alguém, eu sentia vergonha por não poder ajudar e orava à Nossa Senhora para que a doença fosse embora.

Assuntos Pendentes
Pelas energias de Natan, Tereza e Cristal

Me chamo Cristal. Saí da Espanha acompanhada de Pierre, homem pelo qual me apaixonei perdidamente. Minha família era contra o nosso relacionamento. Briguei com meus pais e segui meu destino. Peguei minhas coisas e na calada da noite fugimos. Deixei apenas um bilhete para minha mãe.

Eu sentia em Pierre um amor verdadeiro. Ele me prometeu que quando chegássemos à França nos casaríamos.

Quando chegamos, fomos até a estação de trem. Ele pediu que eu o aguardasse ali com as malas que logo ele retornaria, ele precisava resolver alguns assuntos e viria para pegarmos o trem. As horas foram passando, a noite chegou e ele não retornou. Fiquei tão perdida, sem saber o que fazer, que pensei: "Será que meus pais tinham razão?".

Perambulei pelas ruas, carregando a mala com os meus pertences, sem saber o que fazer nem para onde ir. Senti medo, frio, fome e dormi várias noites nas ruas. Certo dia, cansada, parei em frente a linda casa com luzes coloridas que iluminavam o nome *San Bernec*. Ali, eu adormeci e fui acordada por uma mulher que me perguntou o que uma jovem tão bonita fazia ali, naquele estado. Desculpei-me por estar em sua porta. Ela logo percebeu que eu precisava de ajuda e me estendeu a mão.

Disse-me o seu nome: Brigite. Ela era uma mulher distinta e também falava o meu idioma. Convidou-me para entrar e disse que eu precisava tomar um bom banho e também me alimentar. Após tomar banho e vestir roupas limpas, me alimentei, pois eu estava faminta. Conversamos e lhe contei tudo o que acontecera comigo. Foi quando ela se propôs a me ajudar. Disse-me que eu trabalharia ali com ela e que aquela noite teria um *show* com dançarinas, mas que eu não me preocupasse, pois ali era um lugar de respeito. Ela disse que as moças apenas dançavam e que a casa era frequentada por homens, mulheres e famílias que iam assistir às apresentações.

Assisti à apresentação das moças e senti que também poderia me apresentar. Sugeri à Brigite que eu dançasse ali flamenco, que eu costumava dançar em meu país, e ela concordou. Providenciamos um lindo vestido vermelho, fiquei deslumbrante. Coloquei uma flor no cabelo e tirei de meus pertences uma castanhola, presente de minha avó. Aquela noite, eu dancei com alma e coração. Deixei a plateia encantada e Brigite ficou radiante com o resultado. A partir daquele dia passei a ser uma das atrações da casa *San Bernec*. Eu senti em Brigite o amparo de uma mãe e um grande carinho por ela, e ela também por mim.

Passado três meses me senti enjoada. Descobrimos que eu estava grávida. Fiquei assustada: o que eu faria com um filho nos braços? Brigite foi maravilhosa e, sorridente, me disse: "Cuidaremos da criança e não lhe faltará nada.".

Segui dançando e me apresentando. Quando já não podia mais, passei a outros afazeres. No entanto, sempre perguntavam pela dançarina espanhola, e Brigite dizia que logo eu retornaria ao palco.

Dei à luz um lindo menino, que batizamos com o nome de Francisco, o mesmo nome de meu pai. Passado um tempo, retornei ao palco. Brigite sempre me ajudou, cuidando do menino enquanto eu me apresentava. Meu filho foi crescendo conosco, me vendo dançar. Brigite tinha por ele verdadeira adoração. Ela contou que nunca tivera filhos, que viuvou cedo e que nos sentia como sua família.

Enfrentamos dificuldades devido à guerra pela qual o país passava, mas conseguimos superá-las. *San Bernec* era um lugar para descontrair.

Passei a frente dos negócios e sugeri à Brigite que inovássemos com novos espetáculos. Passamos a contratar cantores, novos dançarinos e também mágicos ilusionistas. Foi quando meu filho se encantou pela arte do ilusionismo e aprendeu todos os seus truques. Ele era um menino especial, tinha algo encantador. Brigite dizia que ele seria alguém importante, que ela podia sentir isso.

Francisco demonstrava ter um dom especial que fora aumentando com o tempo. Ele conseguia ler o pensamento das pessoas, e as moças que trabalhavam na casa diziam que ele era um bruxo. Francisco se divertia com isso e lhes respondia sorrindo que não podiam guardar segredos dele.

Ele sempre tirava de sua cartola uma linda rosa vermelha e me entregava com um sorriso, dizendo: "Amo você.". O que achávamos estranho era que ele nunca nos perguntou por seu pai e já tinha dezessete anos.

Brigite incentivou Francisco a estudar, e assim ele o fez. Formou-se advogado e ficamos muito orgulhosas. Ele sempre foi muito inteligente e passou a nos ajudar, gerenciando a casa de *shows* e também se apresentando. Brigite contraiu uma grave doença, e Francisco não saiu de sua volta. Ele era dedicado e amoroso, e a considerava uma avó. Cuidamos de Brigite com muito amor, que fora o que recebemos dela por todos aqueles anos em que convivemos como uma família. Com a doença de Brigite, eu passei a cuidar da parte financeira, e Francisco me ajudava. A paixão dele era o ilusionismo, e acho que herdará de minha avó a parte mística que sempre foi incentivada por Brigite.

Antes de Brigite nos deixar, ela nos falou de sua vida, de coisas que nunca nos havia falado, como o surgimento da casa de *show San Bernec*. Ela nos contou de seu grande amor, Santiago. Eles se conheceram em Paris, se apaixonaram e se casaram. Ele era empresário e adorava música e dança, e fora ele quem fundara a casa de *shows San Bernec*, antes de morrer em um acidente.

Brigite nunca o esqueceu e nem quis colocar alguém em seu lugar. Após ter nos falado de sua vida, faleceu. Ficamos muito tristes com sua morte. Eu não sabia o que fazer com o que ela havia deixado. Foi quando o advogado de Brigite me procurou e disse que ela havia deixado um inventário, no qual meu filho e eu éramos favorecidos com todos os bens que ela deixara.

Passado um tempo, comentei com Francisco sobre a saudade que eu sentia de Brigite, e da falta que nos fazia. Francisco me disse: "Eu também sinto muita saudade dela.". Sorrindo, continuou: "Ela está muito bem, encontrou seu grande amor.". As palavras de Francisco me serviram de consolo, pois ela sempre dizia que um dia estaria com seu marido, Santiago, que sonhara que ele a aguardava.

Seguimos nossa vida. A casa de *show* estava em seu auge. As noites eram lotadas, principalmente no *show* de ilusionismo, a plateia ficava fascinada com o que via. Francisco se aperfeiçoava e fazia coisas que iam muito além do ilusionismo.

Eu lhe perguntei sobre como ele conseguia ler a mente das pessoas. Ele me respondeu que apenas se concentrava e tudo o que se passava na mente da pessoa vinha a ele, e ainda completou: "Por exemplo, agora mesmo, minha mãe se questiona porque eu nunca perguntei sobre meu pai. Eu digo eu nunca perguntei porque nem você sabe o que houve. Por que meu pai te abandonou? Eu sabia o que você e Brigite pensavam, mas nunca falei para que não ficassem zangadas comigo. Eu confio no destino e um dia sei que descobriremos o que houve.".

Após aquela conversa, ele me disse: "Quero viajar e quero que vá comigo.". Eu lhe perguntei para onde íamos e ele me respondeu: "Para a Espanha. Quero conhecer nossa família.".

Fiquei surpresa com o convite de meu filho. Fiquei também receosa, mas senti que precisava ir. Tínhamos condições e a distância de minha família sempre doeu em meu coração. Programamos nossa viagem e deixamos pessoas de confiança na administração da casa de *shows*.

Quando chegamos à Espanha, senti uma grande emoção. Fomos à Sevilha, onde eu encontraria minha família. Quando cheguei na frente da casa, vi minha mãe, Consuelo. Quando ela olhou para mim, emocionada, correu, me abraçou e disse: "Quanta saudade! Eu rezava todas as noites para que um dia tu retornasse, eu não queria morrer sem te ver novamente.". Eu pedi que me perdoasse e lhe apresentei seu neto, Francisco. Ela o beijou, feliz. Quando entramos, meu pai estava sentado. Eu lhe abracei e pedi que me perdoasse. Surpreendi-me quando ele me disse que já havia me perdoado há muito tempo, e que me procurou em vários lugares. Havia passado 22 longos anos, mas ele nunca tinha perdido a esperança em me encontrar. Apresentei-lhe Francisco, falei que seu nome era em sua homenagem e ainda acrescentei que era graças a ele que estávamos ali.

Buscamos as malas no hotel. Meus pais fizeram questão que ficássemos ali na casa com eles. Revê-los me fez um bem tão grande! Senti um alívio no coração e agradeci ao meu filho. Ele me disse que o grande mal das pessoas são os assuntos pendentes que não deixam as pessoas serem felizes. Disse-me ele: "Ainda temos um assunto a resolver". Nesse momento, fomos interrompidos por minha mãe, que trazia um álbum de família para nos mostrar.

Toda a família fora reunida para nos recepcionar. Fiquei muito feliz, pois eu devia isso ao meu filho: uma família de verdade. Apresentei a ele os meus irmãos, que estavam tão diferentes que eu nem os reconheceria. Senti que aquele reencontro fez um bem enorme a mim e a toda minha família, e ao meu filho, que adorou conhecê-los. No jantar, Francisco encantou a todos com sua mágica e ilusionismo. Tivemos dias maravilhosos e, quando partimos, juramos retornar mais vezes para visitá-los. No caminho, Francisco me falou que estava muito feliz por ter conhecido os avós, tios e primos, mas existia algo que precisava ser esclarecido para aliviar o seu coração que ainda doía ao lembrar-se de seu pai. Francisco lera o meus pensamentos. O retorno ao meu país me trouxe as lembranças do passado e as juras de amor de Pierre, além de algo que sempre me atormentou: o seu desaparecimento. Francisco sabia disso, colocou minha cabeça em seu ombro e ficamos em silêncio.

Nessa viagem, eu me senti ainda mais próxima de meu filho. Pela primeira vez ele me contou de seus sonhos. Desde criança ele sonhava com um homem que sempre demonstrava muito amor por ele e também por mim, e que o último sonho lhe deixou intrigado. O homem o levara para um lugar de descanso e lhe mostrara uma lápide no chão, coberta por folhas secas de uma grande árvore. Eu, curiosa, perguntei-lhe como era esse homem. Quando ele o descreveu – alto, moreno, olhos esverdeados, em cuja mão direita havia uma cicatriz em forma de lua –, meu coração disparou e fiquei pálida. Francisco, assustado, me perguntou o que havia acontecido. Quando lhe contei que a descrição parecia ser a de seu pai, ele ficou em silêncio e pensativo.

Quando chegamos, seguimos nossa vida, mas a conversa com Francisco não me saía da cabeça. Os sonhos dele passaram a ser mais frequentes. Ele me disse: "Vou desvendar esse sonho, vou encontrar o lugar que me fora mostrado e que tem se repetido nos meus sonhos. Acho que sei onde fica.". Prontamente, pedi para acompanhá-lo. Quando chegamos ao local, Francisco me disse: "Eu vi no sonho uma grande árvore, e bem próxima a ela uma sepultura.". Ali havia várias e algumas bem antigas. De repente, soprou um vento que arrastou as folhas secas que cobriam uma sepultura. Francisco falou em voz alta: "Encontrei!". Quando me aproximei, vi o nome Pierre e a data de sua morte. Tive, naquele momento, a certeza de que fora o destino que nos separou. Enquanto estávamos ali, um homem se aproximou e nos falou que Pierre era seu grande amigo. Disse, ainda: "Ele morreu em meus braços, hoje seria seu aniversário.". Perguntamos o que houve e ele nos contou: "Recebi a visita de Pierre quando ele retornara da Espanha. Contou-me que trazia com ele uma linda mulher e que ela seria sua esposa. Disse que havia saído para resolver uns assuntos, que a deixara na estação o aguardando, e que depois pegariam o trem para a cidade onde moravam seus pais. O destino, porém, fora cruel com meu amigo. Resolvi acompanhá-lo de volta e, quando estávamos a caminho da estação, fomos surpreendidos por uma rebelião, na qual militares atiraram sem piedade nos revolucionários. Pierre fora acertado por um tiro. Eu o arrastei para nos esconder, mas não pude fazer nada por ele. As poucas palavras que me disse foram, 'encontre Cristal e diga que a amo'. Quando eu cheguei na estação, já não havia ninguém lá.". As lágrimas escorriam de meu rosto, e eu disse para aquele homem: "Você acaba de encontrar a esposa de Pierre. Eu sou a mulher de quem teu amigo falava, me chamo Cristal, e esse é o filho que ele não pôde conhecer.". Aquele fora um momento de emoção para todos nós.

A partir daquele dia, passei a visitar a sepultura de Pierre, e Francisco sempre me acompanhava. Seguimos nossa vida e eu tive a certeza de que fora amada por Pierre, e que ele nunca nos abandonou.

Alguns dias depois, Francisco me falou que estava feliz, que havia sonhado com o seu pai novamente. Dessa vez, ele sorria feliz, abraçou-o e sumiu em uma luz muito clara. Francisco acordou sentido uma profunda paz.

Entendemos que o assunto pendente fora resolvido e que Pierre pôde descansar em paz. Eu também me libertei da angústia de não saber o que havia acontecido.

Passado um tempo, Francisco, em uma de suas apresentações, conheceu uma linda jovem, com quem casou e teve vários filhos. Mantivemos contato com minha família e, sempre que possível, íamos visitá-los. Francisco também fora apresentado à família de seu pai, o amigo de Pierre o levou. Todos ficaram felizes por conhecê-lo. Ele tinha traços fortes que lembravam o pai, principalmente os olhos e o sorriso, o que Francisco pode comprovar ao ver uma foto do pai.

Meu filho estava muito feliz, e eu também. O tempo passou e pude desfrutar das coisas boas da vida ao lado de meu filho e da família que ele construiu. Quando parti, levei paz em meu coração e a certeza de que meu grande amor me aguardava.

É muito importante que na vida tudo se resolva e tudo se esclareça, para que no momento da partida não se leve consigo assuntos pendentes. Eles não dão descanso à alma, deixando-a presa ao que não fora resolvido. Como tudo é energia, quem partiu leva consigo a angústia e o sofrimento, que só se desfazem quando tudo se esclarece e a luz passa a brilhar, permitindo uma profunda paz.

REFLEXÃO SOBRE CUIDADO COM O PRÓXIMO

A vida é o meio de se cumprir o destino. A morte é o desfecho para o final do que foi proposto e aceito.

O amor é o grande elo que não se desfaz, nem mesmo com a morte. Ele é a certeza de permanecer vivo no coração dos que ficam guardados na lembrança.

A oração é o remédio para os que partiram. Ela acalenta o sofrimento e a saudade, que, por algum tempo, permanecerá, até o desligamento do mundo material. Aos que ficam, a oração desperta uma força interior capaz de amenizar a dor e a saudade de quem partiu, permitindo ao que fica prosseguir a vida consolado em oração e fé, com a certeza de que Deus não desampara seus filhos. Prosseguir faz parte da vida. Devemos continuar a jornada dando aos que ficam todo amor, pois ele é fundamental tanto para os que seguem na Terra quanto para os que partiram.

A vida é uma passagem que deixa ensinamentos. O aprendizado torna o ser melhor, devido ao crescimento espiritual que Deus oferece a cada oportunidade de retorno a Terra, sempre que o retorno for necessário.

Devemos refletir sobre o valor da vida, sobre o quanto ela é preciosa e deve sempre estar acima dos valores materiais, que por muitos são colocados em primeiro lugar, desvalorizando a vida do ser humano.

Não valorizar a vida do próximo é pensar só em si, é colocar a ganância e o material à frente do que é mais importante, a vida. Jamais se pode ser feliz se não houver amor, respeito e humildade no coração.

A grandiosidade de um ser está em suas atitudes em relação ao próximo, que deve visar ao bem-estar de todos. Deus não criou o ser humano para ser egoísta. Fomos criados para sermos sua imagem e perfeição. Isso com certeza não atingiremos em apenas uma vida, e sim com crescimento evolutivo. Como aprendizes, seguiremos a jornada em busca da evolução, sem esquecer que o amor ao próximo é fundamental para o crescimento. Nossas atitudes se refletem em nossa alma gerando luz ou escuridão. Tudo depende de cada um de nós.

Encontro de almas
Pelas energias de Damião

Vizenti morava em Portugal. Apreciador da arte antiga e amante dos livros de história, ele acreditava que a vida se resumia ao aqui e agora. Para ele, não havia Deus, não havia fé, só havia o momento que ele estava sentindo naquele instante. Ele era professor do que mais amava, literatura, de diferentes épocas e escritores. Ficava várias horas de seu dia a apreciar os escritos dos mais renomados mestres da literatura. Para ele, escrever era uma arte. Acreditava que jamais poderia escrever sequer uma linha que vibrasse tanto quanto aquelas que ele lia e saboreava por horas a fio.

Em uma de suas idas e vindas a uma biblioteca pública conheceu Carmela. Apaixonou-se por ela no primeiro momento. Ela era a expressão pura de uma Monalisa. Ele a amou no primeiro instante. Carmela tinha uma pele alva como a neve e olhos expressivos e caramelizados. Seus cabelos desciam como breves ondas e acompanhavam uma fina cintura. Desde o primeiro instante ele percebeu o quanto aquela mulher havia mexido com ele. Ele já tinha 27 anos e ainda não havia se apaixonado. Todas as garotas que havia conhecido eram extremamente arrogantes e ignorantes. Era assim que ele pensava. Ele não tinha papo com elas, pois sua vida era a literatura e ele não tinha muito assunto fora isso.

Vizenti usava um grande óculos e os cabelos presos em uma pequena colinha. Sua pele era branca, e seus cabelos e olhos eram negros. Os dois, Carmela e Vizenti, formavam um belo par.

Por dias e dias incontáveis, Vizenti observou a doce Carmela, que retornava à biblioteca sempre no mesmo horário. Eles sentavam em mesas bem próximas uma da outra. Demorou bastante tempo até que Carmela notasse a presença dele. Certa tarde, como muitas outras que haviam passado um ao lado do outro, Carmela, ao sair de sua mesa, enganchou o pé na cadeira, vindo a tropeçar e a cair ao chão. Vizenti, ágil que era, levantou-se rapidamente e ajudou-a a levantar. Ele aproveitou e acarinhou a mão da doce moça, em um toque de volúpia. Ela olhou-o e, inesperadamente, sorriu para ele, com um largo e mais bonito sorriso que ele tinha visto em sua vida. Ela era linda. Ele estava apaixonado. Não tinha dúvidas. Carmela também sentiu algo muito forte ao perceber o toque macio da mão daquele desconhecido. Ela se recompôs e prontamente estendeu sua mão apresentando-se. Ele, sorridente, também disse seu nome. Vizenti perguntou se ela tinha se machucado e ela disse que seu pé estava doendo um pouco. Ela se sentou e ele pediu permissão para mexer em seu pé. Somente aí ele percebeu que Carmela usava uma perna mecânica. Depois de meses e meses observando-a e admirando-a, ele sequer tinha notado que ela tinha dificuldade para caminhar, tamanho encantamento.

Carmela se constrangeu ao perceber que Vizenti ficara pensativo e perdido em seus pensamentos. Ela achara que era por ele ter visto a sua perna. No mesmo momento, a moça disse que já estava um pouco melhor e convidou-o a sentar-se ao seu lado. Ela contou-lhe que sofria de uma doença degenerativa e, que em uma das várias internações que teve, precisou amputar sua perna devido a uma gangrena que tinha se formado abaixo do joelho. Ele, sem saber o que falar, e também sem palavras por estar ao lado de sua amada, foi o mais sincero possível, dizendo-lhe: "Isso não impede de você ser a mais bela das moças que já vi.". Ela sorriu envergonhada, mas feliz. Ele ainda completou: "Há meses a fio que observo a senhorita e vejo o quão bela e estudiosa és.". Somente naquele momento Carmela percebe que realmente Vizenti estava lhe acompanhando ali há muito tempo. Mesmo em dias de chuva, em que a biblioteca estava vazia, ela via e sentia a presença dele por perto, mas, envergonhada do jeito que era, principalmente por não ter uma perna, ela não olhava muito para os lados.

Carmela era extremamente solitária. Sua vida era seu pai, pois sua mãe já era falecida. Não tinha irmãos nem parentes, e seus livros eram seus companheiros para todas as horas. Ela era de uma família simples. Seu pai era professor aposentado. Seus remédios, assim como todo o tratamento que fazia todos os meses, era bastante caro para manter. Não tinham funcionários em casa. Pela manhã, Carmela fazia todos os afazeres domésticos, e todas as tardes se dirigia à biblioteca para estudar. Ela já tinha 24 anos e ainda não havia ingressado em uma faculdade. Ela tinha um sonho: ser médica, mas como não teria dinheiro para subsidiar seus estudos, precisava estudar e estudar para conseguir uma bolsa. Por mais que ela se esforçasse, tinha dificuldades para assimilar os conteúdos. Sua doença desacelerava, de certa forma, a sua maneira de estudar.

Sem perceber, Carmela contou toda a sua história naquele momento, no primeiro encontro, para Vizenti. Quando percebeu, se envergonhou. Ele, notando a vermelhidão da jovem, prontamente falou: "Que bom que você sentiu-se à vontade comigo. Vou contar-lhe também a minha história. Quer saber?". Ela, esquecendo-se de todo o resto, disse: "É claro. Quero muito saber.". Os dois já estavam enamorados e à vontade um com o outro. Parecia que conversavam há muito tempo.

Vizenti contou-lhe que não tinha nem pai e nem mãe, tampouco qualquer outro familiar. Seus pais o tinham adotado quando era muito pequeno, e ele jamais soube do paradeiro de seus pais biológicos. Seus pais adotivos já eram idosos quando ele fora adotado e tinham grande fortuna. Eles deixaram tudo para Vizenti, que tivera uma infância e adolescência muito amorosa e tranquila. Sua mãe morrera fazia apenas um ano e, desde então, entregava-se com exclusividade aos estudos literários. Ele já era formado em história e em letras, mas não exercia nenhuma das duas profissões. Pelo contrário, buscava algo para investir seu dinheiro. Ele queria entrar em uma grande causa, mas não sabia qual. Aproveitando o ensejo, comentou que nunca tivera namorada e que todas as moças que conhecera não lhe chamaram a atenção. Sem perceber, contou para Carmela que vinha na biblioteca fazia alguns meses somente para ficar na presença dela, porque, na verdade, tinha todos aqueles livros em casa.

Carmela sorriu e perguntou-lhe: "Por que nunca veio conversar comigo? Ele, sem jeito, respondeu: "Porque você nunca me olhou.". Ela, sorrindo e feliz, ainda desacreditada de tudo que estava acontecendo, comentou: "Desculpe, eu não costumo olhar ao meu redor. Tenho vergonha. Desculpe.". Ele silenciou, entendendo a vergonha dela.

Vizenti perguntou como estava seu pé e ela disse que doía um pouco. Então, ofereceu-se para levá-la ao médico ou, quem sabe, levá-la em casa e pedir a seu pai que fossem juntos ir ao médico. Ela disse-lhe: "Não poderemos ir ao médico. Nosso orçamento, neste mês, já está estourado. Papai precisou comprar alguns remédios e não temos dinheiro.". Ele, não querendo ser intrusivo, mas sendo, disse: "Permita-me que ajude, bela Carmela.". Ela, sem pensar, disse que sim com a cabeça e abaixou os olhos, muito envergonhada.

Vizenti pediu que ela aguardasse um pouco, dizendo-lhe que voltaria logo. Enquanto isso, ela ficou arrumando seus livros. Alguns ela havia trazido, outros eram da biblioteca. Vizenti voltou acompanhado de um homem vestido com roupas de chofer. Ela envergonhou-se, e ele, percebendo e já se sentindo íntimo dela, disse: "Fique tranquila, cuidarei de você.". Carmela sentia-se plenamente feliz e em paz ao lado de Vizenti. Jamais tinha sentido isso antes.

Vizenti entregou seus livros e os dela à bibliotecária. Voltou à mesa, pegou todas as coisas de Carmela e as entregou ao seu chofer. Carinhosamente ajudou Carmela a se levantar da cadeira, mas percebeu que esta não conseguia. Prontamente, mas pedindo licença, agarrou-a no colo e ficou com o rosto muito perto do rosto dela. Ambos se olharam e, ali, naquela biblioteca, sem esperar mais nenhum momento e sem pensar em mais nada, eles deram o primeiro beijo. Ele, extasiado, pediu-lhe em casamento. Ela, também envolvida no momento, lhe disse sim. Os dois sorriram e Vizenti seguiu com Carmela no colo até o carro.

Os dois estavam vivendo um conto de fadas. Ela acreditava estar vivendo um amor de alma, já ele, cético da forma que era, apenas acreditava que ela era a sua Monalisa, ou seja, a sua amada. Para ele, tudo era simples dessa forma, ou seja, nascer, desenvolver, conquistar, envelhecer, adoecer e morrer. Para ele, a vida era dividida em etapas, e agora era a etapa de ele ser feliz com sua amada.

Eles demoraram até chegar à casa de Carmela. Era uma casa simples. Chegando lá, encontraram o pai de Carmela passando mal. Ele estava no sofá da sala e sentia forte dor no peito. Vizenti percebeu que o homem não estava bem e, sem pensar, colocou-o também no carro, levando os dois, pai e filha, até o hospital. O senhor não resistiu e, na ida até o hospital, acabou falecendo no carro de Vizenti. Carmela se desesperou, sentia muita dor no pé, e a dor física unida à dor da perda de seu pai fizeram-na desmaiar. Vizenti ligou já do carro para o médico da família e avisou que estaria chegando ao hospital. Vizenti era muito rico e tinha muito dinheiro investido em hospitais e em outros locais. Ele era reconhecidíssimo na cidade.

Ali, naquele carro e com Carmela desmaiada em seu ombro, decidiu que cuidaria dela para o resto de sua vida. Ele a amava e a queria consigo para sempre.

Quando chegaram ao local, já havia quatro enfermeiras, duas macas e dois médicos esperando-os na porta. Carmela foi levada imediatamente para a sala de atendimento. Quanto a seu pai, apenas confirmaram que ele estava morto.

Os médicos examinaram Carmela e alertaram que a taxa de glicose dela estava muito alta, e que sua pressão arterial também tinha se elevado. Disseram que precisaria de cuidados especiais e perguntaram se ela tinha alguma doença degenerativa. Vizenti, lembrando-se da conversa deles, disse que sim. O médico comentou que todos os seus membros estavam enrijecidos e perguntou se ele sabia o porquê. Vizenti disse que não. Carmela ainda estava desacordada. Ela havia entrado em um quadro clínico descompassado repentinamente. Vizenti, porém, sabia que sua doce Carmela ficaria bem.

Vizenti providenciou o enterro do pai de Carmela, e ela ainda continuava desacordada. Ela manteve-se assim por quase sete dias. Ela teve um desequilíbrio orgânico geral em todo o seu corpo. Aos olhos de Vizenti Carmela permanecia linda, mesmo deitada naquela cama de hospital.

Passados os sete dias, ela acordou e surpreendeu-se ao ver Vizenti a seu lado. O quarto do hospital era lindo. Vizenti o havia ornamentado para ela. Ela sorriu, mas, ainda fraca, perguntou: "E meu pai? E os trâmites?". Ele respondeu: "Já providenciei tudo. Fique tranquila, minha querida. Agora descanse, cuidarei de você para sempre... Te amo.". Ela, sem pensar, lhe disse da mesma forma: "Também te amo.". Os dois sorriram e Carmela voltou a fechar os olhos.

Os dias foram passando e houve uma complicação na outra perna de Carmela, a que ela havia machucado. Os médicos não conseguiram salvá-la e precisaram retirá-la, para que a gangrena não se alastrasse. Carmela ficou muito triste, e, Vizenti, sempre ao seu lado, lhe dizia: "Eu te amarei de qualquer forma. Não se preocupe. Faremos as pernas mais lindas para você.". Carmela se confortava com as doces palavras de seu amado Vizenti. Ela se sentia extremamente protegida perto dele. Ela apenas o agradecia. Vez ou outra, ele beijava-lhe a testa. Ela passava a maior parte do tempo desacordada. Os médicos diziam que não encontravam o agente causador da fraqueza que prendia Carmela àquela cama.

Já fazia dois meses que Carmela estava no hospital. Vizenti se preocupava, pois ela, em vez de melhorar, estava piorando. Vizenti contratara os melhores médicos, mas nenhum sabia o que ela tinha. Carmela já não abria mais os olhos, e aos poucos, foi ficando totalmente inconsciente, em estado frágil. Vizenti estava muito nervoso. Não queria perder a sua amada. No entanto, mesmo com todos os cuidados, sua doce amada partiu, deixando Vizenti extremamente triste. Carmela morreu naquela cama de hospital. Seu enterro foi o mais belo que alguém já viu, mas foi também o mais solitário, pois estavam apenas Vizenti e Carmela. As mais belas rosas foram colocadas no jazigo. A dor de Vizenti era tanta que ele prometera jamais apaixonar-se novamente por alguém. Ele jurara no leito de morte Carmela fidelidade à sua amada.

O tempo passou e Vizenti seguiu sua vida com extrema dor no peito. Ele não protestava ter perdido Carmela porque ele não acreditava em nada, mas fechou-se para o mundo. Não lia mais. Não saía mais de casa. Entregou-se a uma tamanha tristeza e solidão. Sua vida já não tinha mais sentido, e o dia mais feliz de sua vida fora também o mais trágico. Ele se sentia muito mal por não ter protegido Carmela e por não ter evitado que ela tropeçasse naquele dia. Ele se cobrava por não ter conversado com ela naquela biblioteca. Ele se julgava a todo o momento. Sua vida passou a ser uma tortura cheia de *porquês*.

Certo dia, Vizenti chamou seu advogado e fez o seu testamento. Deixou sua infindável fortuna para asilos, casas de crianças, hospitais e infindáveis locais assistenciais. Ele tinha muito dinheiro. Ainda frisou que sua casa e um de seus carros ficariam para seu chofer, Saulo, e que uma boa quantia em dinheiro seria entregue a ele depois de sua morte. O advogado fez tudo como Vizenti quis e saiu de lá entristecido pela falta de vida que viu nos olhos do jovem rapaz, que agora estava com apenas 32 anos. Cinco anos já tinham se passado da morte de Carmela.

Muitas pessoas tentavam ajudar Vizenti. Saulo, seu leal chofer, tentava conversar, mas Vizenti não dava abertura para ninguém. Saulo era bastante religioso e orava pedindo que Deus cuidasse de Vizenti. Saulo admirava seu patrão, mas tinha medo de que ele cometesse uma loucura. Em uma de suas folgas, ele tomou a liberdade e levou sua pequena filha, Clara, para que Vizenti a conhecesse. Saulo não sabia, mas, naquele exato dia, Vizenti planejara matar-se. Saulo bateu na porta de seu quarto exatamente quando o jovem rapaz empunhava uma arma sobre a cabeça. No momento em que ia apertar o gatilho, Vizenti ouviu um choro de criança. Isso desviou sua atenção e, logo em seguida, ouviu uma batida na porta, acompanhada pelo constante e agora forte choro.

Vizenti embrabece, guarda o revólver e abre a porta. Saulo percebe a brabeza de seu patrão e pede perdão. Ele, sem perceber, fica absorto ao olhar aquele belo bebê. Saulo percebe o encantamento de seu patrão por sua filha e lhe diz: "Perdão por lhe incomodar, mas vim mostrar-lhe minha amada filha Clara e agradecer por tudo o que o senhor tem feito por nós e por nossa família.". Vizenti sorri e, pela primeira vez desde a morte de Carmela, sente um alívio no fundo do peito. Clarinha sorri para Vizenti. O olhar de um para o outro é forte, tal qual a força de um ímã.

Vizenti despede-se de Clarinha e de Saulo, e diz ao chofer que ele não fez nada que não pudesse. Saulo retirou-se e Vizenti pôs-se a pensar que poderia retomar a sua vida, que mesmo sem Carmela poderia ser feliz, pelo menos com seus livros. Mas ele se sentia tão sozinho... Decidiu convidar Saulo e sua família para virem morar em sua casa. Saulo teria um cargo melhor e um aumento em seu salário. Aquela criança havia transmitido uma vontade de continuar vivendo para Vizenti. Ele não sentira aquela vontade desde Carmela. Algo novo crescia dentro dele. Vizenti banhou-se, barbeou-se, arrumou-se, desceu para a sala de jantar e comeu um belo almoço. Ordenou que todos tirassem o dia de folga. Pediu apenas que avisassem Saulo para vir até sua casa e trazer a pequena Clara.

Saulo veio, e sua família também. O tempo foi passando e o amor de Vizenti por Clara foi crescendo cada vez mais. Ele acreditava que era um amor de pai. A menina era alegre, linda e extrovertida, e isso dava vida à vida de Vizenti. Saulo se tornou grande amigo de Vizenti e passou a tomar conta de tudo para ele. Vez ou outra, Vizenti saía a viajar pelo mundo, mas retornava em pouco tempo, pois seu coração ardia de saudade de sua Clarinha. Era assim que ele a chamava. Ele a enchia de presentes e de carinho. Estavam sempre grudados. Ela, assim como ele, amava as leituras. Nesta época, Vizenti já voltara a ler. Clarinha já estava com 18 anos e estava pensando em fazer uma faculdade. Vizenti não saberia como seria sua vida quando Clarinha fosse embora, mas sabia que ela teria de ser alguém, e ele não poderia impedir.

A jovem e encantadora Clarinha não quis ir para faculdade alguma e decidiu aprender história e letras com Vizenti, em sua própria casa. Vizenti não se conteve de tanta alegria. Ensinaria tudo o que sabia para sua doce Clarinha.

Então, a partir da decisão de Clarinha, Vizenti e ela passaram a estudar e a ficar horas e horas juntos. Eles eram um do outro, embora tivessem uma diferença de idade de 31 anos. Os dois juntos pareciam ter a mesma idade. Eles sorriam, conversavam, estudavam, faziam as refeições. Tudo juntos. Clara não saía de casa, e nem tinha vontade. Ela queria apenas ficar ao lado de seu amado "amigo" Vizenti. Desde pequena, ela recusava-se a chamar-lhe de tio. Para ela, ele era seu melhor amigo e também um homem lindo e encantador. Vizenti, vez ou outra, sonhava com sua doce Carmela, mas, quando ia beijar-lhe, em sonho, percebia que era Clarinha. Demorou para Vizenti perceber que amava Clarinha não apenas como amiga ou como alguém que ele ajudara a criar. Ele a amava com toda a sua vontade de homem. Ele a amava e a desejava. Vizenti se atordoava ao pensar no quanto ele a amava, e ele nunca se esquecera de seu choro, momentos antes de tentar se matar. O que Vizenti não poderia saber é que sua amada Clarinha era a energia de Carmela, sua própria encarnação, que havia voltado para retomar aquele amor que tinha sido impedido de ser vivido. Além da diferença de idade, Vizenti tinha muito respeito por Saulo e sua esposa.

Clarinha se mostrava cada vez mais ousada nas aulas e vez ou outra esfregava seu corpo no corpo de Vizenti. Ele ia à loucura, mas continha-se. Jamais imaginara um dia declarar-se para sua amada.

Certo dia, a mão amiga do destino deu um jeito e tudo aconteceu, mesmo isso parecendo contrário às leis de Deus. Até mesmo as mortes são estabelecidas em acordos antes de descermos ao plano terrestre. Às vezes, espíritos amigos a propiciam, a fim de favorecerem outros acontecimentos. Foi o que aconteceu com Saulo e sua esposa. Eles planejaram uma viagem de férias e saíram pelo mundo, deixando Clarinha sob os cuidados de Vizenti, como já haviam feito várias vezes. Na viagem, houve um acidente, no qual ambos, Saulo e a esposa, vieram a falecer.

Agora, Clarinha tinha apenas Vizenti e Vizenti tinha apenas Clarinha. O tempo passou e cada vez mais o amor dos dois crescia. Certa noite, em que Vizenti não conseguia dormir e seu corpo desejava

Clara, ele resolveu passear pelo seu jardim. Chegando lá, ouviu um choro suave, mas contínuo. Assustou-se, pois percebeu que era o choro de Clara e chamou: "Clara! Clarinha, é você?". Ela, ainda chorando, respondeu: "Sou eu, sim, Vizenti. Sou eu. Estou aqui. Vim passear pelo jardim porque não conseguia dormir e acabei caindo e torcendo o pé.". Assim como fez com sua amada Carmela, ele repetiu a cena com sua amada Clarinha. Tentou levantá-la, mas, como ela não conseguiu, pegou-a no colo. Sem pensar em nada, ouviu apenas a voz de seu coração. Quando seus olhos se encontraram, eles se beijaram e se entregaram em profundo amor. Todo o amor que estava guardado desde aquele momento na biblioteca no tempo de Carmela seria vivido agora, em toda a sua plenitude, mesmo com suas diferenças, no tempo de Clarinha.

O amor dá voltas e retorna ao ser amado assim que tiver uma oportunidade. Assim, de certa forma, Carmela conseguiu retornar aos braços de seu amado e viver tudo o que queria viver. Nada é impossível perante os olhos de quem ama.

Deoclécio e Deoclides
Pelas energias de Natan

Em 1830, no vilarejo São Francisco, nascem Deoclécio e Deoclides, filhos gêmeos de Manoel e Mercedes.

Todos comemoram felizes junto com Manoel o nascimento dos seus filhos. No entanto, o que os pais não imaginavam era que aquela felicidade de ter os dois juntos duraria apenas dez anos.

Os irmãos foram crescendo, sempre muito unidos. Eram inteligentes e com uma maturidade incomum para a idade que tinham. Havia neles muita cumplicidade em tudo que planejavam fazer. Um conseguia adivinhar o que o outro pensava, raramente discordavam um do outro e nunca brigavam. A mãe, orgulhosa, sempre dizia às mulheres do vilarejo: "Nunca vi duas crianças se darem tão bem, deve ser porque são gêmeos.".

Os irmãos adoravam brincar nas proximidades da casa, alimentar as ovelhas e caminhar pela mata que havia próximo ao vilarejo.

Manoel e Mercedes também tiveram mais dois filhos, Pedro, de seis anos, e Vicente, de cinco. Os mais velhos já haviam completado dez anos.

Certa tarde, quando saiu para brincar com o irmão, Deoclides sente um cansaço e forte mal-estar, ficando um pouco febril. Deoclécio o leva para casa, e a mãe lhe prepara um chá. Mercedes fica preocupada, pois o menino não demonstra melhoras com os chás, e já haviam passado dois dias. Ela fala com o marido e o levam a uma cidade vizinha, onde havia um médico. Antes de partirem, Deoclécio fica um pouco com o irmão, que agarra sua mão e lhe diz: "Prometa-me que cuidará de nossa família enquanto eu estiver longe.". Deoclécio responde: "Eu sempre cuidarei deles, e de você também. Não esqueça que eu serei médico.". Os irmãos se despedem e Deoclides é levado para a cidade. O médico o examina e diz aos pais que o menino precisa ficar no hospital, pois ele tem uma grave infecção nos pulmões e precisa ser tratado. Manoel fala com o médico sobre suas condições financeiras, e o médico, homem bom, diz para ele não se preocupar com isso. A mãe se despede do filho com lágrimas nos olhos. Ela diz que ele precisa ficar para se tratar, mas que logo voltará para casa. Ela dá um beijo nele e retorna com o marido para o vilarejo, com aperto no peito. Deoclides pede que ela não chore, que reze sempre por ele e que cuide bem de seus irmãos. O pai também se despede do filho, e retornam para casa. Quando chegam, Deoclécio corre até eles e pergunta pelo irmão. A mãe, calmamente, lhe explica que Deoclides teve de ficar para ser tratado. Deoclécio sente um aperto no peito. Ele corre até a mata onde costumam brincar e lá encontra objetos do irmão. Ele guarda um pequeno carrinho de madeira, o preferido de Deoclides, presente de sua avó.

Passaram-se alguns dias em, uma noite, Deoclécio acorda a mãe e lhe diz: "Mãe, Deoclides esteve em meu quarto e falou comigo. Disse-me para eu cuidar de vocês que ele ficaria bem, sorriu e foi embora.". A mãe acalma o filho, mas, no fundo, fica preocupada e conta ao marido, e ele lhe diz: "Não se preocupe, Deoclécio deve ter sonhado. Amanhã bem cedo vamos visitar nosso filho.". Logo cedo, porém, alguém bate a porta com a triste notícia: Deoclides não reagiu ao tratamento e faleceu.

A tristeza tomou conta da família e também do pequeno vilarejo. O corpo foi trazido e o enterro providenciado. Deoclécio visitava o túmulo do irmão todos os dias e fazia sempre a mesma promessa: "Serei um homem de bem, serei importante e cuidarei da nossa família.".

E assim ele foi. Deoclécio era um menino inteligente e dedicado aos estudos. Com o tempo, seu pai lhe manda para a cidade para estudar e Deoclécio se forma doutor. Com o tempo, ele se torna um médico reconhecido e importante.

O que prometera ao irmão se cumpria. Deu a seus pais uma vida melhor e confortável, e para seus irmãos, meios para estudarem e terem uma vida digna.

Deoclécio viajava muito, pois, além da medicina, também mantinha outros negócios ligados à exportação. no entanto, sempre lhe sobrava um tempo para a família e nunca deixou de visitar o túmulo do irmão, que sempre vinha em seus sonhos dando conselhos e apontando caminhos. Deoclécio sentia que a ligação com o irmão era para vida toda, pois as lembranças o mantinham vivo, mesmo que tivessem convivido tão pouco. Havia um forte amor que o tempo mantivera vivo em seu coração.

Em uma de suas visitas ao vilarejo, Deoclécio atende a um parto complicado e sente que poderia e tinha condições de ajudar aquela gente humilde que ali morava e resolve construir um pequeno hospital. Ele traz um médico e uma enfermeira para atender no local, para que as pessoas não tivessem de ir tão longe para consultar. O médico que fica encarregado do hospital é um amigo de Deoclécio, que gostava de ajudar as pessoas carentes.

Deoclécio, sempre que retornava das viagens, se dirigia para o vilarejo, matava a saudade da família e resolvia os assuntos do hospital. Todos tinham muito orgulho do filho de Manoel – homem bom e dedicado que tratava a todos com humildade e amor.

Os irmãos de Deoclécio, após concluírem os estudos, se tornam empresários e resolvem tentar a vida fora do país. Não eram como o irmão, tão apegados às suas raízes, ficavam longo tempo sem visitar os pais, o que deixava Deoclécio irritado.

Em um inverno bem rigoroso, sua mãe Mercedes contrai uma forte gripe. Muito debilitada, ela não reage ao tratamento e acaba falecendo. O filho fez o que pôde, sentiu que nada mais poderia ser feito e dá a triste notícia ao pai. Manoel, após um ano, também parte, deixando com o filho as lembranças que alegram seu coração, mas que também o deixam triste em alguns momentos de solidão.

Deoclécio percebe que precisa encontrar alguém, formar uma família e não envelhecer só. É quando conhece Madalena, filha de italianos, mulher alegre e de bem com a vida. Nela, ele encontra a felicidade e constrói sua família. Tem uma filha, a qual dá o nome de Manoela em homenagem ao seu pai. A menina é alegre e sorridente como a mãe. Deoclécio não sente tristeza com ela por perto e se lembra do sonho com o irmão, em que ele fala de um presente que ele ganharia e que não seria comprado, e que seria o presente mais lindo e precioso de sua vida. Quando olha a filha brincando, sorridente, entende o que o irmão quis dizer em seu sonho. Ele sente que o irmão sempre está ao seu lado em vários momentos de sua vida.

Quando Deoclécio leva a filha, já com oito anos, com ele até o vilarejo, vê o quanto ainda está precário aquele lugar. As crianças tinham de ir longe para estudar, então, resolve construir uma escola. Ele contrata uma jovem dali mesmo do vilarejo que estudara fora e que retornara com o propósito de ensinar as crianças do local.

Deoclécio, satisfeito, sabe que pouco pode fazer pelas pessoas do lugar. Mesmo com as dificuldades que passou, ali também fora feliz junto com sua família. Não foram só momentos tristes que ali viveram, mas também momentos de alegria e de descontração. Foi agarrado a essas lembranças que se tornara um homem seguro e convicto de seus propósitos. Deoclécio procurava passar para a filha todo o aprendizado que tivera no decorrer de sua vida: a importância da família e que se pode ser completamente feliz quando sabemos que podemos também fazer outras pessoas felizes.

Ele leva a filha e a mulher para visitarem com ele a escola que construíra. A professora os recebe com alegria, junto a todos os alunos.

Nesse mesmo dia, visitam o hospital e também o túmulo de seus pais e de seu irmão. Pela primeira vez, ele consegue falar deles sem sentir tristeza no coração, e sim uma profunda paz. Ele sabia que havia feito sua parte, que fora um bom filho e também um bom irmão.

O tempo passa e, após longos anos, Deoclécio sonha novamente com o irmão, em que lhe retirava de um lugar apertado, puxando sua mão. Ele fica confuso, sem entender o que o irmão quisera dizer.

Após dois dias ele se prepara para uma viagem, um importante congresso, como tantos outros que sempre fazia questão de comparecer. Dizia que gostava de estar sempre atualizado. Despede-se da mulher e da filha e segue em uma viagem de trem. No percurso, um terrível acidente leva vários passageiros à morte, entre eles, Deoclécio, que, preso ao vagão que fora virado, vê uma luz e seu irmão puxando sua mão e o levando com ele.

Ao chegar a notícia do acidente, sua família ainda tinha a esperança de que ele estivesse entre os sobreviventes, mas não fora assim. Deoclécio partira. A esposa faz questão de cumprir o que o marido sempre lhe pedira, que fosse enterrado com seu irmão, no mesmo local que seus pais. O enterro no vilarejo em que nascera e vivera grande parte de sua vida foi feito.

Assim se encerra sua jornada, aos 69 anos, deixando em todos que o conheciam as boas lembranças e gratidão por tudo que fizera no vilarejo de São Francisco.

São histórias como a de Deoclécio que nos fazem entender que as lembranças se eternizam no longo percurso de nossa existência, basta mantermos viva a história de cada ser.

Carmelito
Pelas energias de Natan

Carmelito era filho do circo, seu pai se chamava Carmelo e sua mãe Carmem. Ela o teve durante uma apresentação do marido, que era dono do circo e todas as noites apresentava os espetáculos e também atuava como palhaço.

Durante um intervalo, Carmelo é chamado pela parteira. Ao chegar até a mulher, não se contém de tanta felicidade ao agarrar seu filho nos braços. Retorna ao palco e a todos anuncia: "Hoje é um dia especial, nasceu mais um filho do circo. Seu nome é Carmelito, meu filho!".

O menino era muito pequeno e frágil. Todos diziam que era um milagre ter sobrevivido. Assim, Carmelito foi crescendo junto aos artistas do circo, todos o queriam muito bem. O menino era franzino e atrapalhado, e, mesmo sem querer, fazia todos rirem. Diziam que herdou o jeito divertido do pai.

Sua mãe era trapezista e dançarina. Carmelito fora criado naquele mundo sem monotonia. Menino de ouro, como diziam seus pais.

As viagens eram constantes, pois o circo estava sempre à procura de novos lugares e novas plateias. Eles ficavam um pouco em cada cidade, em algumas eram bem recebidos, em outras nem tanto. A vida às vezes não era fácil, mas todos achavam que compensava, pois faziam o que gostavam.

Carmem encantava a todos com a dança flamenca, com seu lindo vestido vermelho. Carmelo a observava com olhos apaixonados, e o filho, com admiração.

Em uma apresentação dos palhaços, Carmelo decide levar o filho com ele. Eles ensaiam e a apresentação é um sucesso. Em sua estreia, Carmelito já tinha o dom de fazer os outros rirem – o menino pega gosto pelo picadeiro. Ele fica feliz quando, antes de entrar no palco, escuta as crianças gritarem seu nome. Não se contém de tanta alegria, pois sente o carinho de todos que aguardavam ansiosos sua apresentação. Ele se entrega ao que mais gosta de fazer, que é ver os outros rirem.

Carmelito nunca perdera o jeito alegre. Sua maneira de ser confundia as pessoas que, ao olharem, não sabiam se era mulher ou homem. Ele mantinha um lado feminino e outro masculino que o tornara diferente em suas apresentações, pois conseguia atuar como duas pessoas distintas, mudando até o tom de voz. Assim, fazia a plateia rir como nunca.

Carmelito se torna conhecido e famoso, e todos querem assistir seu espetáculo. O pai, orgulhoso, brinca: "Já posso me aposentar e ser sustentado por você.". O pequeno circo havia se tornado maior e com mais atrativos. Carmelito ajudava o pai na administração, sempre mantendo a harmonia do lugar e a boa amizade entre todos que ali viviam como em uma grande família. Cada um fazia sua parte com muito amor.

Era tudo perfeito, mas, um dia, Carmelito vai até a mãe e lhe diz: "Sinto-me estranho hoje, sinto o coração apertado, sinto vontade de estar com você!". Ele abraça a mãe e lhe dá um beijo, sem imaginar que aquela seria uma despedida.

Naquela noite, em uma apresentação, sua mãe cai do trapézio e morre nos braços de seu pai, que se desespera ao ver a mulher morta. Carmelito entende o aperto que sentira no peito.

A tristeza toma conta do lugar, mas, mesmo com toda dor que sentia, Carmelito sabia que precisavam continuar. Eles seguem com as atrações do circo, menos a parte dos palhaços, pois sente que ainda não estão preparados para prosseguir. Carmelito tenta consolar o pai, que não se conforma com o acidente que levou sua Carmem.

Carmelo resolve partir daquela cidade, mas, antes, junto com o filho, visita o túmulo da mulher. Aos pés da sepultura, chora e diz: "Não serei um homem triste, e farei isso por você. Guardarei todas as lembranças e elas me manterão vivo até o dia em que estaremos juntos novamente.". O filho, emocionado, abraça o pai e eles vão embora deixando no túmulo rosas vermelhas.

Eles seguem viagem, deixando para trás aquele lugar que lhes trouxe a mais profunda tristeza, mas que também guarda parte do que tinham de mais precioso, Carmem. Sabiam que ela estaria viva em seus corações e sempre presente em suas lembranças. Instalam-se em outra cidade, criam novos espetáculos e no lugar de Carmem colocam outro trapezista.

A vida prossegue, mas, para Carmelito não é a mesma coisa, a mãe lhe fazia muita falta, e não só para ele, mas também para seu pai, que muitas vezes com a foto da mãe em mãos.

Os anos passam e a dor da perda vai sendo amenizada. Carmelito assume o espetáculo e cada vez é mais engraçado. Quando se mostra afeminado com voz fina e delicada, todos pensam ser mulher. De repente, uma capa cobre seu corpo e, quando é retirada, um homem de voz grossa assume o espetáculo. Surge o convite para ele fazer o espetáculo em um grande teatro. A proposta é tentadora, mas Carmelito nega e agradece, pois sente que não pode abandonar seu pai, e prossegue suas viagens. Por todos os lugares que passam, o circo faz sucesso. Todos os espetáculos parecem ter um pouco de magia, que encanta a plateia.

Os anos foram passando, os velhos davam lugar aos jovens que queriam aprender e seguir com o circo. Muitos como Carmelito nasceram ali e ali permaneceram.

Carmelo, já velho, se sentindo doente e fraco, pede para chamarem seu filho. Pede a ele que não abandone aquela gente e que mantenha o circo após sua morte. Carmelito sente o mesmo aperto no peito de antes e o pai parte, agarrando sua mão.

Novamente a tristeza toma conta dele e de todos os integrantes do circo. Carmelito decide enterrar o pai no mesmo lugar que sua mãe fora enterrada, pois a cidade era próxima de onde estavam. Ao chegar lá, encontra a sepultura de sua mãe corroída pelo tempo, mas ainda com o anjo de bronze que havia sido colocado. Após enterrar o pai, ele vai embora sentindo que Carmelo ficara feliz, pois se lembrou de quando, aos pés daquela sepultura, o pai disse que um dia estariam juntos novamente. Carmelito parte com o coração triste, mas também aliviado, pois realizara o desejo do pai.

Carmelito prossegue, levando diversão a todos os lugares por onde passavam. Em uma pequena cidade, vê um menino lhe observando por uma fresta na lona. Vai até ele e o menino diz: "Gostaria de assistir ao espetáculo, mas não tenho dinheiro para pagar.". Carmelito lhe diz: "Pois hoje tu és meu convidado e vai ver o espetáculo lá na frente!".

Lá o menino é colocado e seus olhos brilham com tudo o que vê. Quando acaba, o menino permanece ali e Carmelito lhe pergunta: "Não vai embora?". O menino responde: "Não tenho para onde ir, moro só. Não tenho ninguém. Minha mãe foi embora, não conheci meu pai e minha avó que cuidava de mim morreu. Leve-me com você, posso aprender a fazer o que quiser.".

Carmelito, comovido, fica com o menino e o leva consigo. Os dois ficam cada vez mais apegados um ao outro. Carmelito vê no menino um filho que poderia ser seu, e não deixa de ser, pois dá ao menino todo amor de um pai. Pedro, como é chamado, leva jeito e aprende fácil, como se ali morasse há bem mais tempo. Os mais velhos lembram-se de Carmelito quando criança, Pedro tem a mesma curiosidade e o jeito desastrado e divertido.

Os anos passam e Carmelito sente que o menino fora um presente colocado em seu caminho. Ele acabou não constituindo família e sabia que, quando partisse, precisaria ter alguém para ficar em seu lugar e prosseguir com o circo. Carmelito ensina tudo o que aprendera em sua vida a Pedro, que escuta sempre com muita atenção. O menino aprende não só a fazer os outros rirem, como também aprende a arte do ilusionismo, deixando as pessoas encantadas com o que pensam ver.

O tempo passa e Carmelito sente que suas forças estão se esgotando, pois já não tem o mesmo fôlego. Ele diz para Pedro: "Sei que minha hora está chegando. Quero lhe fazer o mesmo pedido que meu pai me fez antes de partir: dê continuidade ao circo.". Pedro promete que fará isso por ele com todo o seu amor. Após uns dias, Carmelito parte, com semblante tranquilo. Parecia estar feliz.

Pedro não consegue enterrá-lo junto aos seus pais. Então, sepulta-o na cidade em que estavam, e, sobre a lápide, coloca os seguintes dizeres: "Aqui fora enterrado um homem feliz, que sorriu para vida e para morte".

Homem de verdade
Pelas energias de Damião e Jonas

Estava eu e meu primo brincando com as armas de fogo de meu pai. Todos os homens da família tinham o hábito de caçar animais. Eles participavam de torneios em diversos lugares e países e, vez ou outra, empunham seus troféus. Naquela época, para mim, a matança de animais era normal. Eu mesmo, muitas vezes, cacei e matei um ou outro. Hoje, neste plano em que estou e devido a experiências e aprendizados passados, sinto e entendo que não devemos fazer isso. Sei que vamos aprendendo com as nossas dores, com os nossos "fazeres" e com as nossas existências. Estamos neste plano para aprender, para darmos consciência à nossa essência, ou seja, para despertarmos o aprendizado que já está dentro de nós.

Os animais são como nossos irmãos, e, à medida que nossas almas vão evoluindo, vamos sentindo isso. Lembro-me que, em uma das escolas nos mundos tridimensionais, perguntei a Damião se deveríamos ou não ser vegetarianos. Ele, amorosamente, não me respondeu, apenas me olhou e sorriu. Eu entendi que teria de descobrir isso sozinho, que isso fazia parte da minha evolução pessoal. Em uma das meditações do meu pós-morte – sim, nós meditamos no pós-morte –, eu vi quando meu mentor me mostrou uma laranjeira, assim como uma macieira e uma figueira. As três eram enormes e estavam carregadas de frutos. Observei aquelas estrondosas e maravilhosas árvores, cheguei mais perto e um fruto caiu. Fui me aproximando e mais e mais iam caindo. Quanto mais eu ia me aproximava, mais eles caíam. Eu entendi que meus mentores estavam me mostrando que as árvores frutíferas e os vegetais em geral já estão preparados para alimentar o próximo. Observe você. Quantas inúmeras laranjas produz uma laranjeira? Será que a laranjeira sofre ao pegarmos uma laranja dela? Na minha meditação, ela doava suas laranjas para mim. Quanto mais eu me aproximava, mais ela me oferecia laranjas. Deve haver alguma relação, não deve? Observe as árvores e a relação delas com os alimentos. Quanto aos animais, todos sofrem quando precisamos comê-los. É ou não é verdade? Não precisamos ser neuróticos tipo "ah, eu devo ser vegetariano e pronto", mas podemos ser conscientes e ajudar para que diminua a matança desenfreada de animais.

Eu e meu primo ríamos e nos divertíamos empunhando nossas armas e preparando-as para a próxima caçada, que seria na noite seguinte. Geralmente, as caçadas eram realizadas durante a noite, principalmente aquelas em que os alvos eram animais grandes como tigres, leopardos e onças. Naquela, em especial, meu primo e eu participaríamos, mas ele ficaria na turma do meu tio, e eu na turma do meu pai. Seria a nossa primeira grande caçada. Estávamos felizes.

Na época eu tinha 19 anos e meu primo 21. Éramos muito amigos. Contávamos tudo um para o outro. Eu estava namorando, já ele apenas curtia uma ou outra garota, mas dizia que ninguém lhe interessava de verdade. Ele me dizia: "Jonas, você tem o coração muito mole, se apaixona muito fácil.". Eu ria, mas ele estava certo. A minha namorada, Laura, era sua melhor amiga, e foi ele quem nos apresentou. Lembro que, quando trocamos o primeiro beijo, ele me aconselhou a não magoá-la, pois ela não merecia. Na época, eu não percebi que ele gostava dela. Infelizmente, só percebi isso no meu pós-morte. Eu ficava com a Laura e com muitas outras. Ele não concordava comigo e dizia que um dia alguém me machucaria. Meu primo Luiz era uma pessoa boa, honesta, dedicada ao trabalho. Ele tinha uma grande marcenaria onde ajudava seu pai, meu tio, na construção de móveis modernos e muito sofisticados. Eu levava a vida numa boa. Fazia faculdade de engenharia, mas perdia algumas aulas em prol da mulherada. Era assim que eu dizia para meu primo: "A mulherada me espera, meu primo! Não sei por que você não aproveita sua vida. Vai ficar velho e rabugento como nossos pais e, pior, como nossas mães, gordas e comilonas.". Luiz ficava furioso quando eu dizia isso. Ele saía correndo atrás de mim com um pedaço de pau, dizendo: "Some daqui, seu imundo!". Eu dava uma grande gargalhada. Aliás, ríamos juntos. Nós brincávamos, e nunca brigávamos. Mesmo que não concordasse comigo, ele estava sempre tentando me mostrar caminhos menos tortuosos.

Meu namoro com Laura foi ficando cada vez mais sério. Eu passei a levá-la em casa, mas não deixava de sair com outras garotas. Eu gostava dela, mas não tanto assim. Luiz sempre me aconselhava a terminar com ela, senão a magoaria. Ele ainda me alertava que um dia poderia engravidá-la, e que daí teria de me casar, já que nossos pais eram extremamente amigos. Eu dizia-lhe: "Eu não vou me casar!". E dava aquela gargalhada.

O dia da grande caçada chegou. Eu estava feliz porque seria a primeira vez que eu mesmo poderia abater um animal daquele porte. Meu primo e eu estávamos na mesma caminhonete, na caçamba. Ali traçávamos nossos planos. Ele me dizia como se fosse meu próprio pai: "Cuidado, Jonas, se sentir que o animal está muito perto, atire, senão ele te come vivo". Eu ria, mas sabia que ele falava daquela forma para que eu tivesse cuidado. Revisamos juntos todos os passos que se dá para abater um animal daqueles. Ele me orientava passo a passo, parecia preocupado. Ainda na caminhonete, contei para Luiz que estava com uma bomba para resolver. Disse a ele que Laura estava grávida e que não pretendia, de forma nenhuma, me casar com ela. Ainda lhe perguntei se ele conhecia algum lugar que fizesse aborto, e que, após isso, eu iria terminar com ela. Ainda frisei: "Não gosto dela, nem do cheiro dela.". Meu primo agarrou no meu braço, brabo, e disse: "Não brinque assim com as pessoas, Jonas! Elas merecem respeito. Se tu não assumires a Laura, eu assumo!". Foi a primeira vez que meu primo gritara comigo. Ali eu não entendera o porquê. Só depois da minha morte entendi que ele a amava e que tinha aberto mão dela por mim.

Eu só a humilhava e isso lhe doía o coração e a alma. Então, ele me disse: "Não faça isso com ela. Assuma teu filho." Eu, infantilmente, aos risos, disse: "Filho... Filho da Puta!". Meu primo, ali, me deu um bofetão na cara. Eu me surpreendi com aquela reação e, como eu era muito criança, disse: "Some daqui seu imbecil, seu João Ninguém, vai tratar as suas bichas noutro lugar! Veado mal amado!". Meu primo me olhou tristemente e me pediu perdão: "Desculpe, eu perdi o controle.". Ele ainda tentou me abraçar, mas eu, moleque e petulante, pedi que meu tio parasse a caminhonete e fui para a caminhonete de meu pai. Eu ainda olhei para Luiz, com olhar feroz, e disse: "Não fala mais comigo, ô bichinha!". No fundo, eu acreditava que meu primo era *gay* e que por isso ele não se interessava por ninguém. Eu pulei a caçamba e não olhei para trás. Aquela foi a última vez que falei com meu primo. Ele ficou sem ação alguma, pois também não acreditou que tinha me dado um bofetão.

A caçada aconteceu. Naquela noite, nenhum animal foi caçado. Os animais fugiam, nós corríamos atrás, e nada. Estávamos exaustos. Já estava amanhecendo. Meu primo e eu nem nos olhávamos. Juro que eu tinha eliminado ele da minha vida totalmente. Eu estava muito magoado com aquilo tudo. De repente, ouvimos um barulho. Um de nossos amigos nos disse que era uma onça pintada. A espreitamos. Não estávamos muito perto, mesmo assim, fizemos um círculo em volta dela. De repente, ela se atirou no chão e começou a uivar. Sim, a onça pintada chorava, ou parecia que estava chorando. Eu me encantei com aquele barulho. Senti que ela falava comigo. Observei a barriga da onça. Estava enorme. Mesmo que ainda não tivesse amanhecido totalmente, percebia-se que esperava filhotes. Lembrei-me na hora de Laura. Lembrei que esperava um filho meu. Olhava para a onça e me lembrava de Laura. Alguma força moveu meu coração – força oculta de me tornar pai, eu acredito. A força de que a onça estava grávida, assim como minha namorada. Então, eu sussurrei para meu pai: "Não a mate. Está grávida.". Ele me disse: "Ah, deixa disso!". A onça estava cercada, mas eu tinha de fazer algo. Tentei procurar por meu primo. Tinha certeza de que ele me ajudaria.

Eu precisava pensar rápido ou eles matariam a onça. Eu não conseguia pensar em mais nada, só em salvar aquela onça. Foi aí que eu dei um grito e, sem pensar, sai correndo para justamente onde a onça estava. Minha intenção era desviar a atenção de todos, mas o que eu não contava é que todos se assustariam e, juntos, atirariam em mim. A onça deu um grande pulo e conseguiu fugir. Meu pai atirou, meu primo, nossos amigos. Todos, sem exceção, acharam que eu era um bicho grande que buscava a onça como sua caça. A reação deles foi atirar. Meu corpo ficou estendido, cheio de tiros.

Eu não vi nada. Não sei o que aconteceu depois daquele momento. Por algum motivo, meus mentores não quiseram me mostrar. Acordei algum tempo depois, também não sei dizer quanto tempo. Eu estava em uma cama branca, e havia outros jovens deitados ao meu lado. Havia trabalhadores, todos com roupas brancas. Eu acordei confuso, mas percebi que estava morto. Não tinha outra saída, eu estava no céu. Surpreendi-me. "O céu realmente existia" – eu pensava. Não senti medo, não senti angústia, não tive vontade de perguntar. Apenas observei. Meu corpo estava normal. Sentia-me bem e forte. Muitas vezes, eu acordava, observava e acabava dormindo de novo. Eu não via mais nada e nem sentia nada, tampouco conseguia pensar em alguém ou no que tinha me acontecido. Eu estava totalmente fora do ar.

Enquanto isso, na Terra, eu soube depois, meu primo Luiz assumira meu filho. Depois da minha morte, ele assumira o namoro com Laura, mesmo ela dizendo que me amava. Ele tinha muita paciência e dizia a ela que um dia ela o amaria. Meus pais ficaram muito chateados por ele estar namorando a minha namorada. Inclusive meu pai ficou sem falar com ele por muito tempo. Nossos pais brigaram e romperam a grande amizade que tinham, além de irmãos, meu tio e meu pai eram extremamente amigos. Depois de minha morte, nenhum deles quis mais caçar. O relacionamento de meus pais também ficou muito conturbado, pois minha mãe culpava meu pai pela minha morte. Ela nunca havia gostado de armas, muito menos de caçadas.

Luiz ficava triste com o relacionamento rompido de nossos pais e sentia muito a minha falta, mas tomara uma decisão no momento em que vira minha morte: cuidaria de meu filho e de sua amada, minha namorada Laura. Ele prometera para ele mesmo que jamais contaria para ela, ou para quem quer que fosse, a minha intenção de abortar aquela criança e de terminar aquele namoro. Eles não contaram para ninguém que acriança era meu filho. Todos pensariam que era dele com Laura.

Então, eles tinham de agir rápido para que ninguém desconfiasse. Com isso, todos ficaram muito chateados com a invasão de Luiz na minha vida. Ninguém suspeitava das reais motivações dele, inclusive os pais de Laura o desprezaram por muito tempo. Aquelas famílias eram tradicionais e respeitadoras. Como Luiz e Laura namorariam assim? Ela era namorada de seu primo recém-falecido.

Luiz ouviu tudo quietamente. Saiu da casa de seus pais. Montou uma nova marcenaria e seguiu sua vida ao lado de Laura. Todos os familiares se afastaram deles. E Laura aprendeu a amá-lo. Apesar da tristeza e da saudade de mim, ele amava Laura mais do que tudo, e estava realizado ao seu lado. Só faltava a companhia de sua família, que ele tanto amava.

Longos anos se passaram e a criança que nascera foi crescendo e se tornando igualzinho a mim. Foi assim que eles colocaram o nome dele de Jonas, em minha homenagem. Combinaram que, um dia, quando Jonas fosse maior, contariam a verdade para ele, pois ele tinha o direito de saber. Laura estava muito revoltada com sua família, por toda aquela rejeição com relação a tudo que tinha acontecido. No entanto, ela entendia, e também não procurava seus pais, nem os pais de Luiz ou os meus, apesar de gostar muito deles. Ela sofria, pois gostaria que Jonas convivesse com seus familiares. Luiz também sentia muita saudade dos pais. Na verdade, o que impedia que aquela família continuasse unida e fosse feliz era um preconceito ridículo, além de normas rígidas e comportamentais familiares. Vez ou outra, Luiz procurava saber como estavam todos, por meio de amigos em comum. Jonas e Luiz eram extremamente amigos e se amavam. Cuidavam um do outro. Laura amava a sua nova família e se arrependia de um dia ter escolhido eu a Luiz. Às vezes, dizia, sorridente, ao seu marido: "Eu estava cega, meu amor, mas, pelo menos o Jonas esta aí.". E ria. Ria. Luiz e Laura formavam um casal perfeito. Tinham a mesma sintonia. Laura teve mais dois filhos. Laurinha e Luiz, assim como eles. Então, eles tinham Jonas, Luiz e Laura. Três amados e lindos filhos. Luiz amava todos, sem distinção.

Certo dia, Luiz foi chamado por sua mãe. Ela lhe disse que seu pai passava mal. Luiz foi correndo ao encontro dele, embora morasse uns 200 quilômetros de distância da cidade deles. A minha tia também ligara para meu pai. Ela disse tanto para o filho quanto para o cunhado que seu marido os chamara. Na verdade, ele não os havia chamado. Ele era duro e jamais daria o braço a torcer. Minha tia não aguentava mais a saudade do filho e estava louca para conhecer os netos e voltar a conviver com a família do meu pai. Já haviam se passado dez anos e ninguém dava o braço a torcer. Já estava na hora.

Luiz levou toda a sua família para visitar seu pai. Durante a viagem, ambos, Laura e Luiz, decidiram contar para todos a história que mantinham em segredo. Contaram primeiro para Jonas, que reagiu normalmente e acrescentou que agora entendia porque, muitas vezes, via em seu quarto a imagem de um homem a observar-lhe. Luiz retirou um peso de si mesmo, e comentou, sorridente: "Seu safado, nem morto você não deixa de dar suas escapadelas!". Todos riram, mesmo não entendendo a que Luiz se referia. Laura também ficou aliviada ao contar a história para Jonas. Ela sabia que seu filho tinha o direito de saber quem era seu pai. Agora, também acreditava que era a hora de todos saberem a verdade.

Luiz chegou à casa de seu pai, bateu à porta e sua mãe recebeu-o em prantos, dizendo: "Meu filho, meu filho, quanta saudade! Corra! Seu pai está muito mal. Talvez tenha poucos minutos.". Luiz olhou para Jonas, pegou em sua mão e lhe disse: "Vamos conhecer o meu pai, seu tio-avô.". Minha tia não entendeu nada, apenas ficou olhando para Laura tentando processar aquela nova e esclarecedora informação. Enquanto isso, Luiz nem percebeu que meu pai também chegava e adentrava na casa rapidamente.

O pai de Luiz, quando o viu, começou a chorar. Luiz o abraçou e lhe disse: "Te amo, meu pai. Me perdoa!". Luiz chamou Jonas e disse:

"Este é Jonas, meu pai. Filho de meu primo Jonas com minha amada Laura." O pai apenas sorriu, e disse: "Eu sempre soube que você era um homem de verdade, meu filho.". Sorrindo, ele deu seu último suspiro. Neste momento, meu pai entra no quatro, em prantos, e diz: "Perdão, meu irmão. Perdão!". Ele se abraça a Luiz, e também pede perdão. Luiz lhe diz: "Agora somos uma família de novo, meu tio. Este é seu neto, Jonas.". Meu pai chora descompassadamente. O garoto é uma cópia minha. Todos entram no quarto e se abraçam. Pena que todo aquele esclarecimento só aconteceu em um momento tão difícil quanto aquele.

E eu, Jonas, estava preso nas mágoas e nos medos de meu pai, por isso não conseguia me desprender no meu pós-morte. Só depois de toda aquela compreensão, depois da dissolução daqueles mal- entendidos, é que fui me libertar. Pude presenciar as cenas e os acontecimentos dos quais eu já não fazia parte no mundo terreno, mas que tinham elos energéticos comigo. Por isso a importância de libertarmos nossos mortos de dentro de nós e deixarmos que eles sigam os seus caminhos. Até mesmo o luto em excesso pode prendê-los e impedi-los de evoluírem no outro plano.

Quando acordei, naquele dia, todo o meu quarto estava diferente, e havia muitos animais ali. Aí que me dei conta de que eu poderia reviver dentro daquela morte. Tive um *insight*. Sentei-me na cama. Damião se aproximou e disse: "Agora você está pronto!". Nesse momento, eu vi uma grande onça se aproximar. Ela parou, me olhou, uivou e seguiu, balançando lentamente o corpo, de um lado para outro. Ali se formava um novo aprendizado entre mim e meus futuros amigos animais.

REFLEXÃO SOBRE "O ESCREVER"

Quando escrevo, me sinto como um pássaro que voa em outros ares. Sei, no entanto que, quando voltar, encontrarei terra firme para pousar, retornando, mais uma vez, ao meu ninho de amor.

Escrevo buscando a simplicidade das palavras, a fim de permitir o entendimento do conteúdo. Tudo o que é aqui relatado fará o leitor refletir, principalmente quando o assunto é a tão temida morte, a qual muitos acreditam ser o fim. Já outros acreditam que possa existir algo além.

O importante é sentirmos que a vida e a morte são fases pelas quais todos nós passaremos. Nossa passagem pela Terra sempre tem um porquê, e é esse porquê que nos faz buscar mais sobre nós mesmos. Quando aprendemos a conhecer nosso interior, percebemos que somos muito mais do que a matéria que nos envolve.

Aqui na Terra temos início, meio e fim. Giramos no nosso próprio tempo, parando apenas onde fora determinado e aceito por nós.

Ignorar o nosso ir e vir seria como tirar o sentido de nossa existência, seria como tirar o sol e deixar apenas a escuridão.

Voltas do destino
Pelas energias de Natan e Francisca

Morei no convento de Santa Clara, onde passei a aceitar a vida religiosa, a seguir o que me fora ensinado, a orar e a pedir por nós e pelo próximo. Rezei fervorosamente, e em minhas orações aprendi a aceitar meu destino. Aprendi, também, a conhecer um pouco de mim mesma nos momentos de meditação, em que eu orava em silêncio.

No entanto, nada arrancara de meu peito o vazio que eu carregava comigo por ter meu filho retirado de meus braços. Sei que Deus olhou por ele com olhos de amor de uma mãe que tanto chorou pelo filho querido.

Lembro-me de minha vida na fazenda na casa de meus pais, fui a primeira filha de Juvenal e Lurdes. Meu pai sempre desejou que seu primeiro filho fosse homem, mas quis o destino que eu viesse primeiro. Nunca senti empolgação em meu pai com o meu nascimento, mas minha mãe ficou muito feliz e me tratava com amor e carinho.

Quando eu já tinha cinco anos, minha mãe engravidou e veio o tão esperado filho homem. Meu pai vibrou de alegria. Parecia ser o seu primeiro filho e, aí, sim, eu fui colocada de lado por meu pai. Minha mãe dizia que ele precisava dar atenção também a mim, e ele respondia: "Você se encarrega da filha mulher e eu do menino.". Dois anos depois do nascimento de Mario, veio o Joel.

Tínhamos uma vida confortável. Nosso pai tinha uma grande propriedade, onde cultivava cana-de-açúcar e cacau. Muitas vezes, ele se ausentava da fazenda em viagens para tratar da venda do que produzia.

Tínhamos muitos empregados e um capataz de confiança. Nossa família era conceituada e respeitada na sociedade da época.

Meu pai era homem enérgico, muito ligado às tradições, e dava grande valor ao sobrenome que carregava, herdado de seu falecido pai Albuquerque. Meu pai era um homem orgulhoso e firme em suas convicções.

Com o tempo, o seu irmão mais novo fora morar na fazenda conosco, e ele tinha um grande defeito, a bebida. Meu pai concordou que ele ficasse um tempo na fazenda até dar um rumo à sua vida, pois já botara fora grande parte do que herdara de meus avós.

Minha mãe não concordava com a presença dele entre nós, mas a palavra de meu pai sempre prevalecia. No entanto ela sentia que algo sombrio o rondava.

Um tempo depois, eu já tinha 18 anos. Enquanto meus irmãos brincavam e nossa mãe cuidava dos afazeres da casa, resolvi ter uma conversa com ela. Falei que não gostava da maneira como o tio Marcos me olhava, e minha mãe me disse: "Logo ele irá embora. Já conversei com teu pai. Não gosto das bebedeiras aqui na fazenda, e ele concordou comigo.".

Passado um tempo de nossa conversa, meu pai viajou e levou Mario com ele. Joel ficou para nos fazer companhia. Tio Marcos aproveitou a ausência de nosso pai e todos os dias bebia muito. Certo dia, meu irmão havia saído com o capataz e minha mãe estava cuidando dos afazeres da casa. Eu saí para caminhar um pouco, como sempre fazia. Meu tio, bêbado, foi atrás de mim, estava fora de si. Ele me agarrou e me arrastou para o estábulo. Fui violentada por ele. Cheguei em casa com as roupas rasgadas e um pouco machucada de tentar me defender. Eu chorava muito. Minha mãe veio ao meu encontro e pediu que eu me acalmasse. Maria, a cozinheira, estava com minha mãe, e eu contei a elas o que havia ocorrido. Minha mãe pediu que Maria cuidasse de mim e, furiosa, pegou uma arma e foi para o estábulo. Ao chegar lá, não o encontrou. Retornou à casa e, quando o capataz chegou com meu irmão, ela lhes disse que não deixassem que Marcos se aproximasse da casa nem da fazenda até que seu marido voltasse. Após alguns dias, meu pai chegou e minha mãe contou a ele o que havia ocorrido. Meu pai se revoltou, mas não só com o irmão, ele também culpava minha mãe. Após saber de tudo, ele pediu que um de seus empregados o acompanhasse, pegou todos os pertences do irmão e pediu que o empregado os jogasse fora da fazenda. Ao retornar à casa, pediu para minha mãe que o ocorrido não se espalhasse, que ele veria o que fazer.

Quando meu tio Marcos foi encontrado por meu pai, ele tentou se explicar. Meu pai, furioso, pegou a arma, apontou para a cabeça de meu tio e disse: "Desgraçaste minha família! Eu confiei em você e como uma cobra peçonhenta deste o golpe! Não te matarei em consideração aos nossos pais que, onde quer que estejam, não me perdoariam por isso, assim como tenho certeza de que jamais te perdoariam pelo que fizeste. Agora vá e nunca mais cruze o meu caminho, nem o de minha família, pois não hesitarei novamente em te matar!".

O que aconteceu ficou apenas entre a família e dois empregados de confiança – Maria, que trabalhava há anos na casa, e Justino, o capataz. Um escândalo como aquele repercutiria por toda a cidade.

Um tempo depois, eu me senti enjoada. Minha mãe percebeu que poderia ser gravidez. Quando ela foi confirmada, meus pais conversaram. A única alternativa que meu pai encontrou foi usar a sua influência e me colocar em um convento. Para todos da cidade fora dito que eu seria freira porque desejava isso desde criança, e meus pais apenas fizeram minha vontade.

A madre superiora me acolheu no convento, pois já havia conversado com meu pai e combinado tudo com ele. A criança, ao nascer, seria colocada para adoção. Fiquei separada das outras freiras até o nascimento de meu filho. Eu recebia apenas a visita de minha mãe, nunca a de meu pai. Depois do ocorrido, ele não mais me olhou nos olhos. Eu sentia a sua frieza, o seu desprezo, e, muitas vezes, eu me perguntava onde eu havia errado.

Minha mãe era sempre muito amorosa. Eu sabia que ela sofria pela atitude de meu pai. Meus irmãos não me visitavam. A ordem de meu pai era que só me vissem após a criança nascer, e que isso nunca deveria ser mencionado a eles. A vontade de meu pai sempre prevaleceu. Minha mãe submetia-se a ele.

Minha barriga foi crescendo. Eu sentia uma mistura de revolta e de amor, eu sabia que fora condenada àquela vida e que precisaria me conformar. No entanto, eu sentia uma forte tristeza por saber que aquela criança que crescia dentro de mim também seguira seu destino longe de mim. Mesmo ela sendo concebida de uma forma horrível, eu sentia um amor inexplicável por ela. Sempre acariciava a minha barriga e pedia a Deus que fosse uma criança saudável. Quando tive o meu filho, senti ainda mais forte aquele amor. Após tê-lo por instantes em meus braços, tive de entregá-lo, mas cheguei a amamentá-lo e a sentir o que é ser mãe.

Lembro-me do dia em que ele foi levado. Meu sofrimento comoveu a madre, mas não podíamos tê-lo junto a nós. Ele era tão lindo! O amor que eu senti quando o vi me fizera esquecer a revolta pela forma como ele fora concebido. Ele trazia no braço esquerdo a mesma marca de nascença que eu tinha e isso eu nunca esqueci.

O casal que o levou fora escolhido pela madre. Eu não cheguei a vê-los, mas soube que tinham posses e que ele teria uma vida cheia de conforto. Eu rezava e pedia a Deus para que eles fossem bons pais.

O tempo passou e eu seguia recebendo as visitas de minha mãe e de meus irmãos. Passei, aos poucos, a aceitar o que me havia sido imposto por meu pai: a vida no convento. Aprendi com a oração e com os meus tantos momentos de meditação a ser mais forte. Não deixei a raiva me tornar amarga, deixei o amor que existia em mim me fortalecer cada vez mais.

A última vez que vi minha mãe, senti algo forte que angustiou meu coração. Senti vontade de abraçá-la. Ela me disse o quanto me amava e eu lhe respondi que eu sempre soube disso, e que eu também a amava muito.

Alguns dias depois, meu irmão Joel foi me avisar sobre a morte de nossa mãe. Com permissão da madre superiora, fui com meu irmão ao enterro. Lá eu vi, após tantos anos, o meu pai. Ele estava muito abatido com a morte dela, assim como meus irmãos e eu, mas me senti, naquele momento, mais forte do que eles – acho que as orações e os anos no convento me deixaram assim.

Quando me aproximei de meu pai, ele me olhou nos olhos e me disse: "Será que um dia tu vai me perdoar pelo que fiz a você?". Eu apenas o abracei e ficamos em silêncio.

Após o enterro, retornei ao convento e segui minha vida. Muitas vezes, eu acompanhava a madre superiora nas visitas ao hospital, onde os doentes nos aguardavam para um momento de oração. Essas visitas me traziam muita alegria, pois eu sentia que nossas orações ajudavam muito os doentes em sua recuperação. O diretor do hospital, homem muito religioso, nos permitia fazer as visitas e as orações. Eu sempre ia acompanhada de Tereza, uma grande amiga que eu conheci no convento.

Foi em uma dessas visitas que conheci Vitor, um jovem médico muito atencioso. Senti por ele grande afeição, e ele também se alegrava quando nos via chegar, parecia que algo nos aproximava. Em uma tarde, ele fez questão de nos apresentar sua mãe, Helena. Ela era uma senhora muito simpática e atenciosa, elogiou o trabalho que fazíamos no hospital dizendo que Vitor já havia lhe falado sobre nós e que se alegrou por nos ter conhecido.

Visitávamos também orfanatos, onde fazíamos trabalhos voluntários que acabavam ajudando muito. Fui percebendo o quanto podíamos ser úteis ajudando o próximo e fui sentindo grande prazer em cada gesto caridoso que fazíamos. Alguns dias da semana tínhamos a permissão da madre para as visitas e o trabalho voluntário. Às vezes a madre nos acompanhava, mas quase sempre era Tereza, minha grande amiga, quem me acompanhava. Ela estava lá por vontade própria, sentia a vocação desde criança. Com Tereza, aprendi muito. Ela sabia o porquê de eu estar lá, e foi ela quem me ensinou a gostar da vida religiosa.

Em uma das idas ao hospital, a madre nos acompanhou. Nesse dia, eu senti que ela ficara nervosa quando a mãe de Vitor, sorrindo, lhe cumprimentou, dizendo conhecê-la, e se afastaram para conversar.

Nesse dia, entramos em um dos quartos para orar, como fazíamos sempre, e Vitor estava lá, examinando um paciente. Ele ficou tão feliz quando nos viu que disse ao paciente: "Agora te deixarei com dois anjos que orarão por você.". Cumprimentou-nos, sorridente, e logo se retirou do quarto, nos deixando à vontade para as orações, que tinham algo mágico. Os pacientes demonstravam grande melhora após esse momento.

Quando retornamos, notamos a madre muito distante, preocupada, mas não fizemos perguntas.

No convento, em uma tarde muito fria, recebi uma visita que jamais imaginei receber. Um homem pede à madre para falar comigo dizendo ser um parente. Fui atendê-lo e quase não o reconheci aquele homem muito debilitado, de barba longa. Era o meu tio Marcos. Fiquei espantada e me perguntei: "O que esse homem quer comigo depois de tudo que ele me fez?" No entanto, não consegui sentir raiva. Ele me disse: "Sei que deve me odiar, mas que preciso que você me escute.". E assim o fiz. Ele chorava muito e me pedia que o perdoasse. Ele contou que, após o que aconteceu, ele nunca mais teve paz. Disse que sabia o quanto havia desgraçado a minha vida, que o irmão tinha razão de lhe odiar tanto, que ele fora tomado por algo ruim, após ter bebido tanto naquele dia, e que não queria partir desse mundo sem me pedir perdão. Senti nele sinceridade e um profundo sofrimento em suas palavras. Eu disse a ele que já havia lhe odiado muito, mas que, ali, aprendi a trabalhar esse sentimento, e que também havia aprendido a importância do perdão. Eu disse que agora eu sabia que era capaz de perdoar, mesmo sabendo do sofrimento que ele causara a todos da minha família. Quando ele foi embora, parecia aliviado e em paz.

Após aquele dia, eu fiquei sabendo que no hospital morrera um homem, um andarilho. O Dr. Vitor tentou de tudo para salvá-lo, mas ele não resistiu e morreu. Pela descrição que me passaram, era ele. Orei para que Deus o acolhesse e me senti aliviada por ter conseguido perdoá-lo. Na visita ao hospital, o Dr. Vitor me falou desse homem. Disse que ficou impressionado, pois sentiu algo muito forte ao atendê-lo. Ele contou que havia feito o possível, mas não conseguiu salvá-lo. Senti que ele ficara triste por isso. Vitor era um médico bom e humanitário. Com o tempo, fomos criando um laço de carinho e de afeto, mas eu sentia na madre certo receio em relação a isso. Cada vez que eu e Tereza íamos ao hospital, algo a incomodava. Até que um dia eu entendi o porquê. Em uma tarde muito chuvosa, o médico fora chamado no convento para atender uma freira que não passava bem. Ela já tinha bastante idade, e o médico que a tratava, não podendo comparecer, pediu que Vitor fosse em seu lugar. Ao chegar ao convento, eu o atendi. Ele estava muito molhado pela chuva, então, peguei uma toalha para que se secasse um pouco. Quando ele tirou a camisa, ficando apenas com uma camiseta de manga curta, percebi em seu braço a mesma marca de nascença que havia no braço de meu filho. Esse sinal eu também tinha, e meu irmão Joel também. Era um sinal rosa, parecido com uma flor. Eu comecei a chorar, e Vitor não entendera o porquê de minhas lágrimas. Nesse momento, a madre se aproxima e diz: "Ela é muito ligada à doente que lhe aguarda.". Vitor vai examiná-la. Após Vitor se retirar, conversei com a madre, e tive a certeza de que ele era o menino que nascera de mim. A madre me fez jurar que eu jamais revelaria que Vitor era meu filho, que ele estava bem e que ela havia escolhido uma boa família para ele, que o amava muito e que ele era feliz. Eu senti que a madre tinha razão, mas meu coração de mãe pulsava tão forte quando eu me aproximava dele que eu passei a entender o porquê de tanta afeição por aquele jovem médico desde a primeira vez que eu o vi. Entendi que Deus ouvira as minhas preces dando a ele pais que o amavam muito. Eu jurei à madre que não revelaria nada, mas que me permitisse seguir o trabalho no hospital, e ela concordou. Naquelas horas, eu podia estar perto dele e isso me fazia feliz. Cada ida ao hospital passou a ser um presente para mim. Eu podia estar perto dele.

Quando eu soube que ele se casou, fiquei muito feliz. Ele constituiu uma linda família e falava de sua mulher com muito amor.

Eu estava no hospital, em uma de minhas visitas, quando sua filha nasceu. Eu o abracei e senti sua felicidade. Ele fez questão de me levar ao quarto para conhecer sua mulher e sua filha. Eu a peguei nos braços e não pude conter a emoção – era a minha neta querida. Eu disse a eles que ela era muito linda. Nesse momento, seus pais e seu irmão entram no quarto. Observei a família inteira e percebi que deram a ele, além de uma família, muito amor, e que não seria eu quem destruiria essa harmonia. Calei-me e guardei em silêncio a origem de Vitor, mas não pude deixar de pensar no destino que colocou o seu pai em seu caminho, mesmo que apenas por um triste instante. Foi ele também quem cuidou de mim e esteve ao meu lado no momento em que parti, levada por um problema grave no coração, o mesmo que levara minha mãe.

Senti que ele sofrera com minha morte, pois criamos um laço forte de amizade. Deixei com Vitor uma dúvida: por que tínhamos no braço esquerdo o mesmo sinal de nascença em formato de uma flor rosa?

Reflexão em forma de depoimento: Drogas

Vivi na Terra como um homem que não soube aproveitar o que me fora dado como oportunidade, e outra vez caí nas garras do vício. Filho de família simples e feliz, fui criado com amor, mas não me fora suficiente. Saí de casa e, nas ruas, encontrei antigos amigos e novamente fui obcecado e envolvido pelo vício que tanto minha família repudiou. Deixei-o tomar conta de meu corpo, como um monstro que se apossa de sua vítima, sufocando-a com suas garras e dela fazendo sua prisioneira.

Muitas vezes chorei ao ver o sofrimento e as lágrimas de meus pais, mas não consegui ser mais forte do que o vício que tomou conta de meu ser. Por mais que eu tentasse me libertar, não tive forças. Nem o sofrimento provocado a todos que eu amava fora suficiente para me libertar.

Hoje sei de tudo que fora perdido, tudo que eu não soube aproveitar. O que me dá forças é o amor de minha mãe que eu sinto forte nas orações. Apesar de todo o sofrimento que a ela causei, sei que fui por ela perdoado e sei que quem falhou não foi ela, e sim eu.

Hoje, ainda fraco, continuo sentindo o monstro que assombra meu espírito, me fazendo sentir as fissuras pela droga que eu sentia quando vivia na Terra, onde o vício sempre vencia minhas fraquezas.

No entanto, um homem bom me tirou do sofrimento e me levou para uma porta de luz. Agora, sim, sinto paz. O monstro ficou preso na porta escura, em que o medo, os gemidos e a dor eram meus companheiros.

Hoje, tenho clareza e vejo que fui um fraco ao deixar o monstro que habitava dentro de mim ser mais forte do que eu. Sei que, como eu, muitos vagueiam sem expectativa de futuro, como zumbis aguardando serem devorados pelo vício.

Hoje também sei que, dentro de cada ser, há uma força grandiosa, que pode se tornar um gigante para nos libertar. Ela é alimentada pelo amor, e nos ensina a deixar o egoísmo de lado e a nos colocarmos não em primeiro lugar, e sim no lugar de quem sofre por nós. Só assim entendemos o sentido de viver bem sem as falsas alegrias que as drogas oferecem.

O chamado do coração
Pelas energias de Damião e Ceno

Fui criado no interior do Mato Grosso. Eu era o único filho homem, tinha sete irmãs. Meus pais colocavam toda a esperança no meu nascimento, e só pararam de ter filhos porque eu nasci homem, senão não sei até onde iriam. Como toda família tradicional de antigamente, o que se espera é um filho varão. E eu era o varão. Fui recebido como tal. Acreditavam que somente um homem poderia levar o nome da família para frente. Meu nome era Damasceno, assim como meu pai. Minha mãe, vez ou outra, se irritava com minhas irmãs e gritava comigo, me perguntando porque eu tinha demorado tanto para nascer. Eu ficava olhando para ela sem repostas, eu não sabia. Eu só sabia que eu tinha nascido e pronto.

Fui crescendo com todo amor e carinho, tanto dos meus pais quanto de minhas irmãs. Desde cedo, fui levado para o campo para aprender as lidas campeiras e as peculiaridades das grandes plantações que tínhamos. Meu pai tinha muitas terras e cuidava sozinho de tudo. Tínhamos muitos empregados e todos eram tratados com muito apreço por meu pai. Ele administrava como ninguém as nossas terras e cuidava muito bem para que os empregados trabalhassem o melhor possível. Todos os empregados tinham casas que ele mesmo mandara construir. Ele não cansava de dizer que homem para ser homem tinha de ter uma família e um bom teto para morar. Ele preservava isso para si e para seus funcionários. Cresci em meio a muito trabalho. Eu era encantado pelos cavalos, para mim, eles eram como irmãos. Vez ou outra, pegava o meu Solano e ia passear pela vasta plantação de milho. Ele e eu. Ele e eu formávamos uma excelente dupla.

Eu era bastante reservado. Havia estudado em escolas que eram mantidas pelo meu pai, que ficavam dentro de nossas terras. Eu não tinha amigos, pois meu pai dizia que não podíamos dar muito espaço para funcionários nem ter muita intimidade, senão eles tomavam conta da gente. Então, meus amigos eram meu Solano, minhas irmãs, que foram casando aos poucos e indo embora, meu pai, que era quieto, e minha mãe, que vivia reclamando de tudo. Resumindo: eu era um solitário.

No casamento da minha última irmã, meu pai convidou um padre para se instalar na nossa casa. Disse-lhe que construiria uma igreja para ele em nossas terras, e que esta funcionaria do jeito que o padre quisesse. Passei a conviver mais com o Padre Paulo e a gostar das rotinas da igreja. Acredito que nunca tenha me interessado tanto por alguma coisa quanto pelas rotinas da igreja, assim como pelas orações, que eu ia aprendendo aos poucos. Eu já era adolescente, e cada vez mais me entregava ao meu Deus. Eu orava, me ajoelhava, jejuava e acreditava que ele realmente era nosso salvador. Eu acompanhava os padres nas visitas aos doentes sempre que podia, e isso me preenchia de alegria. Eu também participava das novenas de caridade em que juntávamos grandes cestas de alimentos para ajudar a população carente que vivia fora de nossas terras. Tudo aquilo me fascinava. Eu continuava indo com meu pai, todos os dias, aprender as lidas da fazenda, mas o que eu gostava mesmo era de orar e de prestar caridade à população.

Certo dia, meu pai me chamou para conversar. Eu já tinha quase meus 16 anos. Ele disse-me que logo me entregaria tudo para que eu cuidasse, pois queria ver se realmente eu cuidaria bem. Disse ainda que ficaria de olho e que me auxiliaria no que fosse preciso, pois sabia que logo iria morrer. E acrescentou: "Meu filho, chega uma hora que a gente sente que tá perto de ir embora. E eu já estou sentindo isso faz tempo. Estou com 72 anos e sua mãe está perto dos 60. Então, a gente tem que ir se preparando para um dia encontrar Jesus.". Eu lhe disse: "Não fale assim, meu pai. O senhor ainda está muito moço.". Ele completou: "Tem dias, meu filho, que sinto uma forte dor no peito e um cansaço, quase não consigo me mexer. Vai que isso que eu sinto é uma coisa ruim que vai me levar? Então, prefiro te deixar cuidando de tudo, pelo menos sei que tua mãe e tuas irmãs, na minha falta, vão ficar bem. Tu sabe como é mulher, não serve para nada!". Eu apenas ri para meu pai, ele era machista e não acreditava na força das mulheres.

A partir do dia seguinte, eu fui cuidando de tudo, mas uma tristeza tamanha tomava conta de mim. Eu não conseguia mais cuidar dos doentes, acompanhar o padre, cumprir as rotinas da Igreja. Eu amava aquilo. Eu segui cuidando de tudo para meu pai e fazendo uma força tamanha para completar todo o serviço de acordo como ele queria. Eu percebia o quanto aquele negócio era consistente e lucrativo, mas eu me perguntava: "Para que tudo isso? Onde colocarei tanto dinheiro? E as pessoas que eu ajudava com o padre, como será que estão agora?".

Meus pensamentos me assolavam. Fiquei doente, bem doente. Uma febre tomou conta de mim. Em um dos meus delírios, enquanto estava com febre, eu gritei bem alto que queria ser padre. Meu pai e minha mãe ouviram. Meu pai ficou extremamente chateado e amargurado. Como o único varão da casa queria ser padre? Na mesma hora, ele mandou colocar fogo na Igreja e expulsar o padre dos arredores. Ele mesmo foi conversar com o padre e disse que se ele procurasse por mim alguma vez, mandaria matá-lo. Meu pai se revoltou contra Deus e contra a Igreja. Ele não percebia que não era nem o meu amigo padre, nem a igreja que estavam me influenciado, e sim o meu próprio chamado interno que gritava em mim. Por isso eu estava doente. Eu queria ser padre, e não fazendeiro. Eu queria ajudar todas aquelas pessoas com o poder da oração, que eu percebia que era cura para muitos dos males que elas sofriam.

Assim que fiquei bom, meu pai voltou a trabalhar nas lidas comigo. Ele não se afastava de mim por nem por um momento. Mandou queimar todas as minhas anotações religiosas, inclusive a minha Bíblia.

Disse-me, que preferia me ver morto do que padre, e ainda acrescentou: "Não coloquei filho no mundo para ser um bichinha com uma bíblia na mão, orando pelos outros e ainda vivendo de pão e água!". Meu pai estava irredutível e deixava bem claro que eu não seria padre.

O tempo foi passando e eu me entregava a todas as rotinas necessárias. O que meu pai não sabia é que, durante a noite, eu havia formado um grupo de orações, e, ali, com meus amigos, nossos funcionários, orávamos as mais belas e fortes orações. Eu catequizava, durante a noite, todas aquelas pessoas. Sentia-me um padre de coração. Certo dia, minha mãe levantou-se durante a noite e percebeu que eu estava saindo com meu cavalo Solano. Ela me chamou e eu lhe contei toda a verdade. A partir daquele dia, sempre que podia, minha mãe ia nas orações comigo. Meu pai ia para a cama muito cedo, sempre perto das 18 horas da tarde, pois às 4h da manhã, todos os dias, ele já estava de pé. Então, eu tinha bastante tempo de desenvolver a minha religião. O padre, meu amigo, mesmo à distância, mandava materiais de estudo pelos nossos funcionários que, vez ou outra, saíam dos arredores da fazenda. Assim eu fui me informando, estudando e me aprimorando na arte do confiar e da oração. A minha fé era inabalável.

Quando tinha alguém doente, nossos amigos já sabiam a quem chamar. Longe de meu pai, muitos me chamavam de Padre Ceno. Isso disfarçava um pouco meu nome, caso caísse nos ouvidos de meu pai que um tal padre Ceno estivesse orando por seus empregados. Meu pai era um verdadeiro senhor de engenho. Tudo era manipulado e controlado por ele, menos a minha vocação e a fé que aquelas pessoas tinham em mim.

O tempo foi passando e eu fui me correspondendo, com da ajuda do meu amigo padre, com a grande Igreja. Ali, os grandes sacerdotes me diziam que eu largasse tudo e partisse rumo à minha vocação, mas eu não podia, senão minha mãe morreria de desgosto, e ela estava sozinha naquela grande casa. Eu estava com as mãos amarradas. Não poderia fazer nada.

Muitos me chamavam, inclusive quando parecia que energias ruins dominavam seus corpos. Eu pegava a minha Bíblia, orava e o espírito ruim ia embora. Eu amava tudo aquilo. Meu trabalho como religioso foi ficando cada vez mais profundo. De dia, o sono começava a se apresentar nas lidas da fazenda com meu pai. Além de não gostar muito do que fazia com ele, o cansaço tomava conta de mim e acabava me fazendo errar. Meu pai ainda me xingava como se eu fosse uma criança. Em respeito a ele, eu não retrucava. Primeiro, eu pensava que ele era um velho e merecia meu respeito e depois que era meu pai e, portanto, também merecia meu respeito. Então, eu ia seguindo daquele jeito e praticando a minha religião da forma que eu conseguia.

Certa manhã, todos já estávamos sentados ao café e minha mãe não descia para a mesa. Meu pai dizia que, depois de velha, ela tinha ficado preguiçosa. Então, falei com meu pai: "Esperamos um pouco, meu pai, irei vê-la em seu quarto.". Ele disse: "Não. Vamos duma vez que a lida nos espera.". Pela primeira vez, eu contestei. Ora, se tratava de minha mãe. Disse calmamente: "Não! Primeiro irei vê-la. O senhor pode ir indo que nos encontramos pelo caminho.". Meu pai, autoritário como era, me falou: "Vamos agora ou lhe corto a porcentagem deste mês!". Eu, com uma raiva contida e lágrimas nos olhos, disse: "Pode cortar tudo, meu pai, eu só preciso de Deus!".

Meu pai, então, virou a mesa. Todas os apetrechos do café foram ao chão. As criadas vieram correndo, assustadas. Meu pai, aos gritos, dizia: "Eu lhe crio, lhe ensino, lhe ponho rico e você me agradece com essa besteira de Deus. Eu acho mesmo que o que você esconde aí debaixo destas calças é um pinto mole e de veado! Ninguém me tira da cabeça que você é um bicha!". E continuou a me ofender, e a ofender Deus.

Meu coração pulava dentro de mim. As lágrimas, antes contidas, expeliam do meu rosto. Eu já as tinha guardado por muitos anos. Eu pensava na minha mãe, que se eu fizesse qualquer coisa, a machucaria. Sem me controlar mais e com medo de fazer uma loucura, deixei meu pai falando sozinho e fui subindo as escadas. Ele agarrou meu braço e disso: "Você é um filho que eu jamais deveria ter tido. Seu bicha!". Eu olhei em seus olhos e disse, sem mais aguentar: "Pois este bicha será padre, meu pai!". Em prantos, contei-lhe tudo. Meu pai ficou branco de susto, de raiva. Ele ficou sem controle, e a cada palavra minha, ele quebrava um pouco mais da sala. Se foram os sofás, as cadeiras, a mesa, os vidros, a prataria. Tudo foi ao chão, no acesso de fúria que ele estava tendo. Meu pai parecia um animal feroz a cuspir pela boca. Eu estava triste pela forma como tudo estava se conduzindo, mas ao mesmo tempo estava aliviado. Ainda completei: "Hoje mesmo irei embora desta casa. Não se preocupe, meu pai.". E ele, sem mais me olhar nem responder nada, também já exausto por tanta fúria, se foi.

Antes de subir ao quarto de minha mãe, tentei me recompor. Estranhei que ela não tivesse descido depois de tanta gritaria. As criadas me deram um pouco de água e se puseram a arrumar toda aquela bagunça. Subi ao quarto, bati a porta e não ouvi resposta, então, entrei. Minha mãe dormia, pelo menos parecia que dormia. Quando cheguei mais perto, observei que ela estava morta. Parecia um anjo. Ela estava em branca cor, seus cabelos perfeitamente alinhados em uma longa trança e suas mãos sobre a barriga em posição de oração. Uma imagem triste, mas linda de se ver. Ela já estava com os olhos fechados. Eu apenas orei e pedi que Deus a recebesse com todo o amor em seu reino.

Contatei algumas pessoas para me ajudarem no enterro. Chamei, inclusive, o padre, meu amigo, para vir fazer a cerimônia de despedida. Tomei toda essa liberdade, já que meu pai tinha saído esbaforido e ninguém o encontrava. Tudo já estava preparado e nada de encontrarmos meu pai. Minha mãe já estava disposta em seu leito de morte. Estava linda, mesmo naquela hora. A madrugada passou e comecei a ficar mais e mais preocupado. Meu pai tinha passado o dia fora e todos estavam a procurá-lo.

Era de manhã, bem cedinho. Avistei o cavalo dele vindo em direção a casa. O cavalo estava sozinho. Intui que algo de errado também tinha acontecido com ele. Chamei mais dois homens amigos, subi no cavalo dele e pedi que me levasse onde estava meu pai. Peguei uma roupa de meu pai e pedi que o cavalo cheirasse, como se fosse cão. Não sei como, mas ele me levou para onde meu pai estava, ou melhor, perto de onde ele estava.

Na fúria, meu pai jogou-se de um grande penhasco que havia nas redondezas de nossa fazenda. Ele não aguentara ser contrariado. Jamais aceitara a opinião dos outros. Ele tinha depositado tudo em mim, e agora eu não lhe ajudaria. Na cabeça dele, eu era um imprestável por querer ir atrás da minha vocação. O problema é que muitos pais criam os filhos para eles. No entanto, filhos são almas, e cada uma tem a sua missão, a sua inquietude. Isso é particular de cada um, mesmo que sejamos filhos, pais, irmãos. Cada um é um. Estamos aqui em busca da resolução e da dissolução de nossos nós, e não há outro caminho se não por aquele que está escrito dentro de nós. Não há feio, não há bonito, nem longo ou curto, difícil ou fácil. Quando somos chamados para a nossa missão, há uma força interna tão grande e tão valente que nos direciona a fazer o que estava escrito nas estrelas e dentro da nossa essência, que vibra e lateja em nós.

Tivemos que seguir com o enterro de minha mãe, mas já preparando o de meu pai. Pela primeira vez, eu não me sentia culpado de nada. Toda a energia me dizia que eu estava apenas seguindo meu coração, e que de forma alguma eu o tinha desrespeitado. Eu estava, pela primeira vez, direcionado a seguir nos meus propósitos sem olhar para trás. Eu só me arrependia de ter demorado tanto tempo para seguir meu coração.

Nos despedimos de meu pai e eu, silenciosamente, lhe pedi perdão por não ser como ele queria que eu fosse. Os dias foram passando e eu fui deixando tudo organizado para que eu pudesse partir. Deixaria pessoas de confiança a cuidar de tudo. Vez ou outra eu voltaria ali, mesmo que não sentisse a mínima vontade. Minhas irmãs estavam muito bem de vida. A nenhuma delas interessava as lidas ou qualquer coisa que fosse relacionada à fazenda. Eu olhava tudo a meu redor. Entristecia-me saber que meu pai tinha dedicado a sua vida àquilo tudo, e que ninguém queria nada. Eu refletia na sede que meu pai tinha de ter cada vez mais e mais terras. Ele era bom para as pessoas, mas era ruim para ele mesmo, pois jamais se ausentava de suas lidas. Jamais o vi sorrindo. Minha mãe comentava que ele só havia sorrido uma vez: quando eu tinha nascido. Nunca vi meu pai beijar ou acariciar minha mãe. Meu pai tinha uma fúria por vencer e vencer. Ele era cego perante todo o resto. Nem com minhas irmãs ele era feliz. Ele apenas trabalhava e trabalhava. Agora, ninguém queria nada do que era dele, aquilo que ele dera sua vida cegamente. Eu sentia uma dor muito forte por dentro. Eu sofria por meu pai ter levado a vida daquele jeito. Sofria por eu não ter aberto seus olhos. Sofria por ter escondido, durante tanto tempo, a minha vocação. Eu orava e pedia perdão a ele. Eu sabia que minha mãe estava bem no reino dos céus, mas me preocupava com meu pai. Ele tinha se matado, se jogado daquele penhasco. O que teria acontecido com ele? Será que Deus, em sua misericórdia, o tinha recebido? Eu me preocupava com tudo aquilo. Eu sabia que meu pai era ranzinza e acreditava que assim ele continuaria depois da morte.

Tudo foi se seguindo. Segui meu caminho como futuro padre. Amava tudo com relação à minha religião. Ajudava aos carentes, aos doentes e a todos que de mim precisavam. Sentia-me pleno, a não ser pela dor que sentia no fundo do peito, vez ou outra, pensando em meu pai. Eu tinha um arrependimento profundo por não ter sido homem suficiente e contado para ele a minha pretensão em ser padre. Eu levava esta dor e arrependimento comigo.

Alguns anos se passaram e, certa noite, sonhei com minha amada mãe. Ela estava toda de branco, estava agoniada e pedia que eu orasse por meu pai e o ajudasse. Ela disse que ele estava preso lá naquele penhasco. Acordei assustado, porque a imagem que minha mãe me mostrara era real. Naquela semana, faríamos um ciclo de novenas para a população doente. Incluí o nome de meu pai e oramos fervorosamente por ele. Eu, principalmente, imaginava, de coração, que ele recebia a luz e que a mão amiga de Deus o erguia e o retirava de lá. Eu não entendia nada sobre o pós-morte. Eu só entendia o que eu aprendia e sentia sobre a oração. Ela era milagrosa e conduzia os cegos. Então, eu apenas orava na minha fé, mas não deixava de acreditar no sonho que eu tinha tido.

Muitos dias se passaram e eu continuei orando e orando, cada vez mais enfatizando a pessoa de meu pai. Em outra noite, muito tempo depois daquele sonho com minha mãe, sonhei novamente com ela.

Desta vez, porém, ela estava ao lado da cama de meu pai cuidando dele. Percebi que ele, assim como ela, vestia roupas brancas. Ela estava tranquila e serena a observá-lo. Lembro que, no sonho, ela me olhou com um breve, mas profundo sorriso nos lábios, e disse: "Obrigada por sua oração, amado filho. Fique com Deus!". Naquele momento, eu entendi que havia algo depois da morte, mas eu já estava velho e minha energia religiosa já estava bem desenvolvida para mim. Eu agradecia por tudo o que eu tinha e pelos milagres que conseguíamos em nossa igreja. Para mim, aquilo já bastava. Então, eu orava e me entregava ao meu Deus sem contestar nada. Eu tinha muito medo de buscar e buscar, assim como o meu pai, e me desviar do meu caminho.

Eu já estava bem velhinho. Todo o meu corpo tinha dificuldade em se mexer. A cegueira tomou conta de mim. Eu vivia no meu quarto e, vez ou outra, alguém me levava para passear. Fui morar na fazenda que agora eu havia transformado em um lar para idosos. O dinheiro de meu pai durou por toda a minha existência e ajudou muita gente, inclusive aqueles que usufruíam daquela bela morada. Minhas irmãs, aos poucos, foram se engajando naquela missão. Algumas delas morreram antes de mim, mas todas tinham um belo coração e também deixaram sua parte para aquela entidade assistencial que acabamos criando.

Certa noite, sonhei com meu pai. No sonho, ele me pedia perdão por ter sido tão ausente, mesmo presente. Ele disse que tinha aprendido e sentido em sua própria carne os benefícios da oração. Disse-me que, a cada novena que eu fazia, ele ia sentindo que poderia recomeçar. Ele me agradecia com um belo sorriso e, ao seu lado estava minha mãe, tão linda quanto antes. Eu sorria para eles e também agradecia por tudo. Amanheci muito contente e aliviado. Pedi que uma amiga empurrasse minha cadeira de rodas até o penhasco onde meu pai tinha morrido. Lá havia o mais lindo pôr do sol. Ela estranhou, mas me levou até lá. Quando eu ainda caminhava, muitas vezes eu ia até lá. Eu sentia a energia daquelas montanhas. O vento batia no meu rosto e alma se sentia mais livre. Ali eu agradecia por tudo o que a vida tinha me dado, e por poder ter dado asas a minha vocação. Eu agradecia a Deus e meu corpo viajava como em uma meditação.

Depois que minhas pernas ficaram fracas e não pude mais caminhar, nunca mais fui até lá. Quando chegamos, eu segurei suas mãos e lhe agradeci. Eu lhe disse: "Cuide de todos por mim". Ela me abraçou e disse: "Sinto meu peito doendo, padre Ceno, como se alguma coisa acontecesse" Respondi: "Não se entristeças minha querida. Todos temos nosso tempo e o meu foi o mais belo possível. Renovei minha fé a cada amanhecer e, hoje, entrego-me nas mãos do meu Deus". Eu disse isso e ela me deixou ali, recuando alguns passos.

Olhei para tudo pela última vez. Vi apenas o que minha lembrança me mostrou. Meus olhos já não mais enxergavam. Senti o vento que soprava em meu rosto e a liberdade que aquele lugar me fazia sentir. Fechei os olhos e orei. Foi aí que senti algo se desprender de mim e, como um pássaro, eu sentia que sobrevoava sobre aquelas montanhas, indo ao encontro de Deus.

Sinto-me cada vez mais livre e continuo meus estudos religiosos no meu pós-morte. Aprendi muito e aprenderei mais. Acredito, hoje, na energia divina e nas várias formas com as quais ela se manifesta na Terra. Espero que minha história sirva para que reflitam sobre a austeridade e autoridade que, muitas vezes, levamos nossa vida na Terra. Devemos trabalhar para conseguir o material, mas não podemos esquecer que estamos aqui com um propósito maior, e que este nos conduzirá para os muitos reinos existenciais do ser. Reflita e não prenda seus filhos nos seus ideais. Deixe que eles tenham os ideais deles. Ninguém é de ninguém, e todos temos um propósito existencial. Pense nisso. Fique com Deus.

REFLEXÃO SOBRE A INVEJA

A inveja é um sentimento destrutivo. O ser que a sente carrega consigo a inferioridade que o faz agir assim, cobiçando o que os outros adquirem. A inveja age de forma tão forte no ser que o seu desagrado ao que os outros adquirem se torna transparente.

O invejoso pode se prejudicar tanto fisicamente quanto espiritualmente, pois sua energia é pesada e chega ao invejado de forma destrutiva. É preciso se defender por meio de oração, que protege o espírito, e de sal grosso, que protege o corpo físico. Ambos neutralizam a energia que o invejoso passa mesmo sem sentir. Ela já faz parte do ser que não admite que o outro seja mais amado, que tenha o que ele não tem ou que tenha algo de mais valor. Quem sente inveja está sempre atento aos presentes que ganha, comparando valores. O ser não se importa com esses detalhes, e sim com o carinho, independente de seu valor.

O invejoso pode se tratar, porém, é preciso admitir que sente inveja do próximo e que isso não é normal. É muito difícil admitir que se é assim, pois os invejosos estão convictos de que estão certos. A maioria não admite que a inveja é um defeito que precisa ser trabalhado, que dentro de si existem qualidades e que elas podem ser superiores a este sentimento tão pobre e pequeno que não os deixa crescer.

Como poderemos admirar uma rosa se ela estiver envolta em ervas daninhas que escondem sua beleza? Na vida, os bons sentimentos precisam ser despertados para que os maus não sejam como as ervas daninhas, que invadem e deixam feio o que era para ser belo.

Nos quilombos de Anhara
Pelas energias de Damião e Anhara

Lembro-me do pavor de meu povo quando fomos levados de nossa terra querida, presos como bichos e jogados em um porão de um grande barco. O lugar era úmido e escuro, não sabíamos por que estávamos ali, a água era escassa e também a comida. Por vários dias ficamos amontoados sentindo o gelo das correntes que nos prendia pelos pés. Às vezes, o porão era aberto e podíamos ver a luz do sol.

Foi assim que chegamos à cidade do homem branco, em um Navio Negreiro, como era chamado. Ele trazia negros de vários lugares, e este atracou em um grande porto. Fomos colocados em fileira em cima de um tablado de madeira escura, após um rápido banho em que nos limpavam apenas os dentes, a língua, as mãos e os tornozelos, pois estes eram examinados para verificarem se prestávamos ou não.

Aquele lugar traçava o destino dos negros. Alguns tinham sorte ao serem vendidos para homens de bom coração, outros como, Tonho e eu, fomos vendidos para homens poderosos, os chamados de Barões, proprietários de grandes terras e muitas plantações, que demonstravam seu poder no olhar de superioridade que lançavam sobre nós. Foi esse olhar que me tornara escrava de um deles. Quando, entre tantas negras, aquele homem fixou em mim seu olhar, fui tirada de entre as outras mulheres e colocada em uma carruagem, na qual já havia outros negros, entre eles, Tonho. Os senhores nos escolhiam como se fôssemos bichos. De forma ou de outra era assim que eles nos viam. Eu podia perceber em seus olhos que nós éramos apenas coisas que estavam sendo vendidas e eles comprando. Após termos sido escolhidas, éramos jogadas ao trabalho. Para eles, não éramos seres humanos, e sim seus serviçais.

Por pequenas perfurações entravam raios de sol e ali nos perguntávamos qual seria o nosso destino. Eu orava e acreditava que deveria haver algum propósito perante tanto sofrimento do nosso povo. Eu não acreditava que tínhamos nascido para isso. Uma amiga, Tia Jurema, como lhe chamavam, uma escrava grande e gorda que servia apenas para a costura, me dizia que um dia tudo aquilo iria mudar, que seríamos reconhecidos e descobriríamos o nosso verdadeiro valor. Ela dizia: "O nosso Deus, o pai Oxalá, está guardando o melhor de sua colheita para nós. Espere e verás.". Eu sabia que isso a confortava e diminuía um pouco o seu sofrimento. Tia Jurema foi morta anos mais tarde, presenciei de perto seu sofrimento. Ela foi morreu queimada em uma fogueira por ter roubado um pedaço de bolo que a patroa tinha colocado no lixo. Ela trabalhava no interior da casa, costurando para os patrões. Certo dia, sentindo fome, e também desejo por aquele resto de bolo, foi pega comendo no lixo. Para servir de exemplo aos outros, foi morta na fogueira. Eu ainda consigo lembrar do semblante da Tia Jurema. Ela sorria, chorava e dizia: "Estou voltando para casa do nosso Senhô. Não chorem, minhas Flô!". Assim, ela ia queimando e queimando, lentamente, até que se entregou e morreu. Fiquei muitos dias abalada e revoltada com aquilo tudo. Não éramos merecedores de tanta dor. Tudo o que sofríamos era uma verdadeira covardia, mas eu, sozinha, não poderia mudar o mundo, já que muitos dos meus não me apoiavam e aguentavam quietos a própria dor.

Voltando à forma em chegamos naquele lugar...

Quando a porta foi aberta, descemos ao lado de uma grande casa branca e fomos conduzidos para a parte de trás, onde ficavam os escravos. Após um breve descanso, os homens foram levados para a plantação de café, onde trabalhavam o dia todo. As mulheres faziam a lida da casa e também ajudavam na colheita do café.

Tudo parecia tranquilo, até que alguém manifestar revolta e ser punido para dar exemplo. Vi muitos dos meus morrerem no tronco após apanharem até a morte. Mesmo indignados com aqueles atos covardes, tínhamos de ficar calados no silêncio de nossa dor.

Certo dia, quando as mulheres da casa não estavam, fui buscada pelo capataz e levada até o Barão, que usou meu corpo como quis. Daquele jeito triste, me tornei mulher. Senti-me como um objeto, usado apenas para satisfazer seu dono. Após algum tempo senti meu corpo se modificar. Quando o Barão percebeu, ordenou ao capataz que mantivesse segredo – ninguém poderia saber que ele mantinha relações com suas escravas. A partir daquele dia, o Barão não me procurou mais, a não ser no dia em que ordenou me calasse, ou iria me mandar para longe e meu filho seria tirado de mim. Acrescentou que ali nada me faltaria, mas nunca ninguém poderia saber que o filho era seu. Para ele, o menino seria como qualquer outro negrinho de sua fazenda, sem regalia alguma.

A criança nasceu ali na senzala, aos cuidados de uma escrava que fazia os partos das outras escravas. Meu filho nasceu forte e o chamei de Iago – seria um guerreiro, como nosso povo. O menino foi crescendo com os traços do pai, principalmente os olhos esverdeados, mesmo tendo a pele mais escura.

O Barão o observava de longe, mas não conseguia sentir pelo menino o mesmo que sentia por suas filhas.

Em um dos passeios pela fazenda, a mulher do Barão avista o menino. Ao se aproximar, percebe a semelhança com o marido. Pressiona os criados e acaba descobrindo que o menino é filho do Barão com uma de suas escravas. Indignada, revoltada e cheia de ódio, aproveita que o Barão está em viagem de negócios e manda que me busquem, me prendam ao tronco e ordena ao capataz que me espanque. Senti na pele toda a fúria daquela mulher que sentia prazer a cada chibatada e grito de dor. Já sem força, fui tirada do tronco e meus irmãos da senzala cuidaram de mim. Perguntei por meu filho, mas Tonho não soube responder. Senti profunda tristeza misturada àquela dor dos ferimentos. Mesmo assim, não consegui sentir ódio daquela mulher.

Meus olhos se escureceram. Senti um perfume como o que minha mãe usava, ele envolvia meu corpo junto a uma luz que me levava. Senti-me leve, deixando para trás aquele corpo ferido.

Meu espírito só teve descanso quando me foi mostrado o lugar para onde meu filho fora levado. Eu percebia a presença de seres de luz à minha volta, que me diziam que eu devia manter o meu bom coração para não me perder nas trevas. Tia Jurema me acompanhou e cuidou de mim no meu pós-morte, e disse que ficaria de olho em mim até eu ser encaminhada no plano espiritual. Ela mantinha a mesma roupa de quando estava viva, e também o mesmo senso de humor. Às vezes, eu me esquecia de que nós tínhamos morrido, de tão semelhante que era minha morte a algumas coisas da vida. Depois entendi que eu estava em um estágio muito primário, e que era por isso que sentia fome, dor, angústia, agitação, medo. Nós ainda estávamos muito ligadas à matéria corporal da terceira dimensão.

Marta, a mulher do Barão, ordenou que vendessem Iago. O menino foi comprado por um fazendeiro plantador de cana-de-açúcar e levado para sua fazenda. Lá, eu pude vê-lo brincando com outras crianças e parecia feliz. Após este momento, ao ver que ele estava amparado por pessoas de bem, retornei junto à mulher de branco que me acompanhou o tempo todo, assim como minha amiga e companheira Tia Jurema.

O Barão, quando retornou de viagem, descobriu o que aconteceu. Ficou furioso com a mulher, mas acabara cedendo aos seus caprichos. Fui apenas mais uma das negras que por ali passou. Nem de seu filho ele quisera saber o paradeiro. Ele, porém, não imaginava que o destino o colocaria frente a frente com o filho.

Os anos se passaram e Iago não é considerado um escravo, e sim alguém que Laura e seu marido criaram como um filho, a quem deram seu sobrenome e estudo. Iago é um homem inteligente e forte, de pele morena, olhos esverdeados e um olhar penetrante. Ele conduziu a fazenda de Laura após a morte de seu marido. Da mãe, ele pouco falava. As lembranças lhe doíam o coração, que fora preenchido pelo amor de Laura, que sempre lhe tratou como um filho.

Em uma reunião de negócios na qual havia vários fazendeiros, Iago representa Laura e deixa a todos encantados com sua desenvoltura nos negócios. Após o jantar, ele é convidado para uma festa. Lá, encontra uma jovem, eles trocam olhares e dançam – o interesse é recíproco. Ao conversarem, descobre que a jovem é filha do Barão. Em casa, Iago comenta com Laura sobre a moça que conhecera na festa. Ela fica em silêncio e recorda que o menino fora trazido da fazenda onde aquela moça mora e fica temerosa, mesmo sabendo que o rapaz já é livre e carrega seu sobrenome.

Iago é convidado para outra festa. Desta vez, Laura o acompanha e ele a apresenta como mãe. As pessoas acham estranho, pois o jovem tem a pele morena e a mãe é bem clara, mas ninguém ousa fazer comentários. Iago é muito educado e atencioso, encanta todas as jovens da festa. A que não poderia ser encantada a seus olhos é Hortência, a filha do Barão, que está na festa com a família.

Marta, é apresentada ao rapaz e observa-o durante a festa. Vê que ele tem o mesmo olhar do marido e, desconfiada, manda investigá-lo. Após um tempo, descobre que é o mesmo menino que ela vendera anos atrás. Ela se desespera, pois sabe que Hortência e ele são irmãos. Sendo assim, passa a demonstrar ser contra o namoro da filha com o rapaz. Sem entender a atitude da mãe, Hortência demonstra rebeldia, e a mãe lhe proíbe de sair de casa. Marta, sem alternativa, acaba tendo de revelar ao marido a verdade sobre Iago. Neste momento, o que fora escondido por anos poderia vir à tona, provocando escândalo na alta sociedade, botando abaixo a honra da família. Marta decide procurar Laura, conta o porquê de ser contra o namoro e pede para que a ajude a afastar Iago de Hortência.

O tempo, porém, lhes mostra que a única saída é contar a verdade. É o Barão que procura Iago e lhe fala sobre o passado, sem revelar os detalhes sobre a morte de sua mãe. Após a conversa que tiveram, Iago não consegue demonstrar o mínimo de afeto por aquele homem. Após alguns dias, Iago resolve ir à fazenda e leva com ele uma carta para Hortência, que fora proibida de sair de casa, a não ser acompanhada dos pais. Caminhando pela fazenda, lhe vinha à mente lembranças da infância, das meninas brincando no jardim onde ele, de longe, observava, sabendo que não poderia se aproximar. Nesse momento, encontra Tonho, e a ele pergunta sobre sua mãe. Tonho conta tudo o que aconteceu, como sua mãe fora morta e o leva até o local onde está enterrada. Iago lhe faz um pedido: gostaria de levar os ossos da mãe, e Tonho providencia. Ao despedir-se de Tonho, Iago deixa uma carta para ser entregue a Hortência, a qual ele tinha a certeza de que não herdara dos pais a arrogância e a maldade. Ao partir disso, Iago enterra de vez o passado, porque, para ele, nada ali importava mais. A carta foi entregue a Hortência que, após ler, decide ir embora para a Europa, junto de sua irmã, e lá permanece por longos anos, sem pensar em retornar.

Iago segue sua vida, constrói uma linda família, que traz muita felicidade a ele e também a Laura, que o criou como filho. Com o tempo, alforriou todos os escravos que lhe pertenciam. Criou um lugar de igualdade e respeito, onde todos eram iguais, e os que ali ficaram recebiam pelos serviços prestados.

Na grande fazenda, havia um lugar que para Iago era sagrado. Ao lado da capela, a sepultura do pai adotivo, da mãe, e, por último, a de Laura, a quem ele cuidou com todo o seu amor até o momento de sua morte.

Foi no mesmo local que Iago foi enterrado. Eu senti meu coração leve pelas atitudes de meu filho, vendo que manteve o coração puro, sem ódio e sem rancor, mesmo tendo passado por tudo o que a nós estava destinado. Ele soube ser um guerreiro do bem que orgulhou nosso povo.

Deus colocou em seu caminho pessoas de bom coração, e estas o ajudaram e o viram como ser humano, sem o racismo que empobrece o homem. Após ter cumprido sua missão na Terra, pude buscá-lo no momento de sua partida, já velhinho. Ele ficou muito feliz com nosso reencontro. Abracei-o como ao menino que eu abraçava junto ao peito quando este sentia medo e temor.

Ciúmes e traição
Pelas energias de Natan

Marcos era um jovem ambicioso. Ele saiu do interior, onde morava com seus pais e irmãos, e foi para a cidade estudar e trabalhar. Ele terminou seus estudos e formou-se em Direito.

Certa noite, a convite de uns amigos, ele vai a uma festa, onde conhece Sofia. O interesse de Marcos pela jovem aumenta quando ele descobre que ela é filha de um importante empresário, Heitor, um dos maiores exportadores do país.

Marcos, então, seduz Sofia, com seu jeito galanteador. Com o tempo, Sofia se apaixona por ele e pede ao seu pai que dê uma oportunidade ao jovem recém-formado em Direito. Marcos não se torna apenas empresário, mas também marido de Sofia.

Sofia é filha única de Heitor e Olga. É uma jovem mimada e cheia de vontades. Ela sente muito ciúme de Marcos, o que provoca algumas discussões, logo contidas por ele.

Os anos passam e Marcos se torna também um importante empresário, graças ao apoio do sogro Heitor, que se sente orgulhoso, pois vê o empenho do rapaz e o seu interesse no mundo dos negócios.

Com o tempo, Marcos sente desejo de ser pai. Sofia sabe disso, pois vê o carinho e o jeito do marido ao lidar com crianças. Sofia se pergunta: "Por que não consegue dar ao marido o filho que ele tanto deseja?".

Marcos sai para dar uma volta. Sentado na praia, observa o mar e se lembra da infância, das brincadeiras com o pai e os irmãos, da comida simples, mas bem temperada, que sua mãe lhes preparava, e percebe que foi nas coisas simples que viveu em sua cidade que sentiu a verdadeira felicidade. Mesmo com todo o dinheiro que conquistou, ele não conseguia sentir aquela alegria da vida simples que levava na pequena Vila dos Milagres, lugar onde morou com seus pais e irmãos.

Ao chegar em casa, Marcos diz a Sofia: "Vou visitar minha família. Desejas ir comigo e conhecê-los?". Sofia silencia e, após uns minutos, responde: "Mas é tão longe e já faz tanto tempo, não me sentirei à vontade.". Marcos diz: "Eles são minha família. Hoje sei que posso lhes ajudar e irei até eles. Se não deseja me acompanhar, te deixarei na casa de teus pais, para que não fiques só.".

Marcos, decidido, vai à procura da família que deixou para trás. Após longa viagem, chega à Vila dos Milagres e vê o quanto o lugar está diferente, mas ainda mantém a simplicidade e a hospitalidade de antes.

Ao chegar em frente à sua casa, Marcos observa que tudo permanece igual. O pai o recebe com lágrimas nos olhos, e Marcos também se emociona ao ver o pai após tantos anos. Sua irmã e seu irmão logo chegam do trabalho e encontram Marcos. Ao perguntar pela mãe, o pai lhe responde que morreu há dois anos. Ele sente grande tristeza por não ter feito tudo o que gostaria pela mãe. Agora sabe que poderá ajudar o pai, já velho, seu irmão e sua irmã. No tempo em que permanece ali, manda reformar a antiga casa e monta um armazém para que sua família possa ter uma vida melhor. Marcos ali se sente feliz, mas sabe que precisa retornar. Conversa com seu pai e ele lhe pergunta: "Sei que conseguiste te tornar um homem poderoso, mas não sinto que sejas feliz como eu fui com sua mãe. Estou certo?". Marcos silencia e depois responde: "Já fui, meu pai, mas sei que ainda serei novamente um homem feliz. Não é só o dinheiro que nos traz felicidade. Podemos encontrá-la nas coisas simples da vida, hoje eu percebo isso. Construí uma família, mas parece que ainda falta alguma coisa, acho que deve ser o filho que ainda não tenho.".

Marcos se despede da família, deixa uma boa quantia em dinheiro com o pai e segue a viagem de volta à cidade, onde pretende primeiro resolver alguns negócios para depois seguir para casa. Quando lá chega, comenta com a esposa sobre a emoção e a alegria de rever sua família, e o quanto sentia não ter encontrado a mãe viva. Sofia demonstra alegria pelo marido. Ele retorna à vida que escolheu, com os grandes compromissos e festas que exigiam a presença do casal.

Na semana seguinte, seu sogro Heitor precisa fazer uma viagem importante, mas adoece e pede que Marcos o represente. É nessa viagem que Marcos conhece Heloísa. Ao passar por uma propriedade, vê a jovem cavalgando pelo campo. Ele sai de seu automóvel e fica observando, até que ela vem até ele e pergunta: "O senhor está perdido?". Ele responde que sim, e se apresenta: "Me chamo Marcos, e você?". Ela responde: "Heloísa.". Ele diz que precisa chegar à fazenda do Coronel Leôncio para tratar de negócios, e ela se oferece para levá-lo até lá. Enquanto segue a moça, ele a observa correr em seu cavalo com domínio total sobre o animal. Ele fica encantado e sente algo forte como nunca sentira por nenhuma mulher.

Ao chegar à fazenda, ele a agradece e pergunta: "Você mora por aqui?". Heloísa responde: "Moro aqui perto, próximo àquela montanha.". Marcos comenta que gostaria de vê-la novamente, e ela responde: "Quem sabe... se for nosso destino.".

Marcos resolve os negócios na fazenda e fala da moça que lhe conduziu até ali. O coronel diz que deve ser a neta de Aurélio. Ele diz que eles moram próximo à montanha. O coronel ensina a Marcos como chegar até lá.

Antes de ir embora, Marcos a procura, pois não consegue tirá-la do pensamento. Ao chegar ao local, percebe que a casa é simples, fica no alto da colina. Há vários animais, e ele avista o cavalo que conduzia a moça. Enquanto isso, um homem velho se aproxima. É o avô de Heloísa, que pergunta: "O que o senhor deseja?". Marcos responde: "Vim resolver negócios aqui perto, estava perdido e a jovem Heloísa me ajudou. Posso falar com ela um instante?". Ela é chamada e se surpreende por ele a ter procurado. Marcos lhe diz: "Não poderia partir sem saber onde morava a jovem tão gentil que me mostrou o caminho.". Ele é convidado a entrar e a tomar um café. Conversam por um tempo e Marcos sente como se Heloísa já fizera parte de sua vida, algo que ele não conseguia explicar. Ao sair, diz a ela que voltará e que gostaria de vê-la novamente. Ele entra em seu automóvel e vai embora, levando com ele o sorriso da jovem que enfeitiçou o seu coração.

Um tempo depois, Marcos retorna e a procura, dizendo não conseguir tirá-la de seu pensamento. No entanto, não querendo enganá-la, esclarece: "Sou casado, mas não sou feliz com a mulher que desposei, não sinto por ela o que sinto por você. Deixe-me vê-la quando puder.". Heloísa não consegue dizer não.

Com o tempo, eles ficam cada vez mais próximos. Heloísa diz estar apaixonada por Marcos, mas diz também que não poderiam continuar se encontrando, porque ele é um homem casado. O que sentem, porém, é mais forte do que os dois. Eles conversam e ela acaba se entregando a Marcos, que sente profunda alegria por tê-la em seus braços. Ele diz que a fará muito feliz. Heloísa pede que ele não lhe prometa nada, pois ela sabe que ele é comprometido e que voltará para a sua casa na cidade.

Marcos retorna à sua casa, mas sempre que pode vai ao encontro de Heloísa, pois ali encontrou a felicidade. Em uma de suas viagens, Marcos leva um lindo cavalo de presente para a sua amada. Heloísa vibra de alegria quando vê o animal, que ela chama de Estrela. É uma égua negra, com uma marca branca na testa parecida com uma estrela. Nesse dia, Heloísa dá a notícia de sua gravidez. Marcos a agarra no colo e a gira nos braços, dizendo ser o homem mais feliz do mundo. Isso era o que ele mais desejava: ser pai. Os pais dela ficariam felizes se fossem vivos. Heloísa perdera os pais na guerra e fora criada pelo avô. Marcos diz a ela: "Agora você tem a mim. Cuidarei de você e de nosso filho". Quando parte, ele faz muitas recomendações para que Heloísa se cuide.

Ao chegar à cidade, a mulher lhe aguarda para um compromisso. Ela percebe que o marido tem algo diferente, um brilho nos olhos que antes não tinha. Quando lhe pergunta o motivo da felicidade, Marcos responde: "São os negócios. Estamos vivendo um momento bom, ótimos negócios.". Eles arrumam-se e vão a uma festa. Sofia sente ciúme do marido quando ele é apresentado à viúva Lurdes, apenas por ele ter sido gentil com ela. Sofia, possessa pelo ciúme doentio que sente pelo marido, ameaça: "Se eu souber que tens olhos para outra, acabo com ela e com você!". Nessa noite, Marcos pensa em se separar de Sofia. Ao conversar com ela, esta fica histérica e lhe diz: "Se fizeres isso, acabo com tua carreira e com teus negócios!".

Quando ela conta para o pai sobre a atitude do marido, ele a aconselha a ser tolerante, a controlar seu ciúme, ou realmente acabará perdendo o marido. Ele fala com Marcos e diz: "Sei que minha filha tem gênio difícil, mas você precisa ser um pouco paciente e cuidadoso para não provocar ciúme em Sofia. Não pense em separação, não seria bom para a sua carreira, já que está apenas iniciando como empresário.". Marcos segue o casamento, mas se sente infeliz ao lado da mulher por quem já não sente mais nada. Ele mantém as aparências nos locais públicos, onde sua presença é exigida.

Marcos conta os dias para estar nos braços de Heloísa. Quando vai ao seu encontro, chega cheio de saudade e com vários presentes. A barriga dela já está visível. Ele diz: "É para o nosso filho!". Juntos, fazem planos. Marcos diz a ela que, assim que se sentir seguro nos negócios, deixará a mulher para morarem juntos.

Um tempo depois, Heloísa sente as dores do parto. Seu avô chama a parteira Lúcia, o parto é feito e Heloísa dá à luz uma menina, que é chamada de Ester. Quando Marcos chega, a pega nos braços, e, emocionado, diz: "Realizei meu desejo de ser pai!". Ele beija Heloísa, dizendo: "Você me faz um homem feliz!". O tempo passa e ele ainda está casado com Sofia, mas ansioso para estar com Heloísa e com a filha, que já está com três anos. Quando vai visitá-las, observa a menina correndo no campo florido, como se flutuasse em meio às flores das manhãs de primavera. Marcos se aproxima e chama a filha. Ela vai ao seu encontro, correndo, feliz, com os braços abertos. Juntos, vão ao encontro de Heloísa e do avô. Nos dias em que fica ali, Marcos percebe que esta é a família que sempre desejou ter, e que ali ele sente paz e felicidade.

Sofia desconfia das viagens do marido, e, em certo momento, mexe em sua mala, encontrando um desenho que a menina fez para o pai. Ela resolve mandar alguém seguir o marido e acaba descobrindo a sua outra família. Mesmo cheia de muito ciúme e ódio, pois a outra mulher deu a Marcos a criança que ela sempre desejou dar, Sofia segue tratando o marido como se nada soubesse. Em sua cabeça doentia, surge um plano para dar fim à nova família de Marcos. Ela contrata dois homens e paga a eles uma fortuna para que deem fim a outra família do marido. Eles cumprem o combinado, invadem a propriedade e matam a todos.

Marcos acorda angustiado após um sonho que teve, em que sua filha lhe pedia ajuda. Ele pega seu automóvel e vai visitá-las. Ao chegar lá, fica chocado com o que vê: Heloísa está morta com a filha nos braços, e o avô está caído próximo da porta, também morto. Desesperado, Marcos entra no carro e procura a fazenda vizinha, e conta que a família está morta. Eles dizem que nada viram, a não ser alguns tiros, comuns na região devido à caça. Alguns homens da fazenda o acompanham para ajudar a enterrar a mulher, a filha e o avô. Marcos apenas descobre que homens estranhos passaram pela estrada dias antes do ocorrido.

Marcos, desesperado, não sabe o que fazer. Uma tristeza profunda se instala em seu coração. Ele sabe que nada mais tem para fazer naquele lugar e retorna para a cidade. Ao chegar em casa, a mulher percebe o abatimento do marido. Não parecia a mesma pessoa, estava com forte cheiro de álcool. Sofia age como se nada soubesse sobre o sofrimento do marido.

O tempo passa e Marcos já não parece o mesmo, está sempre distante e triste. O pai de Sofia, preocupado com o estado de Marcos, pergunta para a filha: "O que aconteceu com seu marido? Não parece o mesmo, já não se importa com os negócios e passou a beber de forma descontrolada.". Sofia diz ao pai: "Falarei com Marcos.". No fundo, Sofia sabia da causa de toda a decadência do marido.

Ao conversarem, acabam discutindo, e viver juntos é cada vez mais difícil. Mesmo assim, Sofia não abre mão de seu casamento. Marcos desconfia que a mulher possa ter sido a responsável pelo que aconteceu com Heloísa, o avô e a menina. Essa dúvida lhe atormenta.

Marcos chega a um estado em que não sente mais prazer em viver. Ele tem constantes pesadelos, em que Heloísa e a filha lhe pedem socorro.

Em uma nova discussão com a mulher, Marcos diz para Sofia que não lhe acompanhará na festa em que ela deseja ir. Ela lhe diz: "Pois fique com tuas lembranças, já te tornaste um fracassado, infeliz!". Marcos pergunta, em tom alterado: "O que sabe da minha tristeza? Será que é você a responsável por ela?". Sofia dá um sorriso e sai. Marcos entende que fora ela a responsável por toda aquela tragédia. Ele pega uma garrafa de uísque, se tranca no escritório de casa e bebe muito.

Na festa, Sofia chega só. Seus pais perguntam por Marcos e ela responde: "Ele está indisposto, e pediu-me que viesse. Não poderíamos fazer desfeita para o homenageado. Ficarei um pouco e irei embora em seguida, para não deixá-lo só.". Enquanto isso, em casa, após beber muito, Marcos pega sua arma e atira na própria cabeça, dando fim à sua vida. O tiro é escutado por um dos empregados, que arromba a porta e encontra Marcos caído. Ele vai até a festa e procura Sofia. Ela, ao saber do ocorrido, vai embora rápido, acompanhada de seus pais. Lá chegando, encontra o marido caído, já sem vida. Sofia chora a morte do marido e percebe que nunca o teve como gostaria, que não foi capaz de fazê-lo feliz, nem de ter o seu amor.

O acontecido provoca comentários, que são desmentidos. A família de Sofia diz a todos que Marcos caiu do cavalo, batendo com a cabeça e não resistindo ao ferimento. Um médico amigo da família confirma o que foi dito, e os criados são recomendados a não fazerem comentários sobre o que ocorreu ali.

No enterro, muitas pessoas estão presentes dando, os pêsames à viúva e sua família.

Com o tempo, Sofia sente a presença de Marcos pela casa. Em seus sonhos, ele lhe diz: "Me vingarei de você!", e dá uma gargalhada. Ela acorda assustada. Esse sonho se repete várias vezes e ela sente pavor. Em uma conversa com a mãe, ela fala dos pesadelos que tem com Marcos: "Parece que ele me persegue!". No fundo, ela sabia do motivo da revolta de Marcos, mas sabe que ele está morto e nada pode fazer.

Ela diz, revoltada: "Agora ele pode ficar com a mulher que tanto quis e a criança que desejou e que eu não pude lhe dar.".

Marcos desperta em um lugar escuro, sentindo a mesma angústia, tristeza e dor de quando era vivo, porém, seu sofrimento parecia maior. Em sua volta, gemidos de dor. Naquele vale escuro de sofrimento, ele vagueia como um andarilho, sentindo a falta do álcool que parecia aliviar a dor de seu coração.

Ali fica por um longo tempo, e diz a si mesmo: "Eu quis matar-me para aliviar meu sofrimento, mas ele continua forte dentro de mim. Esse lugar não tem luz, nem alegria, só vejo em minha volta sofredores como eu. E Heloísa? Por que não a encontro? E minha filha? Quanta saudade!".

Caminhando na escuridão, exausto, sentindo dores na cabeça, local onde atirou ao cometer suicídio, ele cai ao chão e clama a Deus que o ajude. Ele grita: "Não tenho mais forças! Sei que sou um pecador, me perdoe, meu Deus misericordioso!". Nesse momento, um clarão se abre à sua frente, um homem se aproxima dele e lhe diz: "Sou Natan, já é o momento de partir. Levante-se, te ajudarei.". Com a ajuda de dois homens vestidos de branco, Marcos é levado. Eles partem daquele lugar, onde muitos que ali estão estendem as mãos também pedindo ajuda.

Ao chegarem ao local destinado, um grande portal se abre e Marcos é conduzido para um quarto. Lá ele é limpo e o ferimento é tratado. Quando Natan se aproxima, Marcos lhe pergunta: "Onde estão elas? Eu gostaria de ver Heloísa e minha filha.". Natan responde: "Ainda não é o momento. Você precisa ser tratado e, quando estiver preparado, terá permissão para estar com elas. As duas estão bem, estão em um lugar tranquilo, felizes, em paz e aguardam você.".

Marcos tenta se libertar das lembranças que ainda o prendem a Terra, da raiva que ainda tem em seu coração pela atitude de Sofia. Ele sabe que precisa se libertar das amarras que o prendem ao passado para se sentir livre e feliz.

O tempo passa e os pais de Sofia percebem que a filha não parece bem. Desde a morte de Marcos, ela tem atitudes estranhas e constantes pesadelos, parece atormentada.

Sofia procura o padre e conta sobre os pesadelos. Ela conta também que o marido tinha outra família e acaba confessando que, ao descobrir, transtornada pelo ciúme, mandara matar a outra mulher do marido, a filha e o avô. Ela diz: "Agora vivo atormentada por ele, mas me arrependo do que mandei fazer.". O padre fica surpreso com a confissão e pede para que Sofia ore e peça perdão a Deus por este ato tão cruel.

Os pais de Sofia resolvem viajar com a filha ao perceberem que ela não está bem desde a morte do marido. Passam longo tempo na Europa, onde Sofia refaz sua vida com um empresário francês. No entanto, os sonhos com Marcos ainda lhe atormentam e tiram sua paz.

Marcos, em outro plano, segue todas as orientações de Natan. Já não sente tanta amargura em seu coração, mas a saudade de Heloísa e da filha ainda é grande demais. Naquele lugar, Marcos percebe que tudo tem seu tempo e sente um pouco de paz em seu coração na visita inesperada de sua mãe, trazida até ele por Natan. Ao ver a mãe, Marcos não contém a emoção, corre até ela e lhe abraça. Ela lhe afaga a cabeça como quando criança e enxuga suas lágrimas. Ela diz a ele: "Filho, você precisa seguir os ensinamentos para encontrar a paz em teu coração e ter a permissão para estar com tua mulher e tua filha.". Após longa conversa, ela se despede do filho. Ele sente o coração aliviado com as palavras da mãe e, a partir daquele momento, procura seguir todos os ensinamentos de Natan. Todas as tarefas a ele destinadas são feitas com muita dedicação e paciência. Aos poucos, encontra o entendimento para suas dúvidas. Com o conhecimento que adquire, Marcos vai deixando para trás todos os sentimentos negativos, como o ódio que sentia de Sofia por ela ter tirado o que ele tinha de mais precioso. Marcos percebe que seu coração está leve, nele há uma paz inexplicável. Natan se aproxima e diz: "Vamos fazer um passeio que te deixará muito feliz.". Marcos o acompanha e, ao chegarem ao local, Marcos fica encantado com a beleza do lugar e com a paz que ali sentia. Havia muitas flores, mas o que Marcos não imaginava era que Heloísa e sua filha surgissem em meio aquele vasto jardim. Ao vê-las, ele corre até elas, sentindo uma felicidade que há muito não sentia, as beija e diz: "Quanta saudade!". Chora como criança e lhes diz: "Que felicidade tê-las novamente comigo!". Natan os observa seguirem aquele caminho de flores iluminado por uma forte luz.

Reflexão sobre homoafetividade

Pelas energias de Damião, Natan e Tereza

Falar da homoafetividade sem julgar, em um mundo ainda preconceituoso, em que a maioria das pessoas acredita que homem tem de ser macho e mulher buscar o sexo oposto, porque assim a natureza o exige, ainda é complicado e exige muita sutileza.

Algumas pessoas olham para seus corpos e sentem que dentro de si há algo estranho, uma atração muito forte pelo mesmo sexo. Muitos lutam contra isso devido ao meio em que foram criados e ao preconceito que sofreriam. Alguns procuram viver de forma considerada tradicional, mas acabam sufocados e infelizes.

Lembro-me de uma história que minha avó contava sobre um jovem que tinha o corpo um tanto afeminado, e isso provocava comentários preconceituosos. Um tempo depois, o jovem tirou sua própria vida, demonstrando que não suportaria o preconceito e o quanto seria difícil para a sua família que, talvez, não o aceitasse nem o perdoasse.

Então, nos perguntamos: perdoar o quê? Será que é culpa da pessoa sentir que seu corpo não corresponde ao que deveria?

Mesmo com toda a evolução do mundo, ainda há muitas pessoas que se perguntam: Será pecado ter ao seu lado um companheiro ou companheira do mesmo sexo? Algumas se manifestam baseadas no que acreditam, ou no que suas religiões as fazem acreditar, outras acreditam que não estamos aqui para julgar, e sim sermos ser felizes. Outras, ainda, se perguntam se é possível sentir por alguém do mesmo sexo amor verdadeiro. Como poderia ser pecado amar?

Na verdade, o que não podemos é perder o respeito uns pelos outros, nem achar que a opção sexual torna uma pessoa melhor ou pior do que a outra. Não é esta que define o caráter. É preciso entender que em nosso grandioso universo somos livres. É o que carregamos em nosso coração que nos faz ser e fazer os outros felizes, e isso se chama amor.

Nos tristes tempos de guerra
Pelas energias de Tereza e Maria Madalena

Os estrondos e os gritos de dor dos tristes tempos de guerra permanecem em minha memória. O sofrimento transforma as pessoas em feras, que lutam pela sobrevivência se esquecendo do amor que deveriam sentir umas pelas outras. Uma arma empunhada dispara sem piedade e um homem, assustado, alvejado, cai ao chão sem vida.

Triste tempo de guerra que me tirou dos braços de minha querida família, levando toda alegria de uma criança feliz. Ao ver meus pais serem mortos, trêmula, acuada em um pequeno canto, me escondi. No silêncio, segurei o choro, até que o inimigo fosse embora. No lugar, a devastação e os corpos amontoados consumidos pelo fogo, e o clamor dos que ali ficam chorando por seus mortos queridos.

Assim vaguei entre os escombros e o cheiro de carne queimada. Meu choro já perdera força e o silêncio me acompanhava. Então, quase sem força, senti o calor das mãos que me acolhera. Era uma mulher, que sorriu para mim, dizendo: "Cuidarei de você.". E assim o fez, me levou para uma casa grande, mas simples. Lá havia outras crianças e também adultos tendo seus ferimentos tratados.

Eu sabia que ali não teria minha família de volta. Dela me restara apenas as lembranças da época em que éramos felizes, as quais guardei por toda minha vida.

Naquele lugar, eu sentia forte o amor daquela mulher que me acolhera no aconchego e no amor de sua casa, junto a todos que ali estavam. Ela se chamava Maria. Era viúva, mulher bondosa, de grande coração. Ela nos ensinou a rezar e a acreditar no futuro. Ele nos tiraria um pouco da tristeza deixada daquele tempo de guerra e poderíamos viver mantendo as boas lembranças das pessoas que amávamos, pois estariam guardadas em nosso coração. Assim fomos vivendo, junto àquela senhora que aprendemos a amar.

A vida pós-guerra não era fácil. Recebíamos doações, alguns remédios e alimentos. O lugar era apertado. Éramos 12 crianças e também alguns adultos. Maria, sempre sorridente, nos dizia: "Um dia, tudo vai melhorar e teremos fartura novamente.". Devido à guerra, tudo era escasso, não havia comida em abundância. O pouco que tínhamos era preparado e dividido com todos os que ali viviam.

Com o forte inverno, alguns idosos não aguentaram e partiram. A morte já nos era tão comum que não conseguíamos chorar. Enterrávamos os mortos e seguíamos tentando sobreviver naquele tempo difícil.

À noite, Maria sempre nos preparava uma sopa. Eu olhava aquela mulher, determinada, que fazia todos reagirem e levantarem a cabeça, dizendo: "A vida só vai sorrir para vocês se aprenderem a sorrir também para ela.". Senti, naquele momento, que deveria ajudá-la, e procurei aprender tudo o que me fora ensinado. Com a ajuda das outras crianças, trabalhávamos plantando nosso próprio alimento. Não havia abundância, mas o suficiente para não passarmos fome.

Quando a primavera chegava, ficávamos alegres, era tudo mais feliz. Os frutos da época eram doces e podíamos correr pelo campo florido, sem sentir os dedos doerem de frio.

Mesmo com todas as tarefas que tínhamos para cumprir, Maria dedicava um tempo para nos ensinar, o que ela fazia com amor. Todos sabiam ler e escrever. Ela conseguia livros, que nos levavam a lugares mágicos que ela dizia que um dia poderíamos conhecer.

O tempo passou e assim nos tornamos adultos, naquela casa humilde, mas cheia de amor. Alguns idosos partiram, algumas jovens arrumaram marido e seguiram seu destino. Eu nunca consegui partir, criei laços tão fortes com Maria que éramos como mãe e filha.

Eu não quis formar uma família, preferi me dedicar aos que precisavam de mim. Assim, fomos ajudando os que apareciam, que, por não terem para aonde ir ou por não quererem ficar sós, acabavam ficando por ali. Maria partiu e me deixou muita tristeza, e esta me fizera chorar com a mesma dor de quando perdi meus pais. Muitas vezes, eu pude senti-la ao meu lado, então, eu secava minhas lágrimas e seguia minha missão. Foi assim até o fim de minha vida.

Não consegui sentir solidão porque os carentes eram tantos que não havia tempo para desperdiçar com lamentações. Dedicava meu tempo aos que precisavam de mim. O dia era cansativo, e durante a noite meu corpo pedia descanso. Nunca lamentei o que passei porque pude viver e trabalhar com amor até o fim de minha vida, fazendo o que gostava e sentindo paz em meu coração. Aprendi a fazer pelos outros o que fora feito por mim com amor.

Interação
Pelas energias de Chau

  Nasci em um pequeno povoado, mais ao sul de uma região do Tibet. Vivi acompanhado de meus amados tigres. Eles foram meus companheiros de existência. Treinei-os na arte da contemplação e eles me ensinaram dons animais que nenhum homem poderia ter me ensinado. O respeito por seu próprio território e a conquista de confiança foram vestígios que ficaram em mim, doados por eles. Delimitamos cautelosamente nossos próprios territórios. Éramos um só, mas não deixávamos de delimitar nossa zona de atividades e necessidades. Vivíamos em plena interação.

  Tudo começou quando eu ainda era um menino, por volta de sete ou oito anos. Na pequena aldeia em que vivíamos, nos alimentávamos dos vegetais que nós mesmos plantávamos. Éramos veganos. Acreditávamos que nosso amigo animal deveria viver ao nosso lado, que era merecedor de respeito e de cuidados. Já naquela época, havia saqueadores por todos os lados. Nossa aldeia montava rondas em diferentes horários para proteger nossos pertences e nossos alimentos. Os saqueadores, muitas vezes, vinham das altas montanhas e lá a comida era muito escassa. Tentávamos fazer trocas para ajudá-los com nossos alimentos, mas eles insistiam em nos saquear e não aceitavam acordo algum. Vivíamos pressionados pelo constante medo de sermos atacados.

Eles eram agressivos e impiedosos. Com o tempo, foram agregando mais e mais homens, que matavam em troca de um pedaço melhor de comida. Nossos familiares oravam por aquelas almas, as quais chamávamos de "almas vazias". Acreditávamos que aquelas pessoas estavam perdidas naquele tempo, e que suas almas haviam saído daqueles corpos e se aprisionado em outro lugar que não a Terra. Nossos anciãos e mestres das escrituras não acreditavam que um homem de Deus poderia matar, saquear ou judiar um semelhante daquela forma.

Nossos pais eram extremamente religiosos e cultuavam os ritos budistas. Orávamos de instante em instante e interagíamos com a mãe natureza em sua plenitude. Podíamos ouvir o vento, sentir o toque da chuva, o sorriso do Sol e a sapiência da Lua. Imitávamos os sons dos animais. Com eles, estabelecíamos comunicação. Muitas vezes, nossos tigres sentavam-se ao nosso lado enquanto meditávamos e se entregavam ao seu próprio ritual, no qual nós, homem e tigre, nos transformávamos além das areias do tempo. Nós, juntos, transpúnhamos nossos corpos e nos encontrávamos energeticamente participando de uma mesma missão em outro momento existencial. Sem dúvida alguma, formávamos uma grande e pura tribo.

Certo dia, meu pai Chieunu chamou-me para passear. Ele disse-me, com os olhos umedecidos, que sempre estaria ao meu lado. Eu ainda era muito pequeno, mas meu ser interior desenvolvia-se e aprendia outras energias que os humanos comuns não têm. Eu me desenvolvia conforme aquilo que visualizava e aprendia. Meus dons internos iam se maturando, mesmo com a pouca idade. Eu entendi que era uma despedida. Meu pai contou-me que visualizara em sua meditação um grande portal branco que se abria, e que nele muitos de seus amigos adentravam. Ele comentou que havia me chamado para ir junto, mas que meu mentor particular se colocara ao meu lado e dissera que eu não iria ainda. Meu pai entendera que minha missão era diferente das missões daqueles que viviam naquele povoado. Ele retirou de seu pescoço suas contas de luz e orou fazendo sinais em meu peito. Pediu que eu tomasse cuidado e entregou-me aos cuidados de meus mentores espirituais. Ele frisou que eu não deveria falar nada para ninguém, que cada um tinha o seu destino e que o meu, por ora, seria esse. Neste momento, meu pai chamou Shari e sua tribo. Shari era o líder dos tigres. Ele coordenava a todos. Ele e meu pai meditavam nas grandes montanhas juntos. Lá, eu nunca tinha ido. Precisava atingir um pouco mais de idade para acompanhá-los.

Voltamos para o povoado. Eu sentia intensa dor em meu coração. Meu corpo estava mole e tremendo. Minha mãe acreditou que eu estava doente e me levou até o pequeno riacho para banhar-me. Então, ela ouviu gritos e escondeu-me por entre os pequenos arbustos. Pediu que eu não saísse dali até que ela voltasse. Olhou-me amorosamente e disse: "Não tenha medo, meu querido. Fique quietinho.". E saiu correndo, mas silenciosa, para ver o que acontecia. No mesmo instante, ouvi um grito de minha mãe e, logo em seguida, um baque que eu imaginei ser o corpo dela caindo ao chão. Ouvi também os uivos dos tigres que entravam na briga, mas os homens tinham armas de fogo, que esburacavam até mesmo as almas daqueles seres. Fiquei com muito medo e acabei desmaiando. Não vi mais nada. Acordei com Shari lambendo o meu rosto. Ele estava todo ensanguentado e com uma das patas feridas. Percebi também que um de seus olhos estava sangrando. Abracei-me no meu amigo. Temia que, naquele momento, ele fosse o único que restara. Na verdade, eu já sabia que era. Somente ele sobrevivera. Shari me conduziu ao lago, e ali nos banhamos. Eu ainda tremia e acabei desmaiando novamente. Eu não sei como ele me alimentava, mas lembro que eu comia algo que ele me trazia na boca, mas não sei o que era. Ouvi movimentos por alguns dias, e Shari me obrigava a me esconder. Ele sabia que eram os saqueadores, que vasculhavam e roubavam o que havia sobrado. Um cheiro de podre tomava conta de todo o povoado. Os movimentos cessaram depois de alguns dias, e Shari me convidou para adentrarmos onde morávamos.

Ali, vimos homens e tigres despedaçados e estraçalhados. Nossas tendas estavam queimadas e tudo o que tínhamos havia sido levado. Os saqueadores nem suspeitavam que eu ainda estava ali, senão teriam me matado, assim como fizeram com todos. Muitos dos nossos já estavam misturados à fina areia e totalmente irreconhecíveis. Chorei muito, mas mesmo assim não consegui me revoltar com aqueles saqueadores. Apenas orava que o Deus maior cuidasse de minha família. Eu me agarrava nas contas de luz de meu pai e chorava. Conseguimos enterrar todos. Oramos por eles. Eu sentia que a meu lado estavam muitas outras pessoas, mas eu não as conseguia ver. Apenas sentia que não estava sozinho, e que meu amigo Shari obedecia o que elas lhe ensinavam.

Precisávamos sair dali. O terreno não era seguro para que permanecêssemos. Além disso, morreríamos de fome, pois tudo havia sido destruído, inclusive nossas plantações. Aquelas que haviam ficado, eles com certeza retornariam para colhê-las.

Rasguei um pouco de lona e fiz duas bolsas, uma para cada um de nós. Uma envolvi no pescoço de Shari e a outra coloquei nos meus ombros. Ali coloquei um pouco de comida que consegui colher e água para bebermos.

Seguimos viagem. Seguíamos a luz durante a noite e, de alguma forma, eu sabia que em algum lugar eu chegaria. Shari mancava e um de seus olhos estava totalmente cego. Andamos por dias e dias. Subíamos e descíamos íngremes montanhas. Nada de comida. Nada de água. Estávamos exaustos e já começávamos a ficar com fome e com muita sede. Decidi dormir. Percebi que Shari saiu à procura de algo. Foi aí que ouvi seus uivos. Percebia também o uivo de outro tigre. Shari media forças com outro tigre macho e pedia permissão para adentrar aquela tribo, e falava que eu era amigo. Não sei dizer como eu sabia disso, eu apenas sabia. Fomos aceitos naquela tribo de tigres. Seguimos, mesmo que cansados, aqueles outros tantos tigres. Chegamos em um vale. Ali havia comida e bebida a vontade. Muitos tigres. Uma verdadeira família. Eles me receberam como se eu fosse um deles. Trocamos ensinamentos, mesmo que os deles fossem muito mais puros do que os meus. Cresci ali. Muitos e muitos anos se passaram. Aprendi as vicissitudes de um homem-tigre, ou, quem sabe, de um tigre-homem.

Certa noite, quando a lua se apresentava bem cheia, convidei Shari para subirmos naquela montanha. Senti em meu coração que era a hora de descobrir o que meu pai sentia ao meditar no alto daquelas montanhas. Shari me olhou e uivou. Parecia esperar por isso. Pegamos mantimentos e seguimos. Chegando ao alto, senti meu corpo livre, como se eu pudesse voar. Sentei-me em posição de meditação. Descobri ainda mais o quanto eu podia ser livre e o quanto meu coração poderia visitar as mais inusitadas moradas dos reinos dos céus. Meu corpo energético seguiu viagem por aquelas montanhas e por outras jamais vistas. Adentrei em um grande mosteiro. Vi homens similares a mim em posição de meditação. Senti que ali seria minha nova morada. Retornei a meu corpo. Olhei para Shari e ele entendeu que teríamos muito a caminhar, mas, antes deveríamos nos despedir de nossos amados amigos tigres.

Shari me mostrava que ficaria comigo até o fim de seus dias porque assim tinha prometido a meu pai. Ele era amigo fiel e meu protetor. Despedimo-nos de todos. Seguimos viagem. Foram dias e mais dias de intenso calor e intenso frio. A fome e a sede iam se apossando de nós. Avistamos de longe o mosteiro, mas senti todo o meu corpo mole e desmaiei. Senti que Shari me puxava. Meu corpo era arrastado até mais perto, para um lugar onde os monges pudessem me ver. Meu amigo uivou o mais forte que pode. Homens saíram do mosteiro e correram em minha direção. Abri meus olhos e vi meu amigo me olhar amorosamente pela última vez. Ele levantou sua pata e colocou-a à altura de meu coração. Em seguida, ele tombou e revirou os olhos. Agradeci, mesmo que fraco, a ajuda de meu fiel amigo. Após isso, desmaiei.

Acordei quando já estava dentro do mosteiro. Os monges me tratavam com amor e muito cuidado. Contaram-me que eu ficara desacordado por dias. Perguntei por meu amigo tigre e eles responderam que tinham providenciado o seu enterro, que oraram para que ele retornasse ao reino dos céus e fosse recebido por seus mentores. Na época, os próprios monges enterravam aos seus e consideraram o meu amigo como um deles, pelo bravo gesto de ter me levado até ali, mesmo que eu estando inconsciente.

Vivi ali por toda a minha vida. Meditei infindáveis vezes e mantive contato com meu amigo Shari mesmo após a sua morte. Ensinei aos monges a arte da integração. Recebíamos tigres que vinham pela energia do vento e reconheciam que éramos amigos.

Eu já tinha mais de cem anos. Meu corpo estava cansado e eu não podia mais subir nas montanhas. Foi aí que percebi que já era hora de repousar aquele corpo e viajar pelos ares com minha alma. Foi o que fiz. Deixei aquele corpo com um simples expirar e transpassei o portal dos mortos com uma luz que me acompanhava e com o sorriso dos amigos que lá me esperavam.

Não senti medo. Eu já vivia entre lá e cá. Reencontrei aos meus e, juntos, aprimoramos a nossa nova missão para este plano terreno, e esperávamos que novamente pudéssemos integrar homens e tigres.

Reencarnei muitas vezes, mas cada vez mais pude sentir a distância que meus irmãos homens foram criando entre esta interação. A sede pelo poder e a arte de ser o mais forte acabou fazendo os animais perderem a confiança em nós e, com isso, perdemos os intensos e puros ensinamentos que eles guardam.

Desfecho energético

São cinco horas da manhã de um certo dia 18. Acordo-me ouvindo o chamado de meus amigos espirituais. Querem se despedir. Emociono-me. Sinto uma dor apertada, que envolve amor e apego. Passamos muito tempo juntos. Sei que cada um já está liberto, mas também sei o quanto é importante unirmos as duas pontas de um mesmo fio para podermos fechar mais um ciclo, preenchendo-o de luz e aprendizado. Natan, Tereza e Damião estão nos pés da minha cama. Nesta hora bendita, o desfecho inicia. Eu choro. Damião, com seus olhos reluzentes e profundos, apenas me olha. Tereza, com sua mão bondosa, me conduz até meus escritos, e Natan, com a luz de suas mãos, as posiciona sobre minha cabeça. Olho para eles, com os olhos empoçados em profundo agradecimento. "Obrigada" – eu lhes digo. Mas já entendi. Preciso escrever.

Um círculo de fogo me cobre por completa. O cheiro de rosas domina o local. Todos dormem em minha casa. Peço que os amparadores protejam a todos. Oro de coração por todas as criaturas da face da Terra e dos outros mundos. Emociono-me mais uma vez e recomeço.

Um portal circular e rosado se abre. Posso presenciar as várias e multicoloridas cores que se apresentam. Um som de pássaros, que festejam algo, se faz ouvir. Uma imagem, a presença energética de meu pai, chega até mim. Eu o abraço e choro. Agradeço a ele por eu ter iniciado este livro. Peço perdão por meus erros e digo que siga em paz. Ele me pede para cuidar de minha mãe e de meus amados irmãos. Manda dizer que os ama e que iniciará um novo ciclo energético daqui para frente. Junto com meu pai, sinto que se apresenta a energia de Micael e de Chiquinho. Com seus olhos atentos, eles chegam juntos e também me abraçam. Micael me fala que o perdão me levará por caminhos maravilhosos e que ele deverá ser meu companheiro fiel nas minhas horas inquietas. Será ele, o perdão, que me livrará das emboscadas do meu próprio destino. "Fique atenta" – diz-me ele. Chiquinho diz que o Amor opera milagres impossíveis até mesmo aos olhos de Deus, e que eu devo, a cada amanhecer, fortificá-lo e repassá-lo a toda a humanidade a cada gesto meu. Ele prossegue: "Não esqueça: mesmo que seu mundo pareça escuro, as tintas e os pincéis para colori-lo estão em suas mãos. Crie a sua própria realidade.".

Lúcio e Nardini me mostram suas mãos cheias de luz. Elas se direcionam a mim. Ruth, Anhara, Anônimo, Deoclides e Deoclécio me dizem que ela será o meu alimento para esta existência e que devo renová-la com bom gestos, além de misericórdia divina. Ainda é enfatizado, nas palavras de Marcos, Chico e Ceno, que toda a dificuldade traz consigo um imensurável aprendizado. Ter bons pensamentos, viver no aqui e agora, vigiando-se a cada instante, tudo isso também deve ser aprimorado, menciona o amado mestre Chang. Ele me mostra o meu canto de meditação, e nele há uma intensa formação de luz, como um redemoinho. "Eu entendi" – lhe digo. Ele me responde: "Apenas observe, Daniela.". Então, eu me aquieto, ou pelo menos tento. Desse redemoinho saem muitos amigos, todos os que participaram comigo deste livro, e mais outros amigos. Todos estão sorridentes. Eu me emociono mais uma vez. Infindáveis seres presenciam este momento. O cheiro de rosas está cada vez mais forte. Estou embriagada em tanto agradecer. Todos eles se posicionam em um grande e, parece, infinito círculo. Uma oração suave, em forma de cânticos, é feita. É dia de festa. Mais um dever cumprido. Mais um enlace desfeito e uma energia recolhida e transmutada. Ciro e Katarina trazem Amanda pelas mãos. Ela está linda e sorridente. Dá-me um grande e estalado beijo na testa, dizendo-me baixinho: "Obrigada!". "Eu é que agradeço" – digo eu. E continuo a chorar. Cada momento aqui escrito foi vivido por mim. Muitas lágrimas, muitos aprendizados e reflexões. Os "porquês" e os "serás" foram intensos e me deixaram inquieta por muitos dias e noites. Recebi cutucões, chamados, sussurros, puxões, sustos e surpresas dos nossos amigos. Uns chegavam de mansinho, outros já mais agitados, querendo logo me repassar a sua história e, aos poucos, fomos dosando juntos a energia deste livro. A seleção de histórias foi deita por Damião. Eu apenas sabia que seriam 33, e que cada uma deixaria, como um espelho, uma outra forma de nos enxergarmos e de transformamos nossa vida, já que ainda estamos vivos.

Muitas e amorosas energias estão em oração. Carmelito, com um sorriso impossível de ser descrito, ergue suas mãos em minha direção. Ana Bel está com ele. Ambos sorriem e sorriem. Seus gestos se mostram renovadores e exuberantes. Ele chega bem perto de mim e, ao estender suas mãos, estas trazem um lindo botão de rosa vermelha. Com gestos animados, ele me diz: "Obrigada, minha amiga!". Eu choro. Ah, como eu choro! Todos sorriem e oram. Todos se entregam àquele momento divino. Eu quero falar, mas Damião, olhando-me firmemente, diz: "Apenas ore e agradeça.". É, então, o que eu faço.

Obrigada! Obrigada! e Obrigada!

Um conto medieval

Por entre o campo verdejante e coberto de flores silvestres, beijado por uma brisa suave e refrescante, via-se uma jovem de tez morena, cabelos negros, longos, que chegavam à cintura, esvoaçando ao sopro da brisa, enquanto ela movia-se graciosamente na sua faina de colher as ervas e flores que embelezavam e perfumavam aquele local cheio de luz e cor.

Seus olhos eram negros como a noite sem luar, seu sorriso era luminoso como um sol, seu corpo perfeito e esguio mesclava-se com a natureza exuberante. Enquanto fazia o seu trabalho, cantava uma bela canção da sua terra. acompanhada por um coro de pássaros multicoloridos.

Ela era a moça mais bela do seu pequeno povoado, encravado ao sopé das montanhas de neves eternas, ladeado por regatos de águas puras e cristalinas que desciam das gigantes que tocavam o céu.

Seu nome era Daniela, filha de um homem muito respeitado no povoado, o Xamã, o curandeiro, aquele que curava com o poder da natureza e dos espíritos.

Ela ajudava o pai colhendo nos campos e nas matas as ervas e as flores que ele usava no preparo das poções milagrosas que curavam todos os males dos moradores. Conforme o tempo passava, ela, aos poucos, fora aprendendo os segredos de como manusear e misturar todos os elementos e, assim, logo iria tornar-se tão hábil e sábia quanto seu pai e mestre.

A vida transcorria tranquila para eles e para seu povo, que se dedicavam a criar animais e à agricultura tirando o seu sustento daquela terra fértil e generosa. Eis que um dia algo novo veio estremecer de vez e mudar para sempre a vida de pai e filha e de toda aquela comunidade. De repente chegaram, não se sabe de onde, um bando de homens armados, vestindo grossas armaduras, montados em cavalos ornamentados com estranhos brasões, conduzindo estandartes em que neles se salientavam uma cruz.

Vieram e, sem resistência, tomaram conta de tudo, impondo a sua vontade sobre aquele povo simples e pacífico. Diziam que tinham vindo para libertá-los dos seus costumes bárbaros e que esta nova ordem os fariam civilizados, purificados e os aproximariam do verdadeiro Deus.

Chamaram a moça e seu pai e os prenderam, acusando-os de bruxaria e de pacto com o demônio. Os julgaram considerando-os bruxos e só os libertariam se renunciassem as suas práticas consideradas inomináveis. Eles recusaram-se a isso, pois tinham a consciência de que só faziam o bem e que não tinham nada do que se arrepender.

Então, sem piedade e cruelmente, foram queimados em uma fogueira no centro do povoado, como exemplo, a vista de todos aqueles que eles ajudaram por tanto tempo.

Enquanto as chamas consumiam seus corpos, dois raios de luz brilharam sobre as labaredas: eram suas almas abandonando a matéria para alçarem voo rumo à eternidade.

Era um fim de tarde. Ao longe, por entre os campos verdejantes e floridos, o vento cantava uma triste canção. Bandos de pássaros em coro a acompanhavam com um hino de despedida daquela que cantava com eles nos dias ensolarados daquela terra bela e selvagem.

A vida vem e vai. Almas chegam e partem, mas deixam no ar o seu perfume inesquecível!

Então, mais uma vez, emocionada, eu agradeço. Nada é por acaso, eu penso!

Beijo em seu coração, até mais,

Daniela Baptista Neves Santos

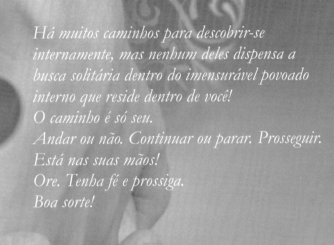

Há muitos caminhos para descobrir-se internamente, mas nenhum deles dispensa a busca solitária dentro do imensurável povoado interno que reside dentro de você!
O caminho é só seu.
Andar ou não. Continuar ou parar. Prosseguir.
Está nas suas mãos!
Ore. Tenha fé e prossiga.
Boa sorte!

SEGUNDA PARTE: PRÁTICAS DE TRANSFORMAÇÃO PESSOAL

Prática 1
Ajustando seu DNA espiritual energético

Prática para limpar memórias energéticas de envolvimento com álcool, tanto desta existência quanto de existências passadas.

Beber pouco ou muito, não importa, o álcool faz registros em nossas memórias celulares energéticas. Ele vai deixando um rastro que é repassado de geração para geração. O trabalho sobre si mesmo no aqui e agora é capaz de transformar essas nossas memórias e permite-nos que não as repassemos para nossos descendentes. Uma memória não é apenas celular, emocional ou espiritual, ela é reunião do todo que forma uma pessoa, e é repassada no nosso DNA de forma geral. Nosso DNA espiritual está impregnado de nossa história existencial, Ele registra cada acontecimento para que, na hora certa, possamos trabalhar nele e nos libertarmos de alguns cadeados que colocamos em nosso próprio ir e vir. Podemos, muitas vezes, nos achar livres e independentes, mas estamos presos em nossas próprias memórias. Além de rotular nossas ações futuras, isso nos impede de transformar nosso aqui e agora. Por isso, para trabalharmos a descoberta de nosso Ser Interno, precisamos olhar para dentro, ou seja, focar o olhar para nosso interior. Assim, encontraremos os vários habitantes que moram em nós. Muitos deles, que não são bons companheiros de viagem, são repassados a nossos filhos, netos, bisnetos. Trabalharmos sobre nós mesmos, libertar-nos no aqui e agora, ajuda também a libertar aquele que carrega nosso DNA Espiritual. Reflita sobre isso, não apenas leia ou tente entender racionalmente. Ore, medite e busque uma orientação sobre o que é dito aqui. Tente sentir o quão importante você é no presente e no futuro da nossa amada humanidade. Sem fanatismo, mas num gesto consciente, beber é alterar nosso estado de consciência e, portanto, é alterar grotescamente nosso DNA Espiritual. Não podemos nos iludir que essa alteração é apenas momentânea, pois não é. Ela se liga a outras energias, a outras raízes, e vai nos prendendo cada dia mais. Procure observar que tipo de habitantes residem na sua casa interna. Procure conhecê-los a cada ação. Como eles agem? O que conseguem? Para que lado você vai quando eles estão no comando? Meu amigo, minha amiga, talvez você se surpreenda o quanto somos marionetes dentro de nossa casa interior. Então, comece agora.

Prática para descobrir os habitantes de sua casa interior

Você pode fazer esta prática sentado ou deitado. Faça como achar melhor. O objetivo é, aos poucos, ir reconhecendo os seus companheiros de viagem nesta existência terrena, ou seja, reconhecer quem mora aí dentro de você. Depois de descoberto, o objetivo é convidá-lo a se retirar e, posteriormente, se libertar de algo que você nem sabia que lhe prendia.

Algumas pessoas têm um caderno de anotações para suas práticas. Eu tenho um e, assim, anoto tudo o que sinto em relação às minhas práticas. Aos poucos, vou percebendo minha evolução e, com o tempo, dá até vontade de rir do que mudou. Na verdade esse riso é um alívio, ele é sinal de sensações como: "Ah... me libertei disso!", "Ah! Mas não penso mais assim", ou apenas, "Estou bem melhor!", "Sinto-me mais leve", "Este pensamento não me perturba mais!".

Então, sente-se ou deite-se. Feche os olhos. Faça a oração de sua preferência e envolva todo o local onde você faz a sua prática em luz (escolha a cor que preferir, azul, rosa, amarelo).

Imagine que você está entrando em uma casinha branca. Coloque o que você quiser dentro dela. Imagine-a como você achar melhor e, então, visualize as pessoas que visitam você. Veja o que essas pessoas fazem na sua casa. Você as convidou? Imagine que você foi para casa depois de um dia exaustivo de trabalho, e, quando você chega em casa, ela está cheia. Como você faz para retirar todo mundo daí? Ali tem pessoas que você nem imaginaria que um dia visitariam sua casa e, pior, você nem sabe por que foram para lá. No entanto, há também visitantes amigos, e outros os quais você precisa manter a amizade. Você não quer ser mal educado, então, como você faz? O melhor é convidar um a um a se retirar, ou seja, ter uma conversa com cada um para que eles entendam que você está cansado e que não quer visitas. Difícil? Talvez, mas, à medida que você vai retirando seus visitantes, você vai tendo uma casa mais limpa, tanto física quanto energeticamente. Assim, aos poucos e com esta prática, você vai reconhecendo os habitantes que mencionei e vai convidando-os a se retirar. Mas como? E se eles voltarem? Imagine que uma luz envolve-os por completo e, um a um, leve-os para o cosmos. Se você quiser, conte até sete enquanto os leva. Lá, eles se soltam de você. Por exemplo, você faz este exercício e verifica que um visitante diário é aquele da cervejinha ao entardecer. Isso, aquela cervejinha que acontece todos os dias e que depois gera uma discussão com algum familiar, uma dor de cabeça, uma irritabilidade e, pior ainda, você gasta um dinheiro que levou tanto tempo para conseguir. Então, se você perceber isso, converse com este visitante. Pergunte para ele o porquê da necessidade de beber a tardinha. O que ele quer bebendo? Pergunte para ele aonde ele quer chegar com essas irritabilidades, desconfortos sociais, indigestões físicas. Questione-o com amor. Peça que ele lhe mostre onde tudo isso começou. Peça que ele lhe dê uma trégua e entre na luz. Faça uma varredura em causas e consequências. O importante, porém, é que não procure culpados para isso, para esses seus costumes. Não julgue ninguém, nem julgue-se.

Diga para ele que você pode encontrar outras formas de se sentir relaxado. Caminhar no parque, conversar com o filho, ir ao cinema, teatro, escrever, quem sabe, suas metas de vida, assistir a um bom filme, ler um bom livro, fazer amor com a(o) esposa(o), namorada(o), visitar um amigo, um idoso, organizar algo que precisa ser organizado. Há muitas coisas que podem ser feitas no lugar do beber. E há várias formas de ser aceito na sociedade ou na família sem beber. Não prenda-se ao que não é seu. A bebida não é você e nem é sua.

Aos poucos, à medida que você for fazendo o exercício, você vai identificando esses habitantes. Você encontrará os comilões, os beberrões, os fumantes, os mentirosos, os manipuladores, os sofredores. O ideal é não brigar com eles, e sim, convidando-os a sair, retirá-los pouco a pouco. Compreender porque eles entraram é o importante.

Se você preferir, escreva, a cada prática, o habitante, ou habitantes, que você trabalhou naquele dia. Então, visualize-o, pergunte coisas para ele, convide-o a sair, envolva-o na luz e imagine que essa luz o leva para o cosmos. Pronto. Antes de ele entrar de novo na sua casa, ele vai pensar duas vezes. Ele já foi convidado a se retirar. Faça essas práticas quantas vezes for necessário. Não tenha vergonha em repetir o visitante. Repita sempre que for preciso.

Depois, e se sentir vontade, convide uma virtude para ser sua visitante. Convide o amor, a prosperidade, a harmonia, a doação. Lembrese, somente você pode escolher seus convidados, então, não reclame, limpe-se, organize-se e reeduque-se. Conte de sete a um para que todas as energias que vibraram com a prática acoplem em você.

DÚVIDAS

Muitas das pessoas para quem eu ensino esta prática me perguntam sobre como conversar com um sentimento ou com vício que gira em torno e dentro dela. Questionam-me sobre como personificar essas sensações em suas causas e consequências, do que adiantará isso tudo, e o que mudará na sua rotina e no seu bem-estar.

Eu lhes digo que o importante é a nossa vontade em mudar uma situação que nos incomoda. Esta prática não serve apenas para o álcool, por exemplo, serve também para qualquer vício que nos perturba, como mentira, ansiedade, angústias, e muitos outros. É muito importante o apoio familiar neste momento de mudança. Não somos nada sozinhos. No entanto, a iniciativa precisa ser nossa. Por isso, adentramos na nossa casa interna. Agora, um exemplo mais específico para o exercício.

Vamos pegar o habitante de nossa casa interna que gosta de tomar um traguinho junto ao almoço. Este morador sempre nos diz: "Só um traguinho para relaxar!". Aos poucos, um traguinho só não serve mais, e se transforma em dois, três, quatro... na garrafa toda. Então, vamos analisar:

– Relaxar o quê? Por que você esta tenso? O que gerou esta tensão? Será que para relaxar é preciso anestesiar o seu corpo físico e ficar alienado de todo o resto?

Então, faça todo o processo ensinado anteriormente. Escolha o habitante e convide-o a conversar. Imagine que você conversa com alguém e que este alguém é, na verdade, uma parte sua que você quer mudar. É mais ou menos uma prática de se olhar no espelho, de conversar consigo mesmo. Para algumas pessoas, inicialmente, olhar-se no espelho e descobrir suas reais imperfeições é muito difícil, e fragiliza demais a pessoa. Por isso, comece assim, achando e personificando o visitante. Você não pode mais permitir que ele seja morador de sua casa interior. Então, respire e converse com ele. Peça-o para se retirar. Crie metas para que ele se separe de você. Diga para ele o quanto ele está lhe atrapalhando. Ore. Pergunte-se para que e por que continuar essa ligação. Aos poucos, envolva-o em uma grande luz, da cor de sua preferência. Abra todas as janelas e portas da sua casa. Deixe-o ir embora. Imagine que ele vai se retirando e, aos poucos, vai subindo, como um balão, e se direcionando ao cosmos, saindo deste plano terreno. Deixe-o ir. Inspire e expire profundamente algumas vezes. Imagine que no lugar que foi desocupado por ele, entra, agora, muita luz solar e que toda essa luz invade você, limpando, curando e restaurando seus pensamentos, sentimentos e vontades. Faça esta prática quantas vezes achar necessário. Muitos defeitos psicológicos retornam até nós por outros canais que não são os mesmos que trabalhamos em tal ou qual prática. Cada vez que vibramos na energia de um habitante que nos incomoda, ativamos, de forma ou de outra, este habitante. Ele, assim como uma antena, encontrará a nossa sintonia e, novamente, entrará na nossa canção de vida. Por isso, precisamos estar atentos de instante em instante a quem somos, o que fazemos e o que queremos de nossas vidas. Este trabalho pode ser feito apenas por nós e, ninguém, por mais espiritualizado, graduado ou forte que seja, conseguirá nos ajudar. O trabalho de revolução de nossa própria consciência íntima é interior de cada um. Como uma onda que movimenta energia, conseguimos movimentar com nossas novas energias todos aqueles que vibram a nossa volta. Imagine uma grande onda. Ela pode devastar muita coisa, não é? Uma onda não transporta matéria, mas movimenta energia. Então, nossa transformação pessoal pode não mudar o outro, mas, por meio de nossa vibração pessoal, podemos servir de exemplo. Podemos ser observados e, quem sabe, com isso, podemos promover uma vontade de mudança energética no outro. Podemos fazer, sim, a nossa parte, e só podemos começar por nós mesmos. Quando conseguimos nos surpreender a nós mesmos por nossa vitória, conseguimos, então, ajudar o outro a acreditar que ele também pode.

Prática

Sente-se em um lugar confortável.

Feche os olhos.

Ore e envolva todo o seu ambiente em luz solar. Imagine que a luz do sol adentra todas as peças do ambiente no qual você está fazendo esta prática.

Imagine que, lentamente, esta luz solar vai formando um grande balão em volta de você. Se você tem filhos, imagine que esta luz solar envolve também os seus filhos, e sinta que eles também serão beneficiados com esta prática. Envolva você e seus filhos em balões amarelos e transparentes.

Conte de um a sete. Imagine que você e seus filhos estão subindo direto para o espaço não gravitacional.

Conte de um a sete três vezes. Bem devagar e silenciosamente, se assim o preferir.

Chegando ao mundo não gravitacional, direcione-se de frente para o sol. Deixe que seus filhos também se alinhem a você. Então, imagine que o seu coração está completamente iluminado pelos raios solares. O seu coração está tão iluminado pelos raios solares que ele transborda de luz. Esta luz, também em forma de raios luminosos, vai se direcionando ao coração de seus filhos, na ordem de nascimento deles. Imagine que você repassa uma energia curativa para seus filhos por meio de seu coração. Imagine que o sol está transformando o seu DNA espiritual e repassando um DNA Espiritual para seus filhos, mais sadio e com menos vícios.

Faça também o contrário. Imagine a prática, concomitantemente, com seus descendentes. Seu pai, sua mãe, seus avós e assim por diante, seus ancestrais, também recebem a energia que emana de você. Essa energia também ajuda-os energeticamente, mesmo que eles não vibrem mais em corpo físico.

Fique aí por um tempo. Inspirando. Energizando. Transmutando. Ore para que todos ou muitos dos canais possam ser limpos, para que você não repasse a energia de seus erros para seus semelhantes.

Conte de sete até um três vezes, e sinta que seu corpo, assim como o de todos aqueles que você envolveu na prática, estão se reorganizando.

Abra os olhos. Agradeça por este momento e retorne seus afazeres.

Organize-se

Se puder, compre um caderno para anotar suas metas. Pense no que você gostaria de fazer nesta primeira semana em que você está iniciando o trabalho de reconhecimento de si.

Não pense, pelo menos por enquanto, em coisas muito distantes, em prazos muito longos. Pense no aqui e agora e no que você pode mudar imediatamente. Por exemplo, hoje, em vez de eu ir beber com meus amigos, vou ler um bom livro ou, quem sabe, visitar alguém. Ou, talvez, ficar me organizando para os momentos seguintes em minha vida. É muito importante que você se conscientize de que as coisas não mudarão de uma hora para outra. Elas mudarão aos poucos, e, à medida que isso vai acontecendo, você vai adquirindo mais e mais consciência e vai ganhando força para promover mais mudanças em sua vida. Essas mudanças se processam nos âmbitos comportamental, sentimental e espiritual.

Então, pegue um caderno e anote os horários das tarefas que você vai criar para este dia e para os sete dias posteriores. Anote apenas os afazeres que você se comprometerá a fazer. Tudo isso exigirá um esforço só seu. Antes de tudo, porém, pergunte-se por que você está fazendo isso. Pergunte-se por que você quer mudar. Use as respostas como força para continuar mudando, independente de qualquer coisa. A persistência também será importante nesta jornada. Persistir no porquê de querer mudar. A paciência consigo mesmo e o amor a si mesmo te abastecerão a cada momento, tanto nas dificuldades, quanto nas vitórias.

É hora de começar. Elabore seus horários, suas práticas, suas rotinas e ame-se. Mãos à obra. Só depende de você.

Prática 2
Aprendendo a libertar-se

Para amarmos a nós mesmos, temos de nos libertar primeiro. Temos de buscar compreender todos os nós que estão vinculados aos outros e que nos deixam presos, mesmo que não percebamos.

Todos os nossos pensamentos e sentimentos em relação aos outros, negativos ou positivos, nos prendem mais ainda a estas pessoas. Não importa que não tenhamos mais relação com aquela pessoa, mas, se ainda pensamos nela ocasionalmente, é porque ainda estamos presos àquele sentimento, comportamento ou fato.

Não basta deixarmos de pensar, precisamos trabalhar conscientemente o ocorrido, sem julgar ou ser julgado, apenas nos libertando e libertando o outro.

O que nos prende é o que sentimos no hoje. O passado já se foi, mas ainda vibra e se fortifica quando o revivenciamos no agora.

Sentimentos de mágoa, de raiva, de desânimo, de angústia, de medo, de revoltas, de ciúmes ou até mesmo de amores em desequilíbrio nos prendem ao outro e prendem o outro a nós. O ideal, então, é irmos nos libertando, cuidando dos nossos pensamentos de instante em instante e perguntarmos por que estamos magoados, medrosos, angustiados. Por quê? Para quê? O que este sentimento vai mudar em nós? Estar magoado modifica a causa da mágoa? Acrescenta alguma coisa a você? Aonde a angústia vai lhe levar? Que companhias sentimentais estão com você hoje, no seu mundo interno? Faça uma avaliação amorosa de você. Se necessário, escreva sobre tais companhias.

Prática para aprender a libertar-se

Temos de começar por nós. Se puder, escolha antes da prática os companheiros que você deseja trabalhar dentro de você.

Deite-se, de forma que sua respiração possa ser bem prolongada, tanto ao inspirar quanto ao expirar.

Não diga "você fez isso ou aquilo", diga apenas "eu te liberto", "eu quero me libertar", "me liberte, por favor", "eu te perdoo e me perdoo".

Envolva-os, todos, em uma luz rosa. Imagine que a amorosa luz rosa envolve você e seus sentimentos, personificados ou não, em balões rosados.

Deixe esses balões subirem, levando com eles os pesos sentimentais que estavam aí dentro de você.

Deixe que eles subam. Deixe que eles levem aquelas companhias que você não quer mais com você.

Todas as mágoas, os pedidos de desculpas, as "esperas" pelas desculpas, aprisionam... Nada disso mais importa agora, o que importa é sua libertação.

Liberte-se! Ame-se!

Agora, dê uma olhada para trás. Ficou alguém? Algum sentimento, comportamento ou impressão? Vamos trabalhar com a luz prata, quase branca, bem sutil em prata.

Envolva todos nessa luz, sem rótulos, sem julgamentos. Apenas envolva-os na luz, a fim de romper os elos sutis que te prejudicam ou te enganam...

Deixe todas essas pessoas envoltas na luz prata, sem julgá-las, sem achá-las chatas ou queridas, gordas ou magras, feias ou bonitas. Apenas rompa os elos.

Limpe do seu coração as impressões que essas pessoas deixaram em você, ou melhor, as impressões que você deixa que elas causem, os rótulos que elas causam em você.

Na verdade, nós nos prendemos a elas e agora é hora de romper com esses elos. É preciso romper para nos libertarmos daquilo que não queremos mais. A decisão é somente nossa. A decisão é sua!

Agora imagine-se numa sala branca. Só você e a sala.

Imagine você todo de branco nesta sala.

Aí, existe apenas você. Não existem outros. Vamos colocar espelhos nesta sala, muitos espelhos.

Olhe-se. Olhe-se de branco nesta sala.

Olhe para seus olhos.

Não pense na sua história. Pense no que você é hoje.

Pense no que você se transformou. O que você tem de bom aí dentro? Quais são as suas qualidades?

Se sentir que há coisas ruins dentro de você, deixe o reflexo do espelho envolver-lhe todo, até você ficar leve, bem solto, bem fluídico.

Aos poucos saia desta sala. Livre-se do antigo. Livre-se do que você era. Pegue apenas o que você é agora. Isso, sim, importa, o que você é agora. Visualize-se no seu espelho imaginário. Imagine que agora você está saindo desta sala.

Busque um lugar alto, meu amigo, minha amiga. Busque um lugar onde sua alma dance. Agora você têm asas imaginárias. Sinta suas asas, você pode sentir.

Como se você fosse um grande pássaro branco, sobrevoe alto. Sinta-se livre!

Abra as asas e liberte-se. Só você pode.

Inspire. Expire. Solte-se. Ore e liberte-se de tudo aquilo que lhe incomoda.

Voe e envolva-se com a energia do universo. Compartilhe com a energia do Universo e imagine que ela está adentrando em você, limpando mente, limpando corpo, limpando sensações, limpando as dívidas de dentro de você. Dívidas emocionais, materiais e espirituais.

Voe... voe se superando... queira superar-se.

Sinta-se leve e solto.

Agora é hora de se reconectar, de repousar.

Busque-se de novo, sem nãos e nem porquês, apenas busque por você.

Agora você está pronto para replanejar e compartilhar, com um lindo arco-íris, as novas estradas da sua vida.

Vamos começar pelas pessoas que você compartilha o seu dia a dia. Coloque-as, todas, na estrada juntamente com a energia do arco-íris.

Depois é a vez dos seus objetos materiais. Envolva tudo no arco-íris. Ao envolver tudo isso, imagine que tudo se desprende de energias pesadas e flui energeticamente.

Aos poucos, você vai voltando para estrada, para aquela estrada com o enorme arco-íris. Você vai voltando para o tempo de criança, de bebê, bem leve, bem solto. Deixando todo o resto para trás.

Você vai em direção ao colo de sua mãe. Sua mãe está lhe esperando para lhe embalar e acariciar. Sinta esse carinho que é só seu, que é só para você.

Deixe-se embalar pelo colo dessa mãe. Sinta como é bom.

Aos poucos, esse bebê é embalado pelo vento, bem solto, bem leve, sem tantos nãos ou porquês, sem tantas agonias. A luz rosa envolve-o mais e mais, libertando-o de tudo que o prendia.

Sinta.

Retorne lentamente para seu corpo físico. Abra os olhos e sorria para você.

Prática 3
Fala ambígua

Dentro de nós há dois polos, um positivo e outro negativo. Não venho falar aqui no bem ou no mal. Estou apenas comentando que temos duas energias contrárias, necessárias e que se completam. O que temos de aprender é a equilibrar essas energias, para que não tiremos proveitos nem de uma nem de outra em excesso.

Há intenções momentâneas, fugazes ou perenes em nossa fala. Sempre que emitimos nosso verbo, entoamos este com uma intenção, e são essas intenções que temos de observar. São tais intenções que nos levarão, abrirão algumas portas e fecharão outras tantas no universo existencial de nosso Ser e de nossa evolução.

Há um ditado: "puxamos a corda para o nosso lado". É isso que temos de cuidar, que, ao puxar a corda para o nosso lado, não deixemos nosso irmão desamparado. Não digo aqui que devemos fazer tudo, por todos. Não é isso! Mas sempre devemos observar o que o reflexo de nossas ações, de nossa fala, atingirá.

Por exemplo, há um homem e uma mulher. O homem tem interesses masculinos e a mulher tem preferências e interesses femininos. Eles não são iguais, são bem diferentes. No entanto, o que falta em um, há no outro. Entende? A mulher tem o útero, o homem tem o falo. Um encaixa no outro. A mulher tem a voz fina, o homem a voz mais grossa. O encontro das duas, ao mesmo tempo, produz uma voz agradável e em sintonia. A mulher tem o óvulo, o homem, o espermatozoide, e, ambos, juntos, conectados, produzem o que há de mais belo, a vida, a possibilidade de dar um lar para uma alma que precisa brilhar. Homem e mulher fazem a vida. Juntos. Há a necessidade de unir o óvulo ao espermatozoide. Há a necessidade das duas energias. Um óvulo jamais será um espermatozoide e um espermatozoide jamais será um óvulo. Mesmo com todas as técnicas modernas existentes, os dois sempre serão necessários. São Leis Imutáveis da vida.

Há apenas uma forma de conectar e equilibrar estas falas dentro de nós: usando nossa concentração, buscando dentro de nós a serenidade. Não devemos ir nem para um lado nem para outro. Devemos ficar no meio, no centro. Devemos formar um ponto de apoio. Uma casinha invisível, mas muito forte, que nos segure, de tal forma, que não caiamos para um ou outro lado.

Imaginemos uma estrada. Ela é formada pelo lado esquerdo e pelo lado direito, não é? No meio, está o caminho pelo qual devemos passar.

Os lados direito e esquerdo formam o caminho. Não importa o que tem nele, mas é o caminho. Se tivesse só um lado, não seria um caminho, seria uma linha, não daria para percorrer, caminhar.

Meu amigo e minha amiga, para direcionarmos o nosso verbo ou o nosso caminho a trilhar temos de buscar uma mudança interna. Mudar os nossos pensamentos ou reconhecê-los é muito importante. Só vamos deixar de falar tal ou qual coisa para aquela pessoa, no momento em que deixarmos de pensar. Mesmo que eu não fale externamente, ou seja, com minha boca, haverá uma fala interna minha, que não silenciará e que ficará constantemente falando e falando, perturbando você. Por isso a importância de limparmos os nossos pensamentos para podermos mudarmos o nosso verbo. Esta prática ajudará você a limpar seus pensamentos errôneos e melhorar o nível de conversas internas e externas que partem de você.

PRÁTICA

Sente-se em um local confortável e que você possa permanecer por uns 15 minutos. Estipule o seu tempo. Ele pode ser mais ou menos. Você o estipulará.

Feche os olhos. Acomode-se do jeito que se sentir melhor. Se conseguir, tente ficar em posição de meditação. Pernas entrelaçadas à frente do corpo. Coluna ereta. Mãos posicionadas sobre as pernas.

Inspire profundamente e expire profunda e lentamente. Faça isso algumas vezes e imagine que você está relaxando e se acalmando. Tudo em você está relaxando. Inspire e expire, sem pressa.

Agora imagine que todo o seu corpo está se dirigindo imageticamente para o alto de uma grande colina. Bem no alto. Bem na ponta. Sente-se lá. Plasme seu corpo neste local. Continue inspirando e expirando.

Procure sentir que você faz parte deste local. Imagine-se agora em consonância com este todo que está aí. Imagine que tudo faz parte de você e que você faz parte do todo.

Procure concentrar-se apenas nessa relação sua com o todo. Inspirando e expirando, profunda e lentamente.

Agora, ouça seus pensamentos. Talvez, propositalmente e só porque você os chama, eles não queiram vir. Então, chame-os. Cada um que vier, personifique-o e coloque-o a seu lado, para que ele medite com você. Alguns ficarão, outros fugirão. Aos poucos, você perceberá que apenas os pensamentos que realmente farão uma transformação interna em você é que ficarão, porque os outros são irreais e supérfluos, só estão aí em sua mente para incomodar mesmo.

Caso você perceba que muitos pensamentos venham juntos de uma vez, estabeleça um limite de sete, dez pensamentos ou personificações que virão meditar com você. Os outros que esperem a sua vez.

Faça os escolhidos meditarem com você. Imagine que uma luz de cor violeta envolve a todos vocês como se fosse um grande redemoinho. Essa luz gira, gira, elevando todos vocês ao plano não gravitacional.

Conte de um a sete. Veja-se elevando-se junto com seus pensamentos ao espaço cósmico. Lá vocês continuam girando com a energia do espaço. Então, faça uma oração. Peça que essa energia limpe sua mente, seu verbo. Peça que ela reorganize você, que você não mais seja uma marionete na mão de seus pensamentos. Ore, meu amigo e minha amiga. Use a força de seu coração e você verá o poder dessa energia junto com a fé que você tem aí dentro.

Imagine que cada pessoa, ou pensamento, que você levou para esse local estão se encaminhando no espaço e que cada uma lhe devolve um pouco de sua energia que estava contida nela.

Agora você está só você com você neste espaço.

Sinta que todo o seu corpo é pura luz e que ele está recarregado de sua própria e pura energia. Você é seu próprio gerador e consumidor de energia. Ninguém lhe dá nada. Você se recarrega e você se descarrega. Então, agora, você está carregado de boa energia. Inspire e expire profundamente. Imagine que dentro de sua mente há muita luz e que essa luz irá permanecer aí, não permitindo que maus fluidos ou pensamentos lhe roubem novamente esta energia.

Inspire e expire. Imagine a mente cheia de luz. Inspire e expire. Conte até de sete a um e sinta seu corpo estacionando lá no alto daquela colina. Sinta que você está plasmado lá e sozinho naquele espaço natural.

Inspire e expire novamente. Volte para seu corpo aqui e agora. Sinta que você está energizado.

Agora, pegue seu caderno de práticas. Com certeza você já o tem. É muito importante que você anote as suas propostas de mudanças, assim como suas derrotas e vitórias. Observe nos meus livros anteriores *Caminhos de Morte e Vida* e *Amigos que não são gente* as sequências de práticas e a importância do caderno de anotações. Isso não é para dificultar, é, sim, para ajudá-lo. Suas mudanças internas só podem partir de você, e de mais ninguém.

Então, querido leitor, pegue seu caderno de anotações e anote três pensamentos que conduzirão o seu dia de hoje, ou quem sabe a sua semana. Estipule três pensamentos organizados que serão a mola propulsora de sua ação no dia de hoje ou na sua semana. Por exemplo, depois desta prática, eu, Daniela, escolhi estes três pensamentos: "Eu mereço a felicidade", "eu mereço a saúde", e "eu mereço o amor". Essas são as três propostas para o meu dia de hoje. Sentir felicidade e aceitá-la. Viver com saúde e sentir que, além de me amar, os outros também me amam. Talvez a sua proposta seja diferente da minha, mas é ela quem conduzirá a energia do seu dia. Se cada vez que você se deparar com uma dificuldade e lembrar de sua proposta, pode ter certeza, uma energia envolverá o seu problema e, de alguma forma, você terá claridade para resolvê-lo da melhor forma. Às vezes, quando tenho problemas que parecem insolúveis, eu faço esta prática e me apavoro a imensidão negativa de pensamentos que vem meditar comigo e com o quanto eles me deixam pesada e quase imóvel. Então, eu vou retirando-os e, quando eu vejo, estou bem mais leve. Uma luz se surge me orientando e me conduzindo a agir da melhor forma. Uma dica de amiga é não brigar com seus pensamentos. Deixe-os meditarem com você e se encaminharem para o cosmos e, lá, sim, seguirem o rumo deles. Você se preencherá de luz e, melhor, de uma atitude renovadora e consciente.

Prática 4
Fadiga

Fazemos tudo! Queremos tudo! Buscamos a todo o momento coisas externas a nós. Na verdade, estamos sempre buscando algo para fugir de nós mesmos ou da nossa realidade interior.

Buscamos. Buscamos. Buscamos! Acumulamos. Acumulamos. Acumulamos! Somos incansáveis na busca do externo. Criamos um vício. Conquistar. Conquistar. Conquistar!

Quantas coisas lutamos tanto para conquistar e, quando conseguimos, um ou dois meses depois, não queremos mais. Aquilo que compramos não tem mais valor!

Compramos um sapato e já olhamos outro. Compramos uma calça e já queremos outra. Acumulamos roupas e mais roupas. Joias, penduricalhos, bobagens e mais bobagens que aos olhos de um consumista são essenciais para prosseguir na vida.

Imagino a nós mesmos como uma árvore de Natal. Ela está cheia de penduricalhos que nós vamos agregando e armazenando ao longo da vida. O pior é que, em sua grande maioria, são coisas fúteis que perdem o seu valor em pouco tempo.

Somos indecisos e fugazes. Precisamos ter várias opções para podermos escolher. Na verdade, usamos isso inconscientemente, como forma de perder nosso tempo precioso que poderíamos estar aproveitando para evoluir. Não quero dizer aqui que não devamos ter as coisas, pelo contrário, podemos as ter, mas equilibradamente.

Imagine um homem de sucesso chegar ao fim da vida. Imagine cada coisa que ele adquiriu e na qual colocou a sua energia. Sinta quanta energia foi dissipada. Imagine que cada coisa dele tem a energia dele. A casa, as roupas, os sapatos, o carro. Tudo tem um percentual energético deste homem. Ao morrer, a energia física de movimento deste homem cessa. Outra forma de energia se torna ágil a partir desse momento. Uma energia mais sutil, menos densa, vibra em torno do ser que, aos olhos físicos não existe mais.

Eu perdi uma pessoa que eu amava muito, a minha avó materna. Quando fazia um ano terreno que ela havia deixado este plano, eu tive um contato com ela. Ela deixou-me um recado. Pediu que doássemos tudo o que era dela. Aquele aglomerado de coisas que ela havia acumulado e não usado realmente a estavam impedindo de evoluir. Minha avó guardava roupas, sapatos, tudo quase novinho. Ela usava as coisas somente para sair. Morreu e deixou muito coisa nova por aí. Na transmissão energética que tive, ela me repassou o quanto as coisas têm as nossas energias, e que as coisas que não usamos e só acumulamos guardam preciosas partículas de nós mesmos. Minha avó tinha muitas coisas. Um acúmulo na verdade. Em vida ela repassava pouco aos outros, porque sempre achava que um dia usaria. Além de tudo, ela era ciumenta com suas coisas. Isso também ela me repassou depois de ter morrido, de que não adiantava ela ter tido tanto apego as suas coisas se ela nada conseguiu levar. Ela ainda acrescentou: "Hoje vejo que precisamos de pouco para sermos felizes". Eu também já cometi o erro. Depois deste ensinamento, resolvi fazer uma limpa em minhas gavetas e armários. O resultado disso foi um grande alívio. Doei sapatos, roupas, objetos. Tudo aquilo que não me servia mais. Posso dizer que isso foi uma boa ação que vibrou positivamente dentro de mim.

Não pretendo, de forma alguma, dizer que você não deve ter suas coisas ou adquirir sucesso material. Quero salientar o equilíbrio com as coisas que temos e como as cuidamos, ou, também, o sacrifício que fazemos com o nosso corpo físico para adquirirmos as coisas e, às vezes, nem conseguimos as aproveitar, pois morremos antes. Devemos, sim, trabalhar e nos aprimorar em nosso trabalho para nos superarmos tanto materialmente quanto financeiramente. No entanto, não podemos esquecer que esta vida é uma mera ilusão, e que nosso lado espiritual precisa e tem necessidades que só o amor universal pode suprir. É isso que quero esclarecer. Eu trabalho, e trabalho bastante. Já fui uma fanática pelo meu trabalho. Com isso, quase perdi o amor de muitos que estavam comigo porque eu não tinha tempo para eles. Hoje, mais equilibrada, ou, melhor, buscando este reequilíbrio, consigo organizar meu tempo para cuidar de mim e de minha família. Não esqueça disso, meu amigo e minha amiga. Cuide-se com amor. Preserve-se e repasse isso para os seus amigos e entes queridos. Você pode ser um poderoso profissional sem esquecer de todo o resto. Nada o impede de ter, também, o despertar de sua consciência no aqui e agora, será melhor se o tiver. Sua consciência desperta lhe trará frutos inimagináveis.

Eu lembro de uma época em que atendia dezenas de pessoas por dia. Eu dava tudo de mim para elas. Atendi muitas de graça. Ajudei muitas com todas as forças que eu tinha. Lembro que meus filhos eram bem pequenos naquela época e que pouco tempo eu tinha para eles. Eu amava meu trabalho, mas também amava meus filhos. Eu precisava trabalhar. Eu precisava desse esforço devido a uma situação não muito fácil que eu passava na época. Eu fazia cursos e mais cursos dentro da área holística. Especializava-me em tudo. Amava as terapias energéticas. Eu realmente achava que estava no caminho certo. Eu tinha pressa em saber tudo e de fazer tudo. No trabalho eu me mostrava a "suprema", a "sapiente", a melhor "terapeuta", mas em casa eu era simplesmente "a cansada", "a nervosa", "a esgotada". Eu não enxergava isso. Muitas vezes fui recebida pelos meus filhos com todo o carinho e saudade do mundo e eu não conseguia retribuir da mesma forma porque estava exausta. Cometi muitos erros com eles. A fúria de vencer tinha reduzindo o meu tempo precioso com os meus filhos que cresciam. Perdi um tempo que não voltará mais. Eu sei que aprendi muito, mas, hoje, sinto que aquele tempo deixou um grande vazio na criação deles, tanto neles quanto em mim. Nossos filhos, independentes da idade que têm, precisam muito de nós. Eles nos observam e repetem aquilo que mostramos a eles. Então, eu me pergunto, o que eu mostrava a meus filhos? Respondo: cansaço, cansaço e cansaço. Eram raras as vezes que desfrutávamos de momentos sem cansaço. E o tempo realmente passou. Hoje, os cursos maravilhosos que fiz me acompanham. Todos me ajudaram, mas tenho um vazio daquela época. Hoje, na adolescência deles, enfrentei problemas que eu sei e sinto que poderiam não ter existido se eu tivesse sido uma mãe mais presente e sem tanto cansaço. Eu já me perdoei, meu amigo, assim como você deve fazer com você. No entanto, perdoar só não basta, devemos mudar de atitude e recuperar amorosamente o vínculo que estava meio partido. Graças a Deus eu consegui ver o quanto eu estava deixando-os de lado. Meu amoroso marido, Antonio Luiz, me mostrou o quanto eles e ele precisavam de mim. Daí eu me reorganizei. Coloquei novas metas em um papel, ou melhor, no meu caderno de metas. Reagendei as pessoas que eu atendia. Reformulei alguns atendimentos. Coloquei horários e tempos para mim, para meus filhos e meu marido, além da minha família paterna e materna. Vi que eu poderia organizar tudo, mas muita coisa teria de deixar de lado. É assim que eu estou fazendo no meu hoje. Elenquei algumas prioridades para a minha vida. Coloquei horários flexíveis de atendimentos, de estar em casa, de cozinhar, de plantar, de cuidar de meu corpo e de meu relacionamento. Observei-me mais como mulher, como mãe, como esposa, como filha e como amiga. Observei o quanto de energia eu dissipava em cada vínculo da minha existência. Fui, aos poucos me organizando. Não foi fácil. Não está sendo fácil. Trabalhar sobre mim mesma afastou muitas pessoas de mim. Muitos acharam que eu estava com o rei na barriga, outros, simplesmente se afastaram de mim e acreditaram que eu não me importava com eles. Ouvi muitas coisas boas, mas também muitos comentários maldosos e ruins sobre as minhas mudanças energéticas. Engordei, sim, eu engordei. Agora eu tinha tempo para comer, antes eu era magérrima. Passei a interagir muito mais com aqueles que eu tinha colocado no mundo e me surpreendi como o tempo tinha passado e como eu não sabia conviver com eles. O tempo também foi passando e fui me adaptando as minhas práticas, ao meu novo padrão de vida. Fui me reencontrando, ou melhor, me conhecendo e vendo como eu era frágil e também como eu era forte. Descobri que haviam os dois dentro de mim: a força e a fraqueza. Passei por um período bem longo de readaptação comigo mesma. Parar de correr para tudo e para todos não foi fácil. Aprender a dizer não foi doloroso. E, o pior de tudo, dizer sim para mim mesma, reconhecer que eu precisava me amar para poder repassar esse amor aos meus. Difícil, meu amigo, sim. Bem difícil, mas não impossível. Você não precisa abandonar os seus afazeres, mas pode elencar prioridades. Você pode verificar o que realmente é necessário e o que não é. Faça tudo com amor para não se arrepender. Pense e repense no que é essencial para a sua vida e para a vida de sua família. Ninguém no mundo tem necessidades iguais. Cada um é um, embora todos sejamos um. Entende? Busque tempo para meditar, para apreciar uma conversa com seus filhos e marido ou esposa. Aprenda a dizer eu te amo com mais frequência. Faça sexo entregando-se de corpo e alma. Ouça seu corpo, sua mente e seu espírito sem medo. Ore e confie. Compre um caderno e repasse todas as informações que você quer mudar em sua vida. Não tenha pressa. Não saia como um fanático mudando tudo. Seja cauteloso e sereno. Tudo tem seu tempo, pense nisso. Posso dizer que hoje, passados quase quatro anos da minha mudança de rumos, eu me sinto plena e feliz. A cada dia compreendo mais a mim mesma e aqueles que me rodeiam. Sou mais sincera com tudo, partindo de mim, e não me arrependo das coisas que fiz, e, sim, do modo como as fiz. Poderia ter sido bem mais fácil e menos doloroso. Hoje consigo amar e ser amada, e isso é imensurável. Tenho um relacionamento com meu marido de total entrega. Somos almas gêmeas. Meus filhos não são os melhores nem eu quero isso, mas sentem que eu estou com eles para o que der e vier. Isso se chama segurança, e já é meio caminho andado. Passei a ser bastante organizada. Escrevo muitas das coisas que preciso fazer. Meu dia continua cheio, mas, agora, com muito amor e orientação. Medito todos os dias. Oro sempre e confio que quando eu estiver errada conseguirei reverter o caminho e ir em direção ao acerto. Se eu morresse neste momento, ainda ficaria muita coisa que eu gostaria de fazer, mas, tenho certeza, saberia que aquilo que fiz hoje foi bem feito e agradeço por tê-lo feito da melhor forma que pude. O melhor de tudo isso foi que o nosso bom Deus me mostrou que eu precisava mudar. Nada foi por acaso. Eu poderia não ter mudando e perdido a minha família ou a oportunidade de ajudar estas almas que vieram até mim e por mim. Entendem a profundidade que é ter uma família?

Quando eu escrevia estas páginas, perguntei para o meu mestre qual a prática que eu deveria colocar aqui. Ele, amorosamente, em meditação, me mostrou que eu deveria ser tranquila e amorosa, assim como ele é comigo. Fechei os olhos e me entreguei à meditação.

Vi-me no mesmo lugar de sempre quando medito. Em cima de uma grande montanha onde a água cai sutilmente como uma cascata. Cheguei ali em trajes brancos. Acalmei meu coração e pude sentir o barulho da água nas rochas. Foi aí que meu mestre falou comigo. Ele me disse: "Daniela. Não tenha pressa. A vida deve ser saboreada a cada instante". Então, ele mostrou duas folhas que eram lançadas ao vento. Uma, a primeira, foi apenas solta ao vento, sem impulso algum. Ela caía como se dançasse, lenta e tranquilamente. Ia de um lado para o outro sutilmente. A segunda foi jogada e empurrada ao vento. Ela seguia em vários rumos, se contorcia de um lado para o outro. Então, uma lágrima caiu de meus olhos. Eu havia entendido. Eu deveria ser como a primeira folha. Sutil e serena. Tranquila, mas persistente. Meu mestre conseguiu me mostrar o quanto eu estava no caminho, mas que eu não precisava ter pressa. Assim, você pode fazer com sua vida. Não jogue-se em nada. Seja cauteloso e prudente. Vá reformulando suas metas à medida que você vai as alcançando. Não seja radical. Ore e confie. Seja perspicaz e organizado. Continue. Não desista.

Completando esta parte do livro e deixando uma tarefa com você, peço que você olhe para dentro de si e perceba o que ocorre aí dentro. Eu olharei também para mim e tomarei a direção da minha própria vida.

A tarefa é:

– Por que você quer mudar a sua vida? E o que o fará sustentar esta mudança?

Pense nisso. Um beijo no seu coração.

Prática 5
Cuidando de você!

Muitas coisas são criadas equivocadamente pelo animal intelectual chamado homem. Temos fórmulas mágicas para tudo. Crescimento de cabelos, retirada de celulites, de rugas, fim da flacidez, aumento da capacidade sexual, melhora da concentração, retirada dos pelos indesejados.

Fórmulas e mais fórmulas que agridem silenciosamente nosso corpo físico. O efeito parece milagroso: os cabelos realmente ficam maiores e macios, as rugas e os pelos desaparecem. A bioquímica do organismo é forçada a mudar por compostos feitos por as tão desejadas fórmulas mágicas.

O corpo, como uma máquina, precisa reconhecer os caminhos já estudados e criados. Com a ingestão de compostos e com a realização de intervenções, os caminhos antigos passam a ser bloqueados. Eles, então, precisam recriar outros que, muitas vezes, se perdem, concentrando parte da energia e da força do trabalho mecânico em um só lugar.

Ninguém sabe ao certo onde vão parar as terapias usadas a base de raios de todos os tipos. Se nada se perde, nada se cria, tudo se transforma, onde vai parar ou no que se transformará a energia do *laser* usada no corpo humano?

E as pílulas fortalecedoras do sistema imunológico? E os produtos químicos usados nas tinturas? E o esmalte das unhas? E os desodorantes que bloqueiam os poros?

Não estou dizendo aqui que devemos ficar sujos, feios ou fedorentos, e, sim, que devemos cuidar de nosso corpo, cuidar da casinha de nossa alma e, para tanto, devemos estar atentos ao que usamos e ao que ingerimos. Quanto mais natural, melhor.

Nosso corpo e nossas células são agredidas constantemente pela poluição, pelos hormônios e pelos agrotóxicos, que ingerimos em nossa alimentação.

Na verdade, usamos constantemente armas químicas contra nós mesmos. Daí, inesperadamente, para a mente humana, criamos um câncer ou outra doença. Então, muitas lamentações se seguem. Por que comigo? Por que com ela ou ele?

Nosso corpo é nossa casa, é nosso templo. Por aqui tudo fica registrado. Nada passa despercebido pelas nossas células, que são muito sensíveis a tudo. Pode ser que o problema não apareça na hora, no momento do uso das fórmulas mágicas, porém, mais dia, menos dia, vai aparecer.

Às vezes, dores inesperadas e alergias eruptivas representam agressões que nós mesmos ou o meio em que vivemos causam em nosso corpo. A poluição é devastadora para a nossa saúde.

Uma parte de nós, independente da nossa vontade, já se contaminou de alguma forma. Quase tudo nesta vida já esta contaminado pelos dedos "mágicos" do homem.

Uma forma de amenizar essas contaminações e viver de forma melhor, ou, pelo menos, "limpar onde a procissão passa" é utilizar laxantes de vez em quando, como suco de limão, de manga, de mamão, sucos com poderes depurativos. Procure um profissional da área e converse com ele sobre como limpar seu organismo. Tomar água conscientemente também ajuda bastante. Usar menos aditivos químicos na alimentação, comer frutas sem as cascas para não ingerir agrotóxicos, comer saladas verdes, mastigar bem o que se ingere. Fazer esfoliação na pele, para retirar o excesso de poluição que fica incrustado em nossos poros. Tomar sol, nos horários de exposição certos. Ficar com unhas sem esmaltes por um tempo. Fazer exercícios de respiração, caminhar, correr. Incluir uma prática constante de exercícios físicos. Tudo isso ajuda a melhorar a nossa saúde física.

Não precisamos nos tornar fanáticos e nem deixar de nos embelezar ou de cuidar de nossa aparência física, mas podemos selecionar conscientemente o que não agride tanto a nossa saúde, possibilitando-nos viver mais sadiamente.

Estamos vivos! Isso é fato! Só por estarmos vivos, temos um corpo e uma mente para cuidarmos, além do nosso espírito que nos acompanha por muitos e muitos corpos existenciais. Coitado do nosso espírito, não é? Quanta coisa ele deve ter suportado e ainda suporta?

Aprendemos aqui e nos outros livros várias práticas para cuidar de nosso espírito e de nossos pensamentos. No entanto, é importante também aprendermos a cuidar de nosso corpo físico. Quando eu estava escrevendo este capítulo, recebi a orientação de um dos meus mestres internos para ensinar a seguinte prática de relaxamento. Eu aprendi muito com ela, e agora repasso-a.

PRÁTICA

A intenção desta prática é imitar os movimentos oscilatórios de uma cobra, mas estando em pé. Como se o rabo dela fosse suas pernas e pés, e a sua cabeça, a cabeça dela. Entendeu? Então, vamos lá.

Fique em pé. Coloque uma roupa confortável. Se preferir, pode fazer de pés descalços.

Comece inspirando lentamente. Inspire pela boca e expire pelo nariz. Lenta e profundamente, inspire e expire. Agora imagine uma cobra. Imagine os movimentos oscilatórios de uma cobra. Visualize a cobra se mexendo. Veja os anéis oscilatórios que fazem o movimento de seu corpo. Faça esses movimentos em seu corpo Ao inspirar, imagine que os movimentos começam de baixo para cima. Imagine, por exemplo, que está sendo passado um bambolê em você, e que você vai subindo e descendo, subindo e descendo, bem lentamente. Você fará movimentos que vem de baixo para cima na inspiração e, na expiração, movimentos que vão de cima para baixo. Assim, vá unindo a inspiração com movimentos que partem do chão e a expiração com movimentos que partem da cabeça em direção ao chão. Um em direção a cabeça, o outro em direção aos pés. Como em uma dança, você vai subindo e descendo. Indo e voltando. De baixo para cima e de cima para baixo.

Juntamente com esta dança particular e sua, imagine que todos os seus nós estão se soltando. Que nós? Todos os nós físicos e extrafísicos, do corpo, da alma e da mente. Este exercício é um tipo de relaxamento geral do seu existir. Vá repetindo-o, refazendo-o, dançando para e por você! Às vezes, nos sentimos presos e amordaçados em nós mesmos. Este exercício nos ajuda a nos desprender e a nos desamordaçar.

Agora, aos poucos, neste ou em outro momento, você pode acrescentar braços ou asas a esta cobra. Abra seus braços. Sinta suas costas. Sinta todo o seu corpo em movimentos de ir e vir. Levante também as suas asas e envolva-as nestes movimentos circulatórios acompanhados de inspiração e expiração. Neste momento, inspira-se e expira-se pelo nariz.

Tal movimento vai libertando nós existenciais dentro de você e, assim, vai despertando energias curativas que estavam petrificadas no seu interior, renovando-o. Faça-o e depois me conte.

Quando você incluir os seus braços, levante-os, como se fossem asas que sobem e descem. Assim, na inspiração, vá fazendo movimentos circulares e levantando seus braços até para cima, e na expiração, vá fazendo os movimentos circulatórios e abaixando os seus braços.

Depois de feito tudo isso, espreguice-se bastante. Sinta que você está vivo e que suas células estão vibrando dentro e fora de você. Anime-se meu amigo! Reviva e sorria.

Se, por acaso, você não pode mexer seu corpo, se por um motivo ou outro você está imóvel ou impossibilitado de mexer-se dessa forma, então, imagine que você está fazendo tudo isso. Use o poder da sua imaginação e, com certeza, sentirá que todo o seu corpo se renova da mesma forma. Nada é impeditivo para cuidar de nós mesmos. Sempre temos a chance de melhorar no aqui e agora, para nós e por nós. Se temos vida é por algum motivo. É ou não é? Mãos à obra meus amigos. Estamos juntos nesta!

Prática 6
Trabalhando nossas mágoas

Algumas pessoas não conseguem se livrar das lembranças que não foram agradáveis em suas vidas. Sentimos isso quando nos deparamos com histórias que trazem mágoas do passado. Estas transparecem claramente, mostrando o quanto pesam ao serem lembradas, pois trazem toda a negatividade do que fora vivido. Ao retornar ao hoje, tais lembranças chegam de forma prejudicial, pois tudo que é lembrado com mágoa e dor nos aprisiona ao passado. Não aprendemos a lidar com esses sentimentos, deixando-os prejudicar nossa vida e permanecer em nós por essa ou quiçá outras existências, mantendo a alma sofrida.

Temos tanto para fazer e lembrar com amor e carinho que não podemos deixar as más lembranças se instalarem em nossa vida, nos tirando o direito de lembrar de tudo que vivemos com amor e maturidade e de buscar nas más lembranças o aprendizado. Não devemos permitir que mágoas e dor fiquem em nós. Só aí teremos a certeza de que estamos conseguindo viver a vida com aproveitamento e sabedoria, mantendo em nós todas as lembranças dentro do que escolhemos viver.

Nossas mágoas nos aprisionam no ontem impossibilitando que vivamos o aqui e agora da melhor forma. Imagine que elas nos emolduram como se estivéssemos com uma grande armadura e empunhando uma grande lança prontos para a batalha. O pior é que aqueles que mais amamos, nossos filhos, nossos familiares, nosso esposo ou esposa e nossos amigos participam conosco desta batalha. Nos tornamos pessoas amarguradas e profundamente vingativas, mesmo que não percebamos. Falo isso porque também fui, e ainda sou assim. Limpar a nós mesmos, retirando nossas mágoas, é um trabalho gradual e exige muito amor próprio, além de vontade e disciplina. Por mais que eu trabalhe minhas mágoas passadas, vez ou outra elas vibram no meu presente. Por eu estar atenta ao meu dia a dia, à minha pessoa no hoje, eu, na maioria das vezes, consigo descobri-las e encaminhá-las à luz.

Muito se fala em obsessores. Muito se diz que eles nos levam de um lado para outro e que nos deixam amarrados em nossa vida presente. Na verdade, se formos analisar e compreender a atitude e a manipulação que estes fazem conosco, percebemos que eles só agem dessa forma quando temos um terreno fértil para que eles possam plantar. Ninguém faz algo conosco se não permitirmos. Nossas fronteiras e porteiras só podem ser abertas por nós mesmos e por mais ninguém. O amor envolve o nosso ser de tal forma que nos transformamos em gigantes de luz. O amor nos protege de todo o mal que queira habitar em nós.

É importante ressaltar que não é apenas um mal querer que ele simplesmente pode habitar em nós. Eles só nos enxergam porque nós sinalizamos para eles, caso contrário, não nos encontrariam. Sinalizamos por meio de pensamentos negativos, de nossas revoltas internas, de nosso desamor conosco e com os outros, quando levamos a vida de qualquer jeito, indo de um lado para outro, sem planos e sem conexões, sem vontade, sem fé. É dessa forma que nossos obsessores nos encontram. Eles não precisam ser outro ser ou outro espírito, podem ser partes nossas mesmas que estão perdidas na imensidão energética da vida e da morte. Às vezes, converso com pessoas que dizem ter feito um trabalho para retirar o obsessor tal ou qual. Eu ouço, mas lamento porque sei que nada disso adiantará. Esse obsessor voltará porque a pessoa o chamará por meio da repetição de velhos hábitos errôneos. Por isso, meu amigo, eu enfatizo, temos de mudar nossos hábitos, nossos pensamentos e sentimentos, nossa forma de agir no aqui e agora. Temos de renovarmo-nos, renovar tudo que está petrificado e pesado em nós. Assim, certamente, aquele amigo ou inimigo energético nos largará de mão e também agradecerá por nosso trabalho íntimo. Quando trabalhamos os nossos mundos internos com amor, libertamos amigos indesejados que estão ali por que nós mesmos os aprisionamos. Se tomarmos providências amorosas, revolucionando a nós mesmos, conseguimos também ajudar, de certa forma, o nosso próximo. Então, a transformação depende de nós.

Comece agora. Não deixe para depois, mesmo que você esteja cheio de coisas para fazer. Arrume um tempinho para e por você. Visualize-se. Como está a sua vida? Como estão seus pensamentos e sentimentos? Quem são seus companheiros íntimos ou pessoas que acompanham você internamente? Faça assim. Pare um tempo. Se puder, pegue um caderno. Pense nos sentimentos ruins que envolvem o seu dia a dia. Observe se esses sentimentos são acompanhados de pessoas ou de formas personificadas. Analise onde tais personificações levam você e que ações você toma quando essas formas o acompanham. Analise quais são as suas respostas automáticas. Todos temos respostas automáticas que estão ligadas a nossos valores íntimos. Esses valores podem ser bons ou ruins, carregados ou não de suas mágoas pessoais. Eles podem estar errôneos e muito equivocados. Analise-os. O que é verdadeiro e o que é falso em você? Como é sua ação no aqui e agora? Como foi sua ação no seu ontem? Quem é você realmente?

Nossa. São muitas coisas para você observar em você, mas você é o maior interessado, não é? Só cabe a você querer mudar, não é? Mesmo que esteja satisfeito com sua vida, analise-se. Tenho certeza de que encontrará coisas dentro de você que precisam de mudança. Mudar exige atitude. Exige controle. Exige vontade e, antes de tudo, amor próprio. Ah! Daí você pode me perguntar: "e se eu não tenho amor próprio? Encontre-o. Todos temos uma parcela de amor próprio, e é ela que nos impulsiona para continuar vivendo e coexistindo com todos os seres.

Perceba que há muita coisa que podemos mudar juntos. Eu por aqui e você por aí. Entende?

Se está difícil anotar neste caderno as coisas que você pretende mudar, anote somente aquilo que vier. Não force e nem reclame. Faça assim. Compre um caderno, pode ser de bolso e carregue-o com você. Cada vez que sentir um comportamento, um pensamento, um sentimento ou simplesmente uma energia que não está de acordo com o seu trabalho de revolução íntima, anote-o. Na hora certa, você trabalhará com ele e o conduzirá à luz. Não tenha medo. Siga em frente. Na medida em que você ir se observando, verá o quanto vivemos em um campo minado, mas sempre com parceiros ao nosso lado. Até mesmo nossos inimigos têm as suas fragilidades e sofrem, assim como nós.

Anotações feitas, chegou a hora de bombardear com amor aquilo que nos incomoda e libertar tudo isso de nós.

Caso você não tenha feito anotações, mas sabe quem são seus companheiros íntimos, leve-os para esta prática. Repita-a várias vezes e quantas vezes achar necessário. Eu, por exemplo, acredito que a farei para o resto de minha existência atual.

Então, sente-se em um lugar confortável. Programe-se para ficar ali uns 10 ou 15 minutos. Se você dispuser de mais tempo, tudo bem, mas 15 minutos já são excelentes. Lembre-se de que o tempo das dimensões energéticas são imensuráveis e não correspondentes ao nosso tempo físico. Pegue suas anotações antes de fechar os olhos. Leia-as. Escolha um ou todos os sentimentos que anotou para tratar. Não enfatize-os para não fortificá-los. Só visualize o que você anotou ou pensou. O ideal é fazer esta prática todos os dias, no final do dia. Retirando tudo o que se agregou ou aflorou em você naquele dia. Podemos chamar esta prática de limpeza íntima diária. Caso você não possa fazer todos os dias, crie a sua periodicidade. Cada um terá a sua.

PRÁTICA

Busque um lugar confortável.
Leia ou pense em suas notações.

Feche os olhos.

Respire e inspire profundamente pelo tempo que achar necessário.

Imagine que você está sentado sobre as águas puras e cristalinas de um riacho ou lago que você criou imageticamente.

Você está sentando em posição meditativa sobre estas águas.

Sinta seu corpo imagético sobre estas águas.

Relaxe.

Respire.

Entregue-se

Agora pense em tudo que lhe incomoda.

Pense nas ações que você já personificou em seu caderninho.

Enquanto você pensa, traga esses sentimentos, comportamentos, sensações e energias para meditar com você.

Imagine que tudo isso flutua com você nestas águas.

Imagine que você está no centro e, as personificações, a sua volta.

Agora conte de um a sete. Imagine que as águas cristalinas em que você está repousando estão recebendo gotas de chuva, e que você também está recebendo essas gotículas.

Todas as personificações também recebem estas gotas de chuva.

Agora, lentamente, deixe que essas gotas de chuva desmanchem cada vez mais as personificações. Você as verá se desmanchando e se unindo ao lago. Só você permanece na meditação. Todo o resto se desmancha e se une às gotículas de água. Deixe-os se desmancharem. Deixe que a água os lave, e também a você.

Agora sinta. Sinta-se bem mais leve e sem tais presenças a sua volta.

Inspire e expire lenta e profundamente várias vezes.

Sinta a chuva cair, mas, agora, junto com as gotas de chuva, estão gotículas de ouro. A cor dourada se mistura às gotículas de chuva e cicatriza o lugar onde aquelas formas mentais habitavam em você. Sinta que você está em um processo de fortificação e cicatrização.

Faça uma oração e imagine que você é pura luz.

Você é luz que vibra sobre as águas.

Inspire e expire profundamente.

Sinta a paz. Conte de um a sete.

Abra os olhos e retome a sua vida normalmente.

Se quiser, anote aquilo que presenciou e sentiu durante esta prática. Vá anotando todas as suas práticas se sentir vontade. Se um dia puder compará-las, verá grande diferença de uma para outra e o quanto você foi evoluindo.

Perceba que aqueles companheiros energéticos retornarão em outras práticas, até que haja a compreensão verdadeira do porquê eles estarem acompanhando você.

Nunca esqueça: ninguém o acompanha de graça, é você que os chama.

Você deve estar pensando que este capítulo começou falando de mágoas, não é? Pois é, mas as mágoas se personificam em nós e agem a cada momento na nossa fala e no nosso jeito de ser. Por isso precisamos ir nos conhecendo e nos transformando até chegar nelas.

Quando comecei o trabalho de revolução interna percebi que eu tinha muitos companheiros íntimos. Nossa! Infindáveis companheiros íntimos. Quanto mais eu os descobria, mais outros apareciam. Percebi também que, dentre eles, estava uma autopiedade de mim mesma. Eu me sentia a mais prejudicada de todos, a que era desamada. Eu tinha uma autopiedade de mim incrível. Uma história pessoal ia na frente de tudo quando eu me apresentava para as pessoas, mesmo depois de ser palestrante e reconhecida. A história triste da minha infância, que passávamos muito trabalho, vendíamos garrafa para ajudar na alimentação e em que meu pai era alcoólatra fazia as pessoas me valorizarem mais e terem pena de mim para, assim, verificar como eu tinha crescido na vida. Com o tempo, percebi que essa triste história me prendia mais e mais nas teias existenciais do meu próprio ser, e que ela me impedia de ir mais adiante. Percebi que essa triste história não era tão triste assim, e que minha família, mesmo com todas as nossas dificuldades, foi o impulso que eu precisava para trabalhar sobre mim mesma. Se não fosse o meu amado pai e minha amada mãe, assim como meus preciosos irmãos, eu não teria tido forças para lutar. Nada é por acaso. Não estou dizendo que precisamos ter uma história triste para podermos nos superar. Não digo isso, mas precisamos, sim, ter a nossa história e aproveitarmos ela para fazermos o nosso trabalho de revolução íntima e nos ligarmos as nossas novas histórias, deixando as outras para trás. Se, por acaso você foi traída, você *foi*. Já foi. Já era! Agora você não é mais e não mais o será. Anime-se. Não culpe ninguém. Não arranje culpados. Transforme-se. Olhe para frente. Se você, assim como eu, teve um pai alcoólatra, não se acomode com isso e não deixe de amá-lo por isso. Transforme-se. Modifique-se. Cure-se. Se você é separada e cria seus filhos sozinha ou sozinho, não amarre-se nisso. Procure um jeito de ser feliz, mesmo nessa situação. O importante é não nos aprisionarmos no problema, e, sim, transmutarmos toda a energia que é expelida por ele e que nos impede de evoluirmos espiritualmente e sermos felizes.

Se você se sente muito sozinha, ore. A oração é uma ótima companheira. Confie na energia divina e acredite que ela pode transformar sua vida. Projete tudo o que você espera daqui para frente para sua vida e confie. Não fique parado. Comece a sua transformação interna e esta será acompanhada de transformações externas. As transformações andam juntas. Modifica-se por dentro e renova-se por fora. Nada fica estático, parado, inerte, pelo contrário. Tudo tem energia em movimento e esta será gerada por você, você é o gerador de sua própria energia. Não esqueça disso. Limpe seu coração. Livre-se de suas mágoas. Renove seu mundo interno e viva! Aproveite o seu viver! Boa sorte!

Há pouco tempo, bem pouco tempo mesmo, eu conversava com minha amiga Maria Isméria, uma alma gêmea de amiga. Ela me aguenta nas horas boas e nas difíceis, discorda se necessário, aconselha ou simplesmente ouve. Eu comentava sobre acontecimentos atuais de minha vida e de minha família. Em certo momento, ela me disse: "Porque tu guardas tanto rancor disso? Eu percebo que tu guardas rancor cada vez que toca no assunto". E ainda acrescentou: "Eu sinto algo tão ruim". Na hora, eu me assustei. Um *bum* explodiu dentro de mim. Um "será"? "Será que sou assim?" Ao mesmo tempo, tive uma certeza. Eu era assim. Eu sou assim. Eu guardo aquele rancor e, pior, aprisiono algumas pessoas por que há mágoas dentro de mim. O ideal é libertá-las de mim. Então, foi o que fiz, dali para frente. O que elas fizeram ou não comigo, já passou. Não serei suas amigas íntimas, mas também não as quero presas em mim, cultivando toda uma sensação ruim e pesada. Recolhi-me e comecei a minha prática com a intenção de limpar aquele passado e os personagens que se grudavam em mim e mudavam a minha energia, porque eu ainda vibrava nelas. É importante salientar: o sentimento era meu. A prisão era eu quem criava. Mesmo que elas tenham me prejudicado, era eu quem ainda alimentava toda aquela energia maldosa e ruim.

O interessante é que, quando comecei a prática, me enchi de "mas". "Mas foram elas quem fizeram isso, mas foram elas quem fizeram aquilo ou tal coisa... mas... mas..." Eu estava cheia de desculpas para continuar alimentando toda aquela maldade. Foram muitas práticas cheias de "mas". Até que me veio esta prática das águas, uma prática suave e transformadora. Fui colocando todas aquelas pessoas, e eram muitas. Todas ligadas à mesma história. Então, as energias foram limpando e limpando. Não posso dizer que foi fácil, porque não foi. Vários sentimentos de "coitadismo" tomaram conta de mim e quase me impediam de fazer as práticas e de me transformar, mas eu tinha um propósito: me limpar daquilo tudo. Eu não queria mais ser alguém com tanto rancor. Aquelas pessoas, assim como eu, precisavam ser libertas, de mim e eu delas. Em uma das práticas, meu mentor me explicou que quando libertamos nossos prisioneiros, mesmo que anônimos, criamos uma energia renovadora e de libertação dentro de nós. E o melhor de tudo isso é que não foi derramado sangue algum nesta minha guerra interna. Eu me libertei, graças a Deus. Hoje, quando sinto a presença de tais pessoas por perto, eu não as amo e nem desamo. Talvez, um dia, em um momento no qual eu estiver mais evoluída, isso possa mudar. Por enquanto, eu as libertei e, com isso, reincorporei energias divinas para o meu Ser. Sinto-me mais leve e pronta para enfrentar as muitas dificuldades que virão. Agradeço pelo toque da minha amada amiga, que abriu meus olhos. Obrigada. Agora, talvez eu esteja fazendo o papel da minha amiga com você. Pense nisso e responda o questionário a seguir. Ele servirá de norte para as suas práticas. Bom trabalho. Entregue-se!

QUESTIONÁRIO SOBRE SEUS AMIGOS ÍNTIMOS

1) O que está mal resolvido na sua vida?

2) Quais sensações, sentimentos, pensamentos e comportamentos você guarda aí dentro relacionados a estas coisas mal resolvidas?

3) Quais são os pensamentos negativos que você teve hoje? Quais os que você tem agora? Quais você teve na última semana, mês, ano?

4) O que tem de positivo em você?

5) Como está seu "autocoitadismo"? Onde ele reside em você?

6) Qual é o propósito de sua vida?

7) Quando você vai contar sua vida para alguém, por qual parte de sua história você começa?

8) Como você está se sentindo agora?

9) Você se sente vigiado neste momento?

10) Olhe para você em um espelho: a) O que você vê? b) Quem é a pessoa que está a sua frente sendo refletida na imagem? c) Você se agrada com o que vê?

11) Você considera que há culpados para que sua vida não esteja dando certo em alguns aspectos?

12) Em que momento tais pessoas se tornaram culpadas?

13) Você se ama? Você sabe amar? Você é capaz de amar e de libertar a pessoa que você ama?

14) Você é rancoroso? Você tem mágoas? Você tem revoltas?

15) De onde vem suas mágoas, suas revoltas e seus rancores? Você sabe?

16) Você vive ou vegeta na sua própria vida?

17) Você é sincero consigo mesmo?

18) Você tem fé? Você ora?

19) O que é a vida para você?

20) O que é a morte?

21) O que é importante para você na sua vida?

22) Se você morresse agora, o que ainda estaria faltando na sua vida?

23) Qual é a sua importância para você mesmo e para os outros?

24) Como você cuida de você? Você cuida de você?

25) Que vícios você tem?

26) Você acha que precisa se livrar desses vícios?

27) Como você olha para os outros? Você acha que a vida é uma grande interação?

28) O que você precisa mudar em você? Elenque mudanças gradativas e sequenciais.

29) Por que você quer mudar?

30) Você confia em você para fazer uma revolução íntima em si mesmo?

31) Você consegue organizar-se? Você consegue deixar a preguiça de lado e seguir na transformação pessoal de si mesmo?

32) Por que você quer a transformação pessoal de si mesmo?

33) Comece por amar-se. Você consegue isso? Será que sua história pessoal foi, ou é, tão ruim assim? Olhe-a por outro ângulo. Preencha-a com amor.

Para responder este questionário, você precisa focar em um único propósito: transformar a si mesmo com muito amor, vontade e compreensão.

Se quiser, releia alguns textos sobre mágoa que estão neste livro, como *Mágoa para quê?*, e, também no meu outro livro *Caminhos de morte e vida*, nos quais você verá como algumas pessoas se ajudaram e se libertaram. Estarei com você. Beijo no coração.

Prática 7
Deixando de ser máquinas!

Robô-humano-pipoqueiro

Estala pipoca-mexe pipoca-abre saquinhos
Pequenos-médios-grandes
Serve-entrega!
O povo na fila
Cada detalhe percebido
A correria do pipoqueiro
Entre mancar e entregar
Vai e vem. Vem e vai
Movimentos repetitivos
O silêncio...
O estalar das pipocas
Se mistura com a ansiedade do povo que aguarda na fila
"Por que demora tanto?" – diz um.
Que lerdeza – diz outro.
Vamos perder a metade do filme, grita mais um.

E o pipoqueiro sem conseguir ser mais ágil
Olha rapidamente para o exigente povo
E continua... com a cabeça baixa
Mexe pipoca-mistura pipoca-estala pipoca

Passos largos e mancos
A agilidade está no limite
Pipocas caem ao chão
O povo não quer saber
Pipoca quer comer

E para que se tranquilizem os humores
Mecanicamente pega *ticket*-serve pipoca-entrega!
Obrigado. Pois não? Sr. ou Sra., ficam para trás.
Um robô pipoqueiro.
Porque é assim que o povo quer!

A pressa mecaniza os seres
Ela nos conduz pior do que cegos
Por momentos que deveríamos silenciar
E por que não observar, em vez de reclamar?

Em minha frente, neste final de semana.
Eu vi. Ninguém me contou, tenho certeza
Um robô humano pipoqueiro
E pior. Ele não poderia ser diferente

Até mesmo seu sorriso, que vez ou outra, enfeitava seu rosto.
Era contido pelo povo
Que só a pipoca importava!

Estas palavras surgiram de uma observação que fiz ao comprar pipocas com meu marido em um sábado qualquer em um *shopping* de Porto

Alegre. A fila e a correria do pipoqueiro, assim como seu nervosismo, mexeram comigo Perguntei-me se estava realmente naquela cena. Se aquele cenário, um tanto nebuloso, fazia parte da minha vida real. Mesmo na fila, fiz minha oração silenciosa. As pessoas estavam agitadas. Pareciam cães famintos. A falta de respeito com o rapaz era geral. Gritos. Xingamentos. Chamadas. Pressa. Muita pressa. Tudo isso mexeu comigo. Lembro que comentei com meu marido: – "Nossa. Que energia pesada que está aqui hoje", e ainda comentei que daquele episódio sairia uma poesia. O que eu não contava, porém, é que sairia não apenas uma poesia, mas também uma prática de auto-observação. Pegamos a nossa pipoca. Assistimos ao nosso filme e fomos para casa. Eu ainda me sentia muito inquieta. Algo tinha mexido comigo profundamente. Então, resolvi meditar. Comecei com uma oração, como de costume. Envolvi de luz todo o meu ambiente e pedi que essa luz fosse conduzida ao pipoqueiro, e que ele, se fosse a vontade da lei divina, conseguisse recebê-la. Pedi também que meus irmãos humanos conseguissem aliviar seus corações e que pudéssemos olhar o nosso semelhante mais amorosamente. Então, meus mentores me levaram para uma grande montanha. A mesma que sempre vamos para meditar. Lá, me mostraram cenas de uma grande tragédia. Homens brigavam com homens. Havia fogo, armas, ódio e uma grande penumbra envolvia a todos. Perguntei para meu mentor do que se tratava, afinal de contas, eu estava em meditação e tínhamos entrado naquela cena. Os homens estavam rasgados e sangrentos. Eles brigavam afoitamente um com o outro. Eles nem mais sabiam o porquê de estarem brigando. Meu mestre apenas me olhou silenciosamente, entendi que deveria apenas observar. Foi o que fiz. Na minha frente, homens destruindo homens. Todos estraçalhados. Eu me perguntava "por que eles brigavam?" "Por que eu estava ali?" "Por que ver aquilo tudo?" Eu começava a me inquietar. Até que percebi que a briga cessou, mas quase todos já mortos. Os que sobraram estavam moribundos. Um homem que estava ali olhou para os lados e se ajoelhou. Colocou as mãos na cabeça e pediu que Deus o perdoasse, pois ele não tinha feito aquilo por sua vontade própria, e sim em nome do Rei. O homem chorava e de tão fraco que estava foi se entregando, se entregando, até que faleceu. A causa da guerra era por conquistas de terras. Eu continuava ali, meditando, e o tempo deles ia passando. Os abutres já comiam suas carnes e ninguém vinha retirar aqueles corpos. Na época deles, que era diferente da minha, eu estava em meditação e em um tempo que não pode ser contado ou medido; eles, no tempo deles, em alguma memória energética de seus registros akássicos. Surgiram pessoas que simplesmente juntaram aquelas migalhas de corpos e atearam fogo. Ali todos eram um. Não importava mais quem eram aqueles guerreiros. Todos eram jogados ao fogo. Presenciei muitos daqueles homens presos a seus corpos já mortos. Presenciei o arrependimento do espírito que deixa seu corpo físico. Quando o fogo já estava alto, avistei uma cavalaria. O comandante desceu de seu cavalo e pude ouvir bem quando ele disse: "Não era para eles terem vindo para cá. Nem queremos estas terras. Por que eles fizeram isso?" Uma coisa que me chamou atenção era que inimigos e amigos, aliados ou não, todos estavam indo para o mesmo lugar. Com certeza, naquele lugar, no meio daqueles homens, havia diferentes histórias de vida, diferentes sentimentos, pensamentos e vontades. Todos que estavam ali com certeza pretendiam voltar para suas vidas. Provavelmente havia pessoas a sua espera, afazeres, mas todos, sem distinção alguma, foram queimados e amontoados naquela fogueira. Eu entendi a lição que meu mestre quis me passar. Eu chorei, naquele momento, em plena meditação. Ele quis me dizer que, no final das contas, todos somos iguais, e que mais dia, menos, dia iremos para o mesmo lugar. Ele me mostrou que nosso semelhante merece respeito. Não importa se é pipoqueiro, psicólogo, professor ou analfabeto. Não importa. Ele tem direito ao nosso respeito. Nós, humanos, brigamos com nosso semelhante por causas que às vezes nem sabemos quais são. Aqueles guerreiros continuaram em sua causa, mas nem sabiam que estavam no caminho errado. Todos morreram e já não dava para voltar atrás. Assim, passamos as nossas vidas, lutando por causas que nem sabemos mais se são reais ou se são as certas. Então, meu amigo, eu lhe pergunto: qual é a sua causa? O que lhe mantém vivo e lutando por sua vida? As peleias que você tem com os outros, será que é preciso mantê-las? Será que o tempo já não cicatrizou suas feridas e é você quem teima em abri-las? Não pretendo que você saia a se desculpar ou a perdoar tudo ou todos. É importante, porém, que você reflita e compreenda todas as cicatrizes que você leva impregnadas no seu corpo físico e na sua alma. Cada cicatriz nossa tem uma história, e esta envolve pessoas, sentimentos e, consequentemente, energias. Se nossas cicatrizes estão conosco, todo o resto está conosco. Entende? Aqueles homens morreram. Levaram suas cicatrizes com eles e terão a possibilidade de compreendê-las somente em uma próxima existência, se a tiverem, ou, quem sabe, em um tratamento profundo nos mundos adimensionais. Você e eu ainda estamos vivos e podemos transformá-las em aprendizados, em vez de em dor e mágoas.

Quando trabalhamos sobre nós mesmos, conseguimos identificar nossas cicatrizes. Levamos nossas vidas como máquinas, repetindo e repetindo um dia após o outro. Uma hora após a outra. Um minuto após o outro sem nos perguntarmos: onde estamos? Quem somos? Por que estamos aqui? Vamos cada vez mais acumulando cicatrizes dentro de nossos corpos energéticos. Por isso a importância de trabalharmos no aqui e agora as nossas cicatrizes.

Vive-se mecanicamente quando nos perdemos de nós mesmos. Isso acontece a cada instante, quando esquecemos da essência milagrosa e poderosa que temos dentro de nós. A cura para nossos males está em buscar a nós mesmos de instante em instante e atear com isso a chama do amor universal dentro de nós.

Meus amigos, temos um miolo misericordioso dentro de nós. Esse miolo pode ser chamado de essência, ele é puro amor. É ele que acende a chama da vida dentro de nós, e é ele que vai de corpo em corpo durante as existências que vamos passando. Nossa essência é imortal. Podemos chamá-la de várias formas, mas prefiro chamá-la de essência divina ou amor. Esse miolo, quando trabalhado com oração, entrega, vontade consciente, misericórdia divina e perdão nos fortifica e nos impulsiona a mudar cada vez mais. Nossa essência pode nos transformar em anjos e em deuses, ou simplesmente em mais e mais amor. Quanto mais encontrarmos a nós mesmos, quanto mais libertarmos a nossa essência que está sufocada em meio a tantas cicatrizes, mais vamos verdadeiramente nos conhecendo e amando a nós mesmos e a nossos semelhantes. Na vida e na morte há apenas uma lei verdadeira e uníssona: O Amor. Somente ele pode transformar demônios em anjos, ou apenas você na sua verdade.

Assim como aquele pipoqueiro ia e vinha, assim como ele não tinha tempo nem de olhar para as pessoas que entregavam pipoca, assim, similarmente, passamos quase todos os dias de nossas vidas. Correndo e correndo. Recebendo ordens ou ordenando. Estamos sempre apressados e exigimos tudo de todos. Você deve estar pensando aí "mas eu não sou assim". Será? Será que realmente você não é assim? Será que realmente você não leva sua vida assim, totalmente mecanizado no seu próprio tempo e na sua própria rotina? Você já pensou que um dia você estará em uma posição igual à daqueles homens que foram queimados, ou seja, você se tornará pó, assim como eles?

Tudo morre, meus amigos. Você morrerá. Eu morrerei. Nós morreremos. E se é assim, qual é o motivo da vida? Você há de convir comigo que a vida não deve ser somente isso, não é? Você já pensou sobre o que acontecerá com você se você morrer?

Voltemos à meditação. Ainda em cima daquela montanha e ainda em sinergia com meu mestre. Perguntei para ele o porquê da vida. O que era a vida? Ele estendeu suas mãos, com as palmas voltadas para cima. Ele pegou com as duas mãos a água que jorrava daquelas montanhas, e de suas mãos, a água escorria pelo seus dedos. Por mais que ele enchesse as mãos com água, ela escorria da mesma forma. Ele pressionava os dedos, mas ela escorria e escorria. Ele olhou-me e sorriu, dizendo-me: "Isto é a vida. Ela escorre pelas mãos por mais que você as segure. Então, cada momento é precioso. Sinta a água correr por entre seus dedos, sinta a vida dentro de você.

Transforme suas cicatrizes em aprendizado

Faça esta prática após ter feito o questionário apresentado. Esta prática o ajudará a entender melhor nosso funcionamento mecânico. Ele nos leva de um lado para o outro como se fôssemos fantoches. Vibrar em momentos passados nos impede de vibrarmos no aqui e agora. Não estar no momento presente é como sonhar a maior parte do tempo de nossas vidas e, se sonhamos, não somos os autores de nossa própria existência. Entende a profundidade disso? Entende a profundidade de trabalhar sobre si mesmo? O propósito é pegar as rédeas de nós mesmos e comandar nosso aqui e agora com amor, humildade, perdão e ajuda aos nossos semelhantes.

Antes de fazer esta prática você já pensou, já trabalhou sobre seus inimigos ou amigos íntimos, você já respondeu ao questionário, ou seja, você já está mais integrado ao mecanismo que direciona seu momento atual.

Prática

Sente-se em um lugar confortável. Disponha de pelo menos 10 minutos para realizar esta prática.

Feche os olhos.

Inspire e expire, lenta e profundamente, várias vezes.

Ore. Faça uma oração de seu coração ou aquela que está no final deste livro.

Continue inspirando e expirando.

Agora imagine que você está em pé com as pernas afastadas e os braços estendidos com as mãos apontando para os lados. Como se fosse uma estrela, um pentagrama.

Inspire e expire, lenta e profundamente.

Imagine que você, nesta posição de pentagrama, está recebendo diretamente a luz do sol.

Imagine que esta luz vai invadindo você por dentro, vai envolvendo-o por fora. Esta luz vai contornando e adentrando em seu corpo imaginário que está em posição de pentagrama.

Imagine que esta luz vai cobrindo todas as feridas. Todas as cicatrizes. Todas as marcas deste seu corpo.

Agora você já está coberto de luz solar.

Conte três vezes até sete.

Imagine que o corpo em posição de pentagrama sobe, que ele vai subindo, subindo e chega até o cosmos.

Imagine que, no cosmos, você recebe ainda mais luz solar e que todo o seu corpo vai aquecendo com tanta luz. Você vai ficando cada vez mais quente com a luz e todas as suas cicatrizes vão sendo cobertas por aquele fogo solar.

Agora você é pura luz. A formação de estrela se desfaz. O formato se desfaz. Você é apenas um amontoado de luz solar quente e renovadora.

Agora, e lentamente, conte de um a sete.

Imagine que você está descendo e que o amontoado de luz vibrante e solar invade seu corpo que está em meditação aqui na Terra. Deixe essa luz solar adentrar em seu corpo. Deixe que ela lhe reabasteça energeticamente.

Sinta a operação silenciosa do amor em você.

Fique ali, quanto tempo puder. Se entregue para este momento silencioso e divino.

Inspire e expire.

Abra os olhos e sorria para você. Sinta-se livre e feliz. Repita esta prática com amor, sempre que puder. Aos poucos, você sentirá que as energias das cicatrizes irão se dissipando, e, você, irá se tornando menos mecânico e menos sofrido.

É importante não esquecer da auto-observação que você deve fazer no aqui e agora para não agregar mais e mais cicatrizes energéticas e se prender novamente ao passado.

Beijo em seu coração. Tenha um bom dia.

Prática 8
É PRECISO DIZER ADEUS

Pai. É preciso dizer adeus.
Tudo segue. Tu e eu, nós. Devemos seguir.
Tuas mãos ainda me seguram quando vou cair.
Tua voz rouca ainda me chama de "Mimo".
Teus olhos, grandes olhos, ainda procuram os meus.
E a imagem do teu terno branco.
O cheiro de água de rosas que tu usava.
E a tua caminhada espaçada.
Naquela lomba da Rua Dr. Imar Monteiro, em Butiá.
Me fazem lembrar que tu existiu.

E tu existiu.
Tu foi meu pai.
Cedeu tuas células para que eu pudesse aqui estar.
Hoje sou adulta, hoje sou mãe.
E hoje acredito que é preciso dizer adeus!

Digo adeus em forma de poesia.
Digo adeus em forma de agradecimento.
Digo adeus aos medos e às angústias da infância.

Digo adeus a todas as minhas prisões.

E digo adeus a ti, pai querido, pai amigo, pai Vanderlan.

Digo adeus para que tu sigas na tua jornada evolutiva.

Digo adeus para te libertar.

Siga pai. Vá em frente.

Seja pai de muitos filhos.

Seja filho de muitos pais.

Seja livre.

Livre de mim e livre de si próprio.

É preciso dizer adeus.

Nem que seja uma única vez.

Aproveitando, meu amigo, minha amiga, esse meu despedir, mesmo que um dia eu ainda vá encontrar as energias do que foram o meu Pai, nesta existência em que estou Daniela eu lhes convido a também dizer Adeus.

Liberte todos os seus mortos de dentro de si. Liberte tudo o que o aprisiona em velhos padrões de comportamentos, sentimentos e vontades.

Diga adeus também para as suas dores, para a sua preguiça, para a sua morte em vida.

É importante dizer adeus. É importante viver cada momento como se fosse o último. Você percebeu, nas histórias deste livro, quantas pessoas sentiram vontade de fazê-lo e não tiveram tempo? Talvez agora você sinta, junto comigo, o quão preciosa é nossa vida e o quanto devemos nos libertar de todos os sentimentos errôneos que nos prendem e nos fazem sofrer o indescritível.

Muitas pessoas comentam comigo que não fecham portas porque um dia podem precisar passar por elas. No entanto, portas precisam ser fechadas para que você continue com os seus propósitos. Há padrões e mais padrões comportamentais. Há crenças e valores íntimos e individuais de cada um. Em minha vida, eu precisei fechar muitas portas porque elas me desviavam. Eu precisei despedir-me delas para que eu libertasse energias minhas que estavam contidas nesses caminhos e que me impossibilitavam de seguir adiante. Por exemplo, quando eu estudei medicina, mesmo depois de ter certa idade, eu precisei de tempo para poder fazê-lo. Precise negar a companhia de muitos amigos e, inclusive, a meus filhos muitas conversas que eram importantes. Deixei de fazer alguns passeios que também tinham seu devido valor. No entanto, naquele momento, eu tinha feito uma escolha e tinha dito adeus, mesmo que por certo tempo, para estas coisas que citei. Outro exemplo bem característico de Adeus e que me aliviou muito o coração. Quando encontrei meu marido e amei-o à primeira vista, fechei completamente meu coração para qualquer outro. Fechei portas. Já tinha encontrado o meu amor e pronto. Então, não precisa ficar perdendo energia nos "serás" e "sês" da vida. Eu segui no meu propósito e cheia de amor por meu marido. Há outra porta importante que fechei. Não posso dizer que foi para sempre nesta existência, mas precisei fechar para aquelas pessoas, ou melhor, amigos e até mesmo familiares, que eu sentia que não faziam questão alguma da minha presença por perto. Então, me recolhi e mudei a minha direção. É preciso dizer adeus também para nossos mortos para que eles descansem em paz e entrem em sinergia conosco somente no momento que for necessário. Meu pai e eu terminamos os nossos momentos juntos, mesmo que em dimensões diferentes. Por isso eu digo adeus para ele, para que ele siga em sua jornada, porque, de uma forma ou de outra, eu o prendia.

Assim como eu, você pode tomar o seu rumo, a sua direção. Acredito que o ato de fechar portas nos serve como orientador. Não podemos ser bitolados ou fanáticos. Cada um de nós tem a sua história, mas, se olharmos para todos os lados e deixarmos todas as portas possíveis abertas, além de termos um gasto imensurável energético, vamos nos perder de nós mesmos. No começo do trabalho sobre nós mesmos, teremos de abrir mão de nossas portas abertas, nos fortificarmos e, quem sabe, um dia, se tivermos prontos, adentrarmos nessas portas. Isso se elas existirem ainda. Não devemos tentar entender tudo que ocorre ou que ocorreu. É urgente vivermos o hoje e o aqui e agora.

Só você pode saber em que momentos você deve fechar as suas portas. Como já dito, cada pessoa tem a sua história. Acredito que antes de fechar qualquer porta que seja, você deve traçar as suas metas de vida. Metas pessoais, emocionais, familiares, sociais, materiais, profissionais. Você deve dimensionar o valor de cada coisa em você. Lembre-se, comece por se livrar da preguiça em fazer suas próprias metas. Suas metas beneficiarão, primeiramente, uma única pessoa: você.

PRÁTICA

Sente-se em um lugar confortável.

Feche os olhos e alinhe sua coluna para que fique bem alongada durante a prática.

Faça uma oração.

Imagine que todo o ambiente em que você está realizando a prática está envolto em luz rosa ou em qualquer cor clara que você prefira.

Inspire e expire algumas vezes buscando um relaxamento.

Agora, lentamente, imagine que todo seu corpo também está envolto por essa luz rosa. Cada parte do seu corpo, por dentro e por fora, estão envoltos na luz. Lentamente, envolva-se nessa luz rosa, imaginando desde o hoje até o momento em que você nasceu.

Imagine que a luz percorre toda a sua história. Se preferir imaginar um livro com sua história de vida, coloque a luz rosa na história. Se preferir imaginar a sua vida mesmo, decrescendo em idades e formas, também pode. A intenção é que esta luz amorosa invada, preencha, encaminhe e reorganize toda a sua energia.

Se durante a prática você sentir que precisa fechar portas ou dizer adeus para pessoas, faça isso. Envolva também a luz rosa nessas pessoas, mas deixe-as ir embora. Feche a porta, mas envolva com luz o ambiente em que você está e aquele que você fechou.

Entregue-se.

Se vier imagens de pessoas que morreram ou que simplesmente se foram de sua vida, envolva-as também em luz rosa. Torne-as independentes de você.

Imagine que você é pura luz rosa. Você é luz. E luz é luz. A luz clareia a tudo e a todos. Então, sinta-se clareador. Sinta que sua vida está mais iluminada.

Se você fez suas metas, também envolva-as, neste momento, em luz rosa. Deixe-as ali, envolvidas na luz do amor e da transformação.

Inspire e expire, lenta e profundamente.

Abra os olhos.

Retome seu dia.

Despedindo-se das pessoas que se foram. Libertando-se e libertando-as.

Independente de qualquer tempo, a morte sempre é temida e dolorosa. Por mais espiritualizado que sejamos, é sempre dolorido perder alguém que estamos acostumados a ter ao nosso lado. Nunca sabemos se o que lemos ou o que sentimos é real. Muitas pessoas, mesmo vendo e sentindo espíritos que vão e vêm, não tem como saber se com elas o pós-morte ocorrerá da mesma forma. O desencarnar é variável para cada um e depende somente da energia da pessoa. Como já vimos, temos anjos da morte e anjos da vida. E se o anjo não for com a nossa cara? É brincadeira, mas se, no momento da morte, estivermos conectados a um sentimento não muito bom. Sabemos também que os amparadores são amorosos, e isso e aquilo, mas mesmo assim, a morte sempre é geradora de "serás" e "porquês".

Presenciamos nos relatos deste livro o poder da oração e o quanto ela conforta e encaminha aqueles que ficam e aqueles que vão. Vimos também como muitos de nós ficamos apegados a coisas materiais ou emocionais e temos dificuldades em seguir na outra dimensão. Tivemos a oportunidade de ler histórias em que familiares prendem quem parte entre a vida e a morte por sofrimento, apego e dor. Por essas e outras energias que ficam, que vão e que se prendem é que é interessante fazermos esta prática. Fazendo-a, conseguimos passar amor e libertação para nossos amados desencarnados.

PRÁTICA DIRECIONADA AOS DESENCARNADOS

Cada pessoa merece o um momento individual. Então, se tiver muitos desencarnados, ou mais de um, faça uma prática por vez, mas não no mesmo dia, para não gerar conflito para sua energia. Seja prudente. Nunca esqueça que energia é movimento, e que esta age dentro e fora de você.

Faça uma bela oração de coração e envolva, amorosamente, também a pessoa que você irá trabalhar nesta prática.

Deixe todo o seu ambiente bem cheiroso. Pode usar essência de rosas, de hortelã, de alecrim, de erva cidreira ou aquela que você sentir que anima e perfuma o ambiente.

Sente-se em um lugar confortável.

Envolva todo o ambiente com a luz que emana do seu coração. A cor é sua. Eu costumo usar a rosa. Você é quem sabe. Rosa, branco, amarelo, ou demais clores claras.

Faça uma oração de coração, aquela com a qual você está acostumado ou aquelas que constam neste livro.

Feche os olhos.

Inspire e expire, lentamente.

Visualize que você e esta pessoa estão frente a frente.

Ela está na mesma posição que você.

Imagine que a luz envolve vocês dois na energia de oração.

Agora, mental ou verbalmente, mas com os olhos fechados, despeça-se da pessoa. Agradeça por tudo o que vocês viveram juntos. Se tiver de pedir perdão, peça, neste momento.

Saiba o motivo pelo qual você está fazendo esta prática. Estabeleça o porquê de você estar fazendo esta prática e liberte a pessoa, não a prenda. Um dia, em um amanhã imensurável, vocês se reencontrarão.

Agora é hora de você falar, amorosamente, tudo o que tem vontade.

Envolva a pessoa em luz e mais luz e liberte-a.

Imagine que a luz que envolve vocês vai levando-a para o alto, bem alto, bem longe.

Conte até sete e imagine que ela se foi, se fundiu aos cosmos.

Não julgue, não pense, não pergunte nada ao desencarnado. Apenas faça, liberte-o e liberte-se.

Com amor se faz. Com perdão e libertação também.

Abra os olhos e respire fundo.

Agradeça a seus mentores pela oportunidade de reconciliação e de libertação, e siga sua vida.

Eis uma história relativa sobre esta prática. Há muitos anos, eu ensinei esta prática para uma amiga que sofria pela morte do marido. Ela me acompanhava em outras práticas, mas, esta em especial, ainda não tínhamos feito juntas. Eu dizia para ela que era uma prática individual e que ela teria de fazer sozinha. No entanto, ela insistiu tanto que acabei ajudando-a. Quando chegamos, no momento da despedida, ela, em vez de iluminar o falecido, começou a xingá-lo. Ela cobrava o porquê de ele tê-la deixado sozinha e vários outros porquês. Envolvi a todos em luz e, durante a prática, tive de conversar com ela amorosamente para que ela deixasse seu marido seguir. Então, ela chorou e chorou, mas conseguiu libertá-lo. Tive de relembrá-la das suas metas, de tudo que já tínhamos trabalhado energeticamente. Fizemos juntas, naquele dia, uma reeducação de tudo o que já tínhamos conversado. Lembrei-as dos benefícios e dos malefícios de tudo aquilo. Então, ela se deu conta de que o apego e o medo estavam infiltrados dentro dela acorrentando seu marido a ela, impedindo-o de transcender nos outros mundos. Esse é um caso que serve de exemplo do quão importante é você estabelecer as suas metas, antes desta ou de qualquer outra prática. Metas e objetivos são primordiais na direção e para a energia de nossas práticas. Metas e objetivos funcionam como vibrações boas ou ruins. Assim, nossa vibração vai alimentar, ou não, a boa energia de nossa prática.

O bom coração é tomado de boas energias e está sempre alerta para energias daninhas que querem crescer. Fique sempre ligado. Observe cada reação sua. Faça isso por um dia, tenho certeza de que gostará de fazê-lo pelo o resto de seus dias.

Beijo no seu coração.

Prática 9
As cores e você

A vida é feita de infinitas partículas de luz.

Um emaranhado indefinido de cores, que, por vibração, induzidas pelo amor e pela esperança, chegam a sua verdadeira cor e, assim, se libertam.

Mais uma etapa começa até que entendamos todas as cores e vibrações dentro de nós.

Busque sua cor.

Imagine-se como um fio de luz.

Imagine que várias cores se encontram em um emaranhado de fios.

Você é formado por vários fios. Várias cores. Um novelo multicolorido.

Defina, amorosamente, a cor de sua preferência.

Deixe seu coração, por meio dessa cor, buscar um sentimento dentro de você.

Deixe vir esse sentimento.

Não lute. Deixe que o sentimento venha.

Deixe que ele tome conta de você.

Permita que ele se expresse pela cor que você escolheu.

Você é essa cor. A cor penetra em você.

Inspire.

Inspire.

Solte-se.

Viaje no aqui e agora.

Sinta que você é essa cor. Veja se algo surge dentro de você.

Perceba-se dentro dessa cor.

Qual é a sensação? Qual é o sentimento? Qual é a lembrança?

Permita-se sentir se dentro da cor escolhida há algum ponto de outra cor. Um pequeno ponto vermelho, talvez.

Sinta. Esse ponto vermelho vibra? Lateja?

Perceba a associação entre o sentimento e o ponto vermelho.

Onde está o ponto vermelho? Em que parte do seu corpo?

Entregue-se.

Deixe cenas virem até você.

Imagens de seu cotidiano e também do seu passado.

Não julgue. Não force. Apenas permita-se.

Apenas observe.

Emoção, espírito, corpo e mente:
organizando sua casa interior.

DICAS

– O ideal é que você, durante os exercícios, se puder, coloque um copo com água, um caderno e uma caneta ou lápis. Tome a água após o exercício e escreva o que você sentiu. Cuide desse caderno com amor. Ali ficarão registradas muitas de suas sensações.

– Note que, com o tempo, muitas sensações novas virão e outras se repetirão em maior ou menor intensidade.

— Os exercícios são puro amor por você. Eles nos ensinam a ficar mais próximos conosco mesmos e a ouvir mais claramente nossas necessidades materiais e espirituais.

— Os exercícios são organizadores de nossa casa interna, nosso corpo físico, nossa mente e, por conseguinte, aquilo que faz dar ânimo a este corpo e a esta mente, nosso espírito ou energia vibracional.

PRÁTICA

Procure ficar em um lugar isolado.

Este exercício pode ser feito em 5 minutos.

Acomode-se em um lugar confortável.

Se puder, coloque a água e o caderno com caneta a seu lado.

Faça uma oração de seu coração, pedindo para que nenhuma energia atrapalhe este momento.

Feche os olhos.

Inspire e expire, lentamente.

Sinta-se.

Sinta seu corpo. Sinta seu coração. Sinta sua mente.

Sinta o lugar onde você se encontra. Sinta os barulhos a sua volta.

Volte a sentir seu corpo, seu coração, sua mente.

Imagine que você está sendo envolvido pela cor amarela. Imagine que a cor amarela está entrando pela planta dos seus pés. Subindo por suas pernas, pelo seu abdômen, braços e mãos. Chegando até a sua cabeça.

Você está pintado de amarelo.

Imagine que essa cor está cada vez mais transparente.

O amarelo está cada vez mais claro.

Conte de até sete. Espaçadamente.

Conte com amor.

Conte com força e vibração.

Imagine que o amarelo entra pelos pés e sai pela cabeça, em direção ao alto.

Conte de novo de até sete, mais três vezes.

Sinta que o amarelo está cada vez mais claro e que alguns pontos de outra cor aparecem em todo o seu corpo e mente.

Continue o movimento da cor amarela. Entrando e saindo de você.

Observe os pontos em destaque.

Só observe. Não julgue-os. Vamos apenas organizá-los para, mais tarde, podermos trabalhar com eles.

Conte de até sete e peça que alguma força interna retire esses pontos de você, que elevem esses pontos ao alto, para serem tratados.

Fique aí mais um pouquinho.

Imagine que esses pontos estão sendo retirados.

Se vierem imagens, ignore-as. Atenha-se aos pontos e à cor amarela que entra em sai.

Você está aprendendo a dominar a sua máquina humana. Fique mais um pouco.

Inspire e expire.

Sinta-se leve.

Conte até sete.

Imagine que os pontos não voltam mais para você e que a cor amarela está ficando novamente mais forte.

Conte até sete mais três vezes.

Vá voltando.

Solte seu corpo.

Abra os olhos.

Perceba a sensação que ficou em você.

Este exercício vai lhe ajudar, aos poucos, a aprender a dominar seu corpo e sua mente, colocando ordem e equilíbrio em seu mundo interno.

Se quiser, anote o que você sentiu.

Não permita que imagens ou cenas passadas de sua vida se envolvam neste momento.

Trabalhe apenas a cor amarela entrando e saindo. Dê essa ordem para você. Depois, visualize os pontos que aparecerem. Podem ser pontos no corpo físico. Pontos de dor ou doenças orgânicas. Visualize os pontos que aparecerem em sua mente. Podem ser desequilíbrios orgânicos, mentais ou emocionais.

Não julgue os pontos. Mande-os embora de você. Mande-os para o alto.

A contagem de um a sete lhe ajudará na organização e na potencialização da energia do seu trabalho em busca de si mesmo.

A contagem de sete a um faz retornar aos lugares certos o que estava desorganizado. Faz cessar a energia trabalhada.

Prática 10
Remapeando o seu coração

O objetivo desta prática é remapear o seu coração, ou seja, mostrar novos caminhos por onde você possa seguir sem se machucar tanto. No nosso coração, há várias estradas, desvios, curvas, pessoas, amigos, amores e desamores. Nele, há sentimentos de todas as espécies, bons e ruins. Nele ficam grifados, por meio de estradas, vamos dizer assim, todo o nosso mapa emocional, independente de lembrarmos ou não dos construtores ou moradores desses caminhos ou zonas de perturbação.

Precisamos viver no hoje. Precisamos reformular nossa maneira de coexistir com a vida. Queremos isso, não queremos? Já trabalhamos e ainda buscamos resolver nossas revoltas internas, e isso inclui mágoas, medos e agonias. Então, está na hora de nos polarizarmos e unirmos nossas energias para a nossa vida emocional. Ninguém consegue viver ou morrer sem amor, não é mesmo? Amor, e não precisa ser por um parceiro ou parceira, mas também amor por si mesmo. O objetivo desta prática é desenvolver este amor, o autoamor por si mesmo. Desenvolver o AUTOAMOR POR SI MESMO, enfatizo bem porque você não pode esquecer de se amar. Só a partir daí pode-se fazer algum vínculo "saudável" e "equilibrado" com outra pessoa. Antes disso, tudo fica meio falho. Como vou dar algo que não tenho? Só consigo repassar aos outros aquilo que conheço e que já estabeleci conexão dentro de mim. Tudo, por mais incrível que pareça, é criado dentro de nós e, só depois disso, é expandido para fora. Observe! Dê uma visitadinha na sua vida emocional. Como ela anda? Como ela andou? Como está o seu amor próprio? Vamos lá. Dê uma "bisoiadinha" e, se tiver medo, quando fizer o exercício, apenas envolva tudo em luz rosa, e não tente compreender os porquês de tudo o que acontece dentro de seu coração.

Prática

Pegue um copo com água limpa que você possa beber ao final da prática, se quiser ou tiver vontade.

Sente-se em um lugar confortável.

Feche os olhos.

Faça sua oração.

Imagine que todo o ambiente em que você está fica envolvido com luz rosa.

Inspire e expire, lenta e profundamente, durante a prática. Atenha-se mais à luz rosa do que na respiração.

Agora, lentamente, deixe que a luz rosa invada também a água que está no copo. Se preferir, coloque o copo com água na sua frente.

Lentamente, esta água cheia de luz rosa vai saindo do copo e invadindo o seu coração, abrindo barreiras, fronteiras, adentrando em caminhos e curvas sinuosas. Se vierem imagens de pessoas, de cenas, de memórias pesadas ou não, não deixe que elas tomem frente à prática, apenas as envolva em luz rosa. Agora é hora de trabalhar apenas a energia dos caminhos do seu coração. Energize tudo com a luz rosa. Nutra tudo com a luz do amor, da compreensão, do perdão.

Continue assim, deixando que a luz rosa energize a tudo. Conte até sete três vezes. E imagine que a luz rosa vai adentrando mais e mais e vai invadindo todo o mapa da sua vida emocional. Tudo fica mapeado também pela luz rosa. Imagine que seu coração mostra o seu mapa emocional.

Agora, lentamente, imagine que a luz rosa vai fazendo o movimento contrário. Vai saindo e deixando tudo organizado. Conte até sete três vezes. Imagine que a luz rosa vai voltando para o copo com água. Depois, que ela vai saindo do seu ambiente.

Inspire e expire, lenta e profundamente.

Abra os olhos e, se puder ou quiser, tome a água do copo.

Sorria para você mesmo. Ame-se. Comece agora. Vamos lá!

Sorrrrriiiiiaaaa!

Prática 11
Confiar

Começarei as orientações para esta prática com duas histórias pessoais minhas, acontecidas alguns anos atrás. Quando alguma coisa ameaça a não dar certo, eu me lembro que devo confiar e largar nas mãos de Deus, sem, claro, esquecer de fazer a minha parte.

Era uma época em que as finanças estavam bem apertadas e que eu precisava montar o meu espaço terapêutico. Eu tinha filhos pequenos e cursos e mais cursos em andamento, ou seja, havia muitas despesas, que não eram fáceis de serem custeadas. Além delas, eu estava tendo algumas despesas extras. Eu ia para Porto Alegre para fazer o curso só com o dinheiro da passagem. Quanto ao lanche, nem pensar, a menos que no curso tivesse. A minha sorte é que quase sempre tinha, ou um anjo amigo me oferecia almoço. Eu sei que nada era fácil, mas minha vontade sempre foi muito grande e eu não desisti. Fiz o maravilhoso e saudoso curso até o final. Então, eu tinha de preparar o meu espaço para poder atender. No entanto, eu não tinha de onde tirar dinheiro. Eu precisava de uma mesa e de uma cadeira, que arranjei aqui e ali, mas também de um sofá-cama para fazer as regressões, além de fechar a minha sala com divisórias para poder atender às pessoas. Eu pensei em todas as formas de montar essa estrutura, mas não tinha jeito, eu não tinha de onde tirar mais um centavo. Eu tinha uma tia, Sandra, irmã de minha mãe. Além de ser uma segunda mãe, ela nunca me deixou faltar nada e sempre me apoiou nas minhas vontades. Quando eu precisava de empurrãozinho, de uma roupa nova, de uma ajuda daqui ou dali, era ela quem me ajudava. No entanto, minha tia já tinha me ajudado muito, e eu não teria como pagá-la. Eu já estava cheia de contas. Então, resolvi não pedir para ela. Silenciei. Lembro que fiz todas as minhas contas e vi que não tinha solução. Meu espaço teria de esperar. Orei, me ajoelhei e pedi a Deus que me ajudasse. Eu precisava ganhar um dinheiro a mais e, além de tudo, por mais em prática ainda o que havia aprendido. Naquela noite, eu custei a dormir. Reavaliei toda a minha vida. Vi erros, é claro, porque todos erramos, mas sentia que uma grande luz estava no meu caminho. Então, me lembro como se fosse hoje. Ajoelhei-me e orei ao Senhor Jesus. Pedi que ele me orientasse sobre como conseguir resolver tudo aquilo. Lembro que chorei e me emocionei. Senti um vazio acompanhado de luz e conforto no meu coração. Levantei e fui dormir.

Na época, eu tinha uma loja de artigos místicos e religiosos. Na manhã seguinte, bem no início da manhã, minha tia Sandra foi à minha loja e me perguntou como estava meu curso. Eu disse que estava muito bom e silenciei. Naquele momento, não falei nada para ela. Nadinha do que precisava. Eu não havia comentado com ninguém. Então, minha tia, sem eu falar nada, me disse: "já falei com o Fulano de tal, ele vai fazer o orçamento para fechar a sala com divisórias. Também dei uma olhada lá na loja tal, que tem um sofá cama. Vou dar para ti". Na hora, eu fiquei sem ação. Só chorei e agradeci. Lembro que corri na loja com muita alegria e agradecendo a Deus por mais aquela força em meio a tantas outras. Até hoje, de vez em quando, minha tia e eu conversamos sobre isso e ela sempre diz que, naquela manhã, ela acordou pensando em me ajudar, e daquela forma.

Acho que minha tia andou falando com Jesus. O que vocês acham?

Aquele foi mais um passo que pude dar porque tive a ajuda do outro, no caso, minha tia amada e imensurável Sandra. Obrigada.

A outra história também ficou marcada dentro de mim como exemplo de fé e vontade.

Eu participava de um grupo de meditação, e este teria um seminário que seria realizado em São Paulo. Eu queria muito ir e para mim seria muito importante. Eu trabalhava muito, aliás, sempre trabalhei, conforme vocês devem observar ao longo dos textos, mas nem sempre eu tinha dinheiro de sobra, pois nada era fácil. Como falei, filhos pequenos, despesas, doenças em família, cursos.

Eu fui convidada para fazer o curso. Seriam quatro dias em um hotel fazenda em São Paulo. Os organizadores do curso, inclusive, ofereceram a diária de meus filhos gratuitamente. Eu teria de pagar apenas as passagens de avião. Mas eu não tinha nem para as passagens. Eu já não passava tanto trabalho nesta época, mas ainda não era fácil manter tudo. Eu ajudava muitas pessoas gratuitamente, e outras me pagavam quando podiam. Casualmente, os dias do seminário seriam nos mesmos que a Páscoa daquele ano. Eu pensei comigo "Não poderei ir sem as crianças. Como irei? É Páscoa! Já os deixo tanto sozinhos para que eu possa trabalhar". Então, decidi que só iria se pudesse levá-los. Sem eles, eu não iria. Uma amiga valiosa me ofereceu seu cartão para comprar as passagens de todos nós várias parcelas. No entanto, eu pensei que, mesmo assim, ficaria endividada ou muito apertada. Lembro que disse para ela: "Só irei se puder levar meus filhos comigo". Ainda prossegui dizendo: "Até amanhã ao meio-dia te dou uma resposta". Perguntei novamente: "Tu com certeza consegues as diárias para meus filhos?" E ela respondeu: "Claro, já falei com o pessoal. Tá tudo certo".

Lembro que fui para casa desejando muito ir com meus filhos naquele evento. Além do curso, seria um passeio e tanto para eles, e andaríamos todos juntos de avião. Seria uma festa, e foi.

Então, cheguei em casa. Não falei nada para ninguém. Antes de dormir, me ajoelhei e orei. Pedi que Deus me abençoasse se fosse a vontade dele. Falei o porquê gostaria de ir e assim e assado. Chorei. Aliás, eu quase sempre choro em minhas orações. Eu me emociono porque sinto Deus operando em minha vida. Então, na manhã seguinte fui a trabalhar.

Logo que cheguei no meu espaço terapêutico, uma pessoa que eu tinha ajudado há muito tempo, me ligou e me disse: "Dani, querida. Recebi um dinheiro de herança e quero ir hoje aí te pagar tudo o que te devo". Detalhe: ela me pagou exatamente o dinheiro que dava para pagar as nossas passagens à vista, além da minha diária e das outras despesas. Ainda pude comprar algumas coisas para a viagem. E então, meus amigos: a oração tem ou não tem força?

É com base neste confiar e entregar-se que deixo aqui a oração que meus mentores me ensinaram a usar. Como já falei muitas vezes, cresci acompanhando minha mãe se ajoelhar e orar. Ela juntava suas mãos, fechava os olhos e se entregava em oração. Muitas vezes, eu também vi lágrimas nos olhos dela, e hoje, eu faço igual. De todos os meus filhos, o que mais me acompanha nas orações é o Luccas Jones, e ele também se emociona e diz que Jesus fala com ele por meio de seu coração.

A prática que gostaria de deixar aqui para vocês é nada mais, nada menos, que entregar-se profundamente à oração, ter fé e confiar. Deus opera e faz maravilhas em nossas vidas. Hoje posso dizer que tenho uma família abençoada e um homem a meu lado que me ama e me respeita, assim como eu o amo e o respeito. Somos parceiros e leais. Estamos juntos para o que der e vier. Nossos filhos são saudáveis e se desenvolvem de vento em popa. Temos comida, agasalho, saúde, um maravilhoso teto e felicidade, além de cumplicidade. Será que Deus opera na minha vida? Claro que sim.

Então, meu amigo, minha amiga. O seu Deus, o nosso Deus, pode operar na nossa vida, basta você pedir, discernir e confiar. Não tenha pena das coisas que você não consegue em sua vida. Tenha pena, sim, de não ter tentado. Às vezes, aquilo que você quer, se apresenta de outras formas e se apresenta tão melhor do outra forma. Pense nisso.

Se você tem um projeto, um desejo, uma vontade, um sonho. Não desista dele, mesmo que muitos digam para você desistir. Esclareça este sonho ou desejo para você. Coloque as verdades deste sonho na ponta do lápis. Seja cauteloso, realista e tenha fé. Ore e siga em frente.

ORAÇÃO

Jesus meu. Mestre de todos os mestres. Abençoa-me se assim o desejar. Mostre a minha verdade e o meu caminho. Se eu estiver errando, dai-me um sinal. Se eu estiver acertando, me incentive a prosseguir. Ajude-me senhor. Conduza-me com sua mão amiga e misericordiosa. Guie-me. Desejo muito fazer (tal coisa) ou alcançar (tal coisa), por isso (motivo) e por aquilo (outro motivo).

Eu confio. Eu acredito. Eu o realizo com sua ajuda.

Obrigada, obrigada, obrigada.

Obs.: Você tem de ir atrás daquilo que você quer e para isso é importante uma boa organização de suas metas e de seus planos de ação. Orar e confiar iluminarão o seu caminho e lhe ajudarão a atingir o seu objetivo. Não fique parado. Faça alguma coisa para e por você.

Prática 12
Observar

Quando tudo começou a mudar!

Desde muito pequena, eu era reativa a tudo e a todos. Eu sempre tentava me defender. Não ficava quieta para nada nem para ninguém. Eu tinha de mostrar que eu era muito forte, mas, na verdade, eu era extremamente frágil e carente. Eu me escondia dentro de minha fragilidade e, para isso, vestia-me com uma grande armadura que mostrava como eu era grande. Dificilmente deixava para dizer as coisas depois. Falava na hora e acabava me magoando ou magoando a pessoa que ouvia. Quando comecei meu trabalho sobre transformação pessoal, sofri muito com essa minha autossuficiência, me transformei em uma fanática e acreditava que só eu sabia das coisas. Eu me achava "a deusa em pessoa", e daí as coisas foram dando errado. Deus, tão misericordioso, foi me abrindo uns caminhos e fechando outros. Fui sentindo dores aqui e dores ali e fui me alinhando, meio que na marra, como dizemos aqui no Sul.

Fui meditando e aprendendo. Apanhando da vida e aprendendo. Observando que tudo que parece fácil não é, mas que nada é tão difícil assim. Passei a observar como as pessoas agiam e reagiam e como eu agia e reagia perante os acontecimentos de minha vida. Apavorei-me com quem eu era, eu estava cheinha de desvios "silenciosos" para não trabalhar sobre mim mesma. Observei que escondia meus defeitos em brancas nuvens para eu mesma não ver. Verifiquei que tinha pena de mim mesma quando, na verdade, deveria, sim, era sentir vergonha da minha autopiedade. Pude notar que, mesmo que minha vida parecesse "andar", eu era extremamente preguiçosa e não ia atrás daquilo que eu realmente queria. Vi que, se eu não mudasse minhas autoflagelações dentro de mim e não discernisse o caminho que queria tomar em minha vida, tudo ficaria muito mal.

Passei a fazer muitas práticas para desenvolver a minha auto-observação. Muitas estão contidas neste ou noutros livros meus, como *Caminhos de Morte e Vida* e *Amigos que não são gente*. Verifique neles as práticas de auto-observação de si. Faça-as, se assim se dispuser.

Nestas práticas, observei que eu era dominada por vícios que me impediam de progredir. Eu era uma verdadeira zé-ninguém e me sentia a "fulana de tal". Eu não conseguia nem sequer meditar direito e já me sentia "a mestre". Nossa, eu tinha uma arrogância sem tamanho. Até que, em uma das meditações, meu mestre pediu que eu começasse a ouvir mais e a observar tudo a minha volta e dentro de mim.

Passei a adotar a minha agenda e o meu diário. Anotava tudo que tinha de fazer para não me perder. Eu fui aprendendo a me organizar. Eu tinha de começar de alguma forma. No início, foi tudo muito mecânico, depois foi melhorando. Parei de julgar os outros para simplesmente observá-los. O foco não estava mais no meu semelhante, e sim em mim. Meus amigos, foi aí que muita coisa começou a mudar.

Quando a gente começa a se auto-observar, muita coisa vai acontecendo, e aí estarão os gatilhos para a nossa transformação pessoal. Passei, então, a ouvir mais e a me aquietar, mesmo que uma coceirinha dentro de mim quisesse falar.

Lembro que eu estava com este propósito de ouvir e ouvir. Falar apenas o que realmente importasse. Na época, eu pensava:"Tenho que vigiar o meu verbo". Eu estava avaliando minha vida e vi que eu tinha feito muita coisa errada, era isso que eu sentia. Era dia 23/24 dezembro, coincidência ou não, sempre acontece alguma coisa especial comigo nesses dias. Eu estava voltando de uma reunião bem chata, na qual precisei ouvir e não falar nada, mesmo acreditando que a outra pessoa não estava com a razão. Sabia que não era a hora nem o momento para reclamar. Tudo tem o seu momento. Então, peguei um táxi. Eu tinha pressa em chegar no meu trabalho que ficava em uma rua central de Porto Alegre. Entrei no táxi bem triste e de cabeça baixa. O taxista me olhou, me disse: "Tudo bem mocinha? Quer conversar um pouco?" Na hora, eu pensei, juro que pensei: "Bah! O que este homem quer conversar? Eu já estou atrasada e tenho tanta coisa para fazer". Foi aí que uma vozinha soprou no meu ouvido: "Ouça!" Foi como um beliscão, juro que até me acordei. Pensei que estava sonhando, mas eu não estava, eu estava no táxi daquele senhor. Daí eu disse, um tanto contrariada: "Quero sim". Detalhe que eu não contei é que passaram mais de vinte táxis por mim e nenhum parou. Este senhor me disse que só parou porque viu que eu estava triste, pois a rota dele nem era aquela. Olha só o "acaso".

Passei a olhar atentamente para o senhor que dirigia aquele táxi. Ele era bem pequeno. Muito pequeno mesmo. Belisquei-me. Será que eu estava ali mesmo ou tinha me desdobrado inconscientemente no astral? O beliscão doeu. Eu estava ali.

O homem me olhou novamente, sorriu e disse-me, como se soubesse a dor que eu estava sentindo: "Sabe, menina... As pessoas correm de um lado para outro nesta época. Toda mundo atropela todo mundo. Sinto que umas odeiam as outras apenas por carregarem sacolas. Parece que o espírito de Natal até morreu. Nem eu mais sei o porquê do Natal". Ele se virou, mesmo dirigindo, e me perguntou: "E a menina, sabe?" E continuou: "Eu fico triste com toda essa correria. Ninguém mais conversa com ninguém. Entra cada pessoa emburrada aqui no meu táxi! Tem gente que entra com uma carga pesada e parece que carrega uma tombadeira nas costas. Às vezes eu até tento conversar, mas me dão bola. Hoje, quando um velho como eu conversa com uma menina como tu, já dizem que estou dando em cima, mas não é não, viu menina? Só percebi que tu estavas triste e estou conversando contigo. Entendeu?"

Aquelas palavras simples me tocaram. Ele não falou nada novo, mas me fez observar o movimento das pessoas que estavam ao redor, naquelas ruas. Realmente era uma correria. Era como se eu tivesse saído daquela correria e ido para um lugar para observar e refletir. Ele me falou a sua idade, me contou várias coisas da sua vida. Ele se abriu para mim sem eu perguntar nada. Disse que tinha 80 e poucos anos e que ainda trabalhava ali, e que o trabalho era a vida dele, pois ele aprendia a observar e a aprender com as pessoas. Disse-me que, ali, ele tirou exemplos de como proceder e de como não proceder na sua vida. Disse que nenhuma pessoa é igual a outra e que todas tem motivo para serem assim. Disse que cada pessoa reage conforme está escrito em seu mundo interior. Resumindo, aquele homem, naqueles poucos momentos, me deu uma lição de vida. Quando já estávamos perto de chegar ao meu destino, ele me disse: "E eu faria tudo outra vez!" Eu não pude conter as lágrimas e agradeci a ele por aquela conversa: "obrigada pela boa prosa", e ele sorriu. Nunca mais o vi. Nem o seu nome eu sei. Mas sinto que um anjo amigo o colocou naquele dia em meu caminho.

Naquele final de ano, resolvi tirar férias e descansar com minha família. Observei que minha vida estava tão corrida e agitada quanto daquelas pessoas que andavam apressadas pelas ruas de Porto Alegre.

No meu primeiro dia de férias, comprei um caderno e coloquei nele todas as minhas metas para aquele novo ano que começava. Coloquei o que julgava não querer mais para mim. Fiz um esquema sobre me observar no meu dia a dia sobre detectar pensamentos e comportamentos viciosos e repetitivos que me causavam mal. Fui observando-os e imaginando que eles se envolviam em uma luz branca e saíam de mim. Coincidência ou não, fui me sentindo mais e mais leve. Em pouco tempo, muita coisa mudou em minha vida. Coisas pessoais mudaram para melhor. Hoje, tenho a plena certeza de o quanto foi importante parar e me observar, pois, só assim, eu poderia saber onde estavam os meus erros. Sigo, até hoje, com esse propósito. Sempre encontro enganos e erros de minha parte. Procuro ser o mais sincera comigo mesma e desenvolvi um modo de me observar que hoje faz parte de mim. Repasso aqui, por meio desta prática, o que faço:

Sempre que eu não sei alguma coisa, ou quando eu me sinto agitada, eu oro. Oro com meu coração e especifico o que está acontecendo. Se eu tenho tempo, medito sobre o problema. Dificilmente não encontro a resposta ou não visualizo um caminho. Sempre surge uma resolução, de forma ou de outra.

Observo-me no final do dia, repasso tudo aquilo que aconteceu no meu dia. Faça isso. Você verá quantos gestos errôneos nós repetimos, até mesmo sem querer, por muitas vezes, ao longo do nosso dia.

Em meu caderno, anoto aquilo que poderia ter sido diferente.

Visualizo o estímulo ou o contato que se passaram por mim naquele dia. Observo que conversação poderia ter sido diferente. Projeto um novo dia e uma nova forma de agir perante tais estímulos. Se eu consigo, anoto pontos principais da minha prática e sigo para outros momentos, observando tudo o que ocorre dentro e fora de mim.

PRÁTICA

Sente-se em um lugar confortável.

Ore.

Feche os olhos.

Imagine que você está envolto em um grande cilindro de luz multicolorido.

Esse cilindro sobe e desce em torno de você.

Imagine que o cilindro tem partículas com ímã.

Este ímã retira todas as energias em desequilíbrio de você.

Imagine que o cilindro está cheio de impressões errôneas.

Essas impressões se mostram por meio de energias que serão absorvidas pelo cilindro imantado.

Sinta que uma varredura, uma limpeza, está sendo feita em você.

Inspire e expire, algumas vezes.

Conte até sete.

Imagine que o cilindro está indo embora.

Agora ele sumiu e levou com ele toda a sua carga.

Inspire e expire, mais algumas vezes.

Conte de sete a um.

Abra os olhos e reinicie sua rotina daquela noite.

Obs.: esta prática ajuda a aliviar a tensão do dia. Observe.

Prática 13
Conversa com o leitor

Este livro é um material de reflexão e de estudo, tanto para as pessoas que têm inquietudes sobre o mundo espiritual no seu pós-morte quanto para aqueles que buscam a transformação pessoal.

Tanto as histórias quanto as práticas têm chaves sutis, que podem ajudar você a encontrar-se dentro de seu próprio Universo Individual. Muitas vezes, estamos perdidos dentro de nós mesmos e precisamos de ganchos ou puxões para virmos à tona.

Se eu fosse você, leria este livro por partes, assimilando cada história e colocando-a dentro de sua vida. Transporte os recados e as reflexões para o aqui e agora em sua existência. Retorne a cada história sempre que for preciso. Nestas histórias, o mundo espiritual deixou recados, compreendidos apenas pelo olhar atento do coração. Pense nisso. Não apenas devore este livro. Sinta-o em cada vibração sua. Se já o leu por completo, já que estas orientações estão apenas na última página, releia-o, se assim o desejar. Mude seu olhar para uma nova leitura. Deixe seu coração ler por você. Poucos, talvez muitos, conseguirão chegar até estas páginas. Vai depender da energia colocada nas leituras. Muitos se assustam ao se enxergar nas histórias.

Deixe a seu lado um bloco de anotações. Anote tudo o que lhe interessou em cada capítulo e tudo o que lhe serve de exemplo. Faça isso com todos os capítulos que você tiver lido. Verifique no que esta ou aquela história podem favorecer a sua vida, ajudando a sua transformação interna.

Muitas pessoas leem livros espiritualistas apenas por ler. Dão uma lida rápida na linda história e amontoam seus livros como prêmios em uma vasta estante cheia de livros. Ali eles empoeiram e morrem, pois não serviram ao seu verdadeiro objetivo, que é ajudar pessoas que têm vida a melhorarem suas vidas. Todas as psicografias, por mais puras ou lindas que sejam, por mais simples ou complexas, têm o objetivo de transformar nosso aqui e agora. Todo este movimento é permitido aos olhos de Deus e tem um verdadeiro propósito para assim se apresentar neste plano.

Estudar é preciso para que nosso coração consiga assimilar esses ensinamentos. A mente, mesmo inquieta, é muito superficial e, às vezes, foge a muitas sutilezas contidas nas entrelinhas.

O movimento para escrever um livro destes é bastante intenso. Imagine uma manada de bois que correm conforme as ordens de seu vaqueiro. Assim, estas infindáveis almas são escolhidas a dedo e conforme a sua evolução para conseguirem transgredir a matéria e deixarem aqui o seu recado. Outras também gostariam de ter participado, mas ainda não tiveram a sua oportunidade. Por isso, é imprescindível o agradecimento a esses seres que dispõem da energia entre mundos para estarem aqui conosco, mostrando-se em miúdos por meio de suas experiências pessoais.

Com referência às práticas de transformação pessoal, todas já foram experimentadas por mim e ensinadas em meditação. Faça-as conforme as explicações dadas, anote os resultados, siga em seus propósitos. Não desanime nem desista no primeiro contratempo. Prossiga.

A prática de número 13 refere-se à importância de aprender a estudar. De fazer bem feitas todas as nossas tarefas. Uma tarefa de cada vez, sem atropelar as que ficaram para trás ou as que virão. Se nos organizarmos no nosso dia a dia, conseguiremos fazer tudo o que nos propomos. O problema é que, muitas vezes, não dispomos de tempo nem para nos organizamos. Às vezes preferimos reclamar do que pegar um papel e analisar o que podemos ou não fazer para mudarmos a nossa vida. Somos preguiçosos por natureza existencial.

Se pararmos para sentir a vida, veremos que ela é simples. Um dia após o outro com rotinas bem similares, e é nessa igualdade que está o porém. É preciso olhar a cada dia como se o ontem não existisse e como se o amanhã talvez não viesse, e discernir o momento presente de todos os outros. As chaves do viver residem justamente aí. Sábio é aquele que busca vibrar no bem. Para isso, porém, ele precisa agarrar-se piamente a seu coração, pois é só ele que bate de instante em instante. Pense nisso!

LEIA TAMBÉM

Caminhos de Morte e Vida
Daniela Neves / 192 páginas / 16x23

Este livro faz parte de uma trilogia que, corajosamente, vai levar seus passos por caminhos pouco conhecidos de morte e de vida. O texto, leve e esclarecedor, inspirado pelos espíritos de Natan e Tereza, conduzem o leitor pelos caminhos do retorno e da recorrência, da reencarnação, da vontade e amor conscientes, dos acasos que não são acasos, das verdades e mentiras criadas sobre os processos do morrer e do viver.

Amigos que Não São Gente
Daniela Neves / 200 páginas / 16x23

No planeta, todos os seres vivos são energia, interligados uns aos outros e ao grande cosmos por meio do amor que fala a língua universal e coloca todos na mesma sintonia, mesmo à longa distância. "Amigos que não são gente" nos mostra a realidade da interação existencial, tanto da vida, quanto da morte dos vários seres habitantes dos reinos mineral, vegetal, animal e humano. Viaje neste Universo dos Seres. Busque-se. Enxergue-se.

www.besourobox.com.br